ESTHÉTIQUE

THÉORIE ET PRATIQUE

DU CHANT GRÉGORIEN.

PARIS. — IMPRIMERIE AI RIEN LE CLERE, RUE CASSETTE, 29, PRÈS SAINT-SULPICE.

L. Lambillotte 🙰.

ESTHÉTIQUE

THÉORIE ET PRATIQUE

DU CHANT GRÉGORIEN

RESTAURÉ

D'APRÈS LA DOCTRINE DES ANCIENS ET LES SOURCES PRIMITIVES

PAR

LE R. P. L. LAMBILLOTTE

DE LA COMPAGNIE DE JÉSUS.

OUVRAGE POSTHUME, ÉDITÉ PAR LES SOINS

DU P. J. DUFOUR

DE LA MÊME COMPAGNIE.

PARIS

LIBRAIRIE D'ADRIEN LE CLERE ET Cie,

IMPRIMEURS DE N. S. P. LE PAPE ET DE MONSEIGNEUR L'ARCHEVÊQUE,

RUE CASSETTE, 29, PRÈS SAINT-SULPICE.

—

1855.

PREMIÈRE PARTIE.

AVIS.

Le P. Lambillotte avait écrit en tête de son manuscrit :

« Avant de livrer cet ouvrage à l'impression, j'aurais
» désiré avoir assez de santé pour en retoucher le style,
» mais Dieu ne l'a pas permis : que sa sainte volonté soit
» faite ! Force m'était donc ou de le laisser dans un éter-
» nel oubli, ou de le publier tel qu'il est. J'ai pris ce der-
» nier parti, persuadé que les amateurs des mélodies
» Grégoriennes ne m'en voudront pas pour quelques in-
» corrections de forme ; d'autant plus qu'ils trouveront
» ici un ensemble de documents précieux, qu'ils rencon-
» treront difficilement ailleurs. Car, je le dis en toute
» simplicité, il est peu de gens aujourd'hui, que je sache,
» qui aient poussé plus loin que je l'ai fait leurs inves-
» tigations sur le chant sacré. Au reste, je ne demande
» point de renommée en échange de ce long travail ; je

» me repose dans l'espérance qu'il pourra peut-être servir
» à ramener l'*unité* et l'*harmonie*, dans une partie si belle
» et si négligée de la Liturgie romaine. »

L. LAMBILLOTTE.

L'éditeur a pris soin que les légères negligences échappées au R. P. Lambillotte fussent soigneusement réparées dans cette édition, commencée et corrigée en grande partie sous les yeux même de l'Auteur; mais il n'a pas cru devoir poursuivre l'élégance, là où le R. P. Lambillotte n'avait cherché que la simplicité et la vérité. Le fond de cet ouvrage est assez solide pour qu'il soit inutile de le parer d'ornements superflus.

J. D.

INTRODUCTION.

INTRODUCTION.

Cet ouvrage a pour but, non-seulement de faire connaître
les moyens employés par nous, pour une bonne et sérieuse
restauration des mélodies Grégoriennes, mais encore de
donner la manière de les exécuter selon leur forme primitive, et par là d'en faire sentir les inimitables beautés
aux esprits les plus prévenus. En effet, il existe à leur
égard des opinions tout à fait contradictoires : certaines
personnes les exaltent jusqu'aux nues; d'autres les placent
au-dessous de tout ce qu'il y a de plus insipide; les uns
les trouvent merveilleusement propres à l'expression de la
pensée religieuse; les autres n'y découvrent aucune puissance, aucun sentiment. D'où peut venir, sur un même
sujet, une telle divergence d'opinions? Elle vient, suivant
nous, de ce que ces chants ont été altérés considérablement
dans leur substance et dans leur forme primitive. Toutes
nos éditions modernes ne nous donnent plus qu'un chant

corrompu, mutilé de mille manières, et, par surcroît, la
vraie méthode de notation et d'exécution s'est tout à fait
perdue. De là vient que des hommes de goût, envisageant
dans ce faux jour les chants de l'Église, les trouvent sans
agrément et sans expression. Ceux qui en portent un jugement favorable basent toute leur opinion sur quelques
fragments dont la sublime beauté ne peut échapper à
personne, et faisait dire au philosophe de Genève que, malgré les injures du temps, ces mélodies sont encore préféra-
bles, dans le temple de Dieu, à la plupart de nos musiques modernes (1).

Il est une autre cause de ces condamnations et appro-
bations hasardées. On ne fait pas attention que nos chants
liturgiques sont basés sur le système musical des Anciens,
bien différent de notre musique moderne par sa constitution, son caractère et ses principes. Celle-ci plus légère,
plus sensuelle, plus voluptueuse, nous a déplacé le goût,
ôté le sentiment des beautés de l'art antique; et la mélodie Grégorienne se voit citée aujourd'hui devant des juges
prévenus, à qui, pour en décider pertinemment, il ne manque qu'une chose : c'est de la comprendre.

Le même fait s'est produit en architecture. « Le temps
» n'est pas loin, nous dit Monseigneur l'évêque de Blois (2),
» où nous préférions les nouvelles et légères construc-
» tions de la Renaissance à nos antiques et vénérables ba-
» siliques. Qu'a-t-il fallu pour nous faire apprécier leurs
» beautés? les rendre à leur état primitif, étudier les

---

(1) Rapprochons de ce témoignage l'autorité plus sérieuse et plus respectable de l'illustre abbé Baini, dernier maître de la grande école des chantres
Romains. Cet habile artiste ne craint pas d'avancer que jamais on n'atteindra
le degré de perfection de ces antiques cantilènes. (Voir son témoignage
aux pièces justificatives, n° I).

(2) Voir son excellent Mandement pour le rétablissement de la liturgie
Romaine dans son diocèse.

» principes de l'art antique, faire tomber les ornements
» hétérogènes dont on les avait affublées. Alors nous avons
» compris et senti leur simple et naïve beauté, admiré leur
» majestueuse noblesse, goûté leur religieuse et douce gra-
» vité. » Il y a entre les deux arts, la musique et l'architecture, des traits de ressemblance frappants. Qu'on rende
à la musique Grégorienne ce qui constitue son être et sa
vie, c'est-à-dire sa substance et sa forme première, alors
tout le monde sera d'accord pour en apprécier le mérite.

Cependant elle a des titres à part qu'il ne faut pas oublier
ici. En fait d'architecture, l'Église ne montre pas de pré-
dilection sensible. Que le style d'une basilique soit romain,
gothique ou grec, elle est prête à l'accueillir, pourvu qu'il
n'ait rien d'opposé aux usages, ni aux bienséances. En fait
d'art musical, il n'en est pas ainsi; l'Église n'exclut pas, il
est vrai, la musique moderne de ses temples; mais elle regarde la Grégorienne comme son bien propre : c'est là sa
mélodie liturgique; elle la recommande par-dessus toutes
les autres; les souverains Pontifes l'ont établie, propagée
dans le monde catholique; tous les conciles l'exaltent à
l'envi; celui de Trente veut que les clercs la connaissent et
qu'elle fasse partie de leur éducation. Elle a donc sur l'architecture, même sur celle qu'on a tant appelée architecture chrétienne par excellence, un avantage marqué.
D'ailleurs elle est immédiatement unie à ce qu'il y a de
plus relevé dans la religion, c'est-à-dire aux paroles sacrées
de la liturgie; elle chante les plus augustes mystères;
elle s'identifie avec les paroles saintes dans la bouche du
prêtre et des lévites.

Comment donc est-il arrivé que dans les réformes postérieures à saint Grégoire le Grand, on se soit borné à
la révision des paroles liturgiques, à l'exclusion du chant,
et qu'on n'ait pas appliqué à la phrase musicale la mé-

thode d'épuration exacte employée pour la correction du texte? Chacun sait combien sérieux fut ce dernier travail : on remontait aux sources, on consultait les antiques manuscrits, et d'après ces monuments authentiques on décidait les modifications. Le saint pape Pie V en rend témoignage dans la bulle célèbre où il rend compte du travail de la commission par lui instituée, pour cet objet. Voici ses paroles : « Nous avons choisi des hommes instruits » auxquels nous avons confié le soin de préparer le Missel; » ils l'ont attentivement *collationné* avec les plus *anciens* » *manuscrits* de notre bibliothèque Vaticane, *et d'autres* » *exemplaires, les plus purs et les plus corrects;* et ce n'est » qu'après cela qu'ils l'ont rétabli définitivement suivant » l'ancienne règle et le rit des saints Pères 1 . » Bulle : *Quo primum tempore.*

Pourquoi donc, je le répète, le chant liturgique n'a-t-il pas subi la même réforme? C'est parce que la source première de ce chant semblait perdue; c'est parce que l'autographe de saint Grégoire avait péri dans l'incendie du Vatican; parce que les anciens manuscrits, conformes à cet autographe, étaient écrits dans une notation regardée comme indéchiffrable au seizième siècle; c'est parce que l'*Antiphonaire Parfait* 2 , restauré par Gui d'Arezzo et approuvé à Rome, avait disparu. Si ce livre précieux existait encore, nous aurions la certitude de posséder lisiblement et parfaitement la phrase Grégorienne, car Gui était l'homme

---

1) Quelqu'un dira : « Mais les auteurs de l'édition de Rome de 1614 disent aussi avoir consulté les anciens manuscrits. » Ils le disent , ou plutôt on le leur fait dire ; mais on n'en apporte aucune preuve. Or, il est évident pour nous qu'ils ont entièrement négligé cette ressource. Je défie de trouver dans leurs livres une seule *Antiphone* qui soit d'accord avec un manuscrit quelconque du douzième ou du treizième siècle, peu importe de quel pays vienne ce manuscrit.

(2) Nous verrons dans les lettres de Gui d'Arezzo comment cet ouvrage fut accueilli à Rome. Dans un autre endroit, il ne craint pas de l'appeler un

de son temps le plus capable de traduire l'antique notation, grâce aux connaissances profondes qui en firent alors le premier musicien de l'Europe. Mais cette œuvre admirable semble à jamais perdue pour nous (1).

Faudra-t-il donc renoncer à retrouver le vrai chant Grégorien? Non, certes : et nous espérons démontrer qu'on peut aujourd'hui encore le rétablir dans sa forme et teneur primitive. Dans un travail récemment publié (2), nous avons déjà indiqué les principaux traits de cette démonstration; nous les exposerons ici d'une manière plus pratique, plus· saisissable et dont l'évidence ne pourra échapper à personne puisque nous offrirons à chacun un moyen facile de la constater.

Entrons sur-le-champ dans notre sujet, en répondant aux trois questions suivantes :

ouvrage parfait : et quand on connaît la piété du savant moine de Pompose, on peut avoir confiance en ses paroles :

« Feci regulas apertas, et Antiphonarium
» Regulariter perfectum contuli cantoribus,
» Quale numquam habuerunt, reliquis temporibus.
» Precor vos, beati fratres, pro tantis laboribus,
» Pro me misero Guidone, meisque adjutoribus,
» Pium Deum exorate, nobis sit propitius;
» Operis quoque scriptorem adjuvate precibus;
» Pro magistro exorate, cujus adjutorio
» Auctor indiget et scriptor. Gloria sit Domino.
» Amen. »

(1) Quelqu'un dira peut-être : « N'avons-nous pas le manuscrit de Montpellier qui traduit les neumes en lettres ? » Mais quelle autorité, quelle authenticité a ce manuscrit? Sa traduction en lettres rend-elle plus sûrement la phrase Grégorienne, qu'une traduction du onzième siècle en notes Guidoniennes? En dernière analyse, SEUL, l'*Antiphonaire* de Montpellier n'a aucune autorité décisive. C'est un monument précieux pour la confrontation, voilà tout ; et la Commission de Reims qui a donné l'édition du *Graduel* de 1851 d'après ce manuscrit, a senti le besoin de le collationner avec d'autres livres : elle a compris que son autorité isolée était sans valeur ; mais elle aurait dû étendre sa collation : elle aurait trouvé des versions Grégoriennes beaucoup meilleures et beaucoup plus sûres que celles dont elle fait usage.

(2) *Antiphonaire de saint Grégoire. Fac-simile du manuscrit de Saint-Gall.* Paris, chez Poussielgue-Rusand et chez Frank, rue Richelieu.

1° Quels motifs nous ont porté à restaurer les mélodies Grégoriennes?

2° De quelles ressources avons-nous disposé pour arriver *sûrement* aux mélodies originales, et rendre au chant Grégorien son *intégrité substantielle?*

3° Comment avons-nous fait pour le rétablir dans sa *forme primitive*, autrement dit, *son véritable mode d'exécution?*

Nous espérons qu'après avoir écouté nos réponses, tout esprit droit nous rendra cette justice, que nous avons pris la voie la plus certaine qu'il soit possible de prendre aujourd'hui pour arriver à un résultat décisif.

PREMIÈRE QUESTION.

Quels motifs nous ont porté à restaurer les Mélodies Grégoriennes.

Le premier de nos motifs est l'estime singulière de l'Eglise pour ces mélodies. Quand nous voyons la sainte Eglise romaine faire constamment l'éloge d'une chose, nous devons dire que cette chose est bonne, excellente. Or, si nous ouvrons l'histoire ecclésiastique depuis saint Grégoire jusqu'à nos jours, nous verrons les souverains pontifes, les conciles généraux et particuliers, les conciles provinciaux et les synodes, les évêques et archevêques de toute la catholicité, louer, exalter le chant Grégorien, et le préférer dans les temples à toutes les autres compositions musicales. Il nous serait facile d'en apporter d'innombrables témoignages. Nous nous bornerons à un seul qui nous semble résumer tous les autres : c'est la bulle de Benoît XIV, de l'an 1749 : *Annus qui*. Ce grand pontife, après avoir montré que, pour remplir les intentions du saint concile de Trente, les jeunes lévites doivent apprendre le *chant ro-*

main, déclare qu'il entend par là le *chant Grégorien*, et
qu'il faut veiller à ce qu'il s'exécute à l'unisson : *vocibus
unisonis*. « Ce chant, dit-il, a la vertu d'exciter à la dévo-
» tion et à la piété les âmes des fidèles. Exécuté dans les
» églises et comme il convient, il est plus agréable aux
» âmes pieuses que le chant harmonique et musical, et lui
» est justement préféré. » *Et merito præfertur* (1).

Il est impossible de ne point voir ici une grande prédi-
lection de l'Eglise pour le chant Grégorien, et l'un des
plus solides motifs que puisse avoir un vrai catholique pour
travailler à sa restauration.

Mais, pour nous en particulier, il était un motif plus direct et plus personnel : membre de cette Compagnie de
Jésus, dévouée aux intérêts du Saint-Siége, nous avons appris de notre saint fondateur à travailler sans relâche à la
glorification de notre mère, la sainte Eglise. Nous nous
trouvions ici en présence d'une œuvre qui demandait de
longs travaux, de grandes recherches, que le clergé sécu-
lier, occupé à d'autres fonctions, n'a pas toujours le loisir
d'entreprendre; préparé à ces travaux par nos études antérieures, nous avons pensé pouvoir réussir à débrouiller
le chaos impénétrable qui dérobait encore ces antiques
cantilènes. Nous avons commencé par publier le manuscrit
de Saint-Gall comme prélude de cette restauration, et
voici que le saint Pontife, Pie IX, a voulu lui-même nous
encourager, nous inviter à poursuivre ce travail, et même
demander au Ciel pour nous les lumières du Saint-Esprit (2).

---

(1) Il ne faudrait pas conclure de ce texte que l'Eglise condamne la musique moderne dans les églises, mais seulement qu'elle exprime une préférence.
Quant à nous, il nous siérait mal d'être plus sévère que l'Eglise. Comme elle,
nous désirons que la musique faite dans nos temples porte les âmes à une
douce et suave piété ; surtout qu'elle ne les rebute point.
 2 Voir aux pièces justificatives le Bref que Sa Sainteté a daigné nous
adresser. N. 2 .

C'en était trop pour hésiter, et nous nous sommes mis à
l'œuvre sans relâche, secondé par nos supérieurs, fort de
l'appui que de nombreux amis daignaient nous offrir jus-
que dans les contrées les plus lointaines. Il y avait bien là de
quoi nous rassurer contre notre faiblesse.

La haute antiquité du chant Grégorien lui donnait
des droits à nos respects et à notre estime. «Tout ce qui
vient à nous avec la majesté des siècles, dit Monseigneur
de Blois, a une puissance singulière pour attirer notre
vénération. » Or, la plupart de nos mélodies liturgiques
sont aussi anciennes que la liturgie elle-même; elles ont
pris naissance au berceau du christianisme, et même, selon
des auteurs très-graves, nos chants psalmodiques remonteraient à *David* et à *Salomon*.

Les savants du siècle dernier pensaient généralement que
nos mélodies sacrées venaient des NOMES, espèces de chants
grecs en l'honneur des dieux (1). Cette opinion était fondée
sur ce que le rhythme des premières hymnes chrétiennes
était de ceux dont les lyriques grecs s'étaient servis, et que
la musique grecque, répandue alors chez les Romains et
en Orient, était la seule qui eût une constitution bien déterminée.

Aujourd'hui, au contraire, l'opinion la plus commune
est que nos mélodies primitives viennent la plupart, de l'inspiration chrétienne. Les unes remonteraient au temps de
David; les autres, d'après les meilleurs archéologues, seraient
dues au zèle des premiers fidèles ; et saint Grégoire le Grand
n'aurait fait que recueillir ces chants, les régulariser et

---

(1) Νόμος · ὁ κιθαρῳδικὸς τρόπος τῆς μελῳδίας, ἁρμονίαν ἔχον
τακτὴν, καὶ ῥύθμον ὡρισμένον. (Suidas : Lex).

*Modus citharœdicus, sive modus Carminis lyrici certâ harmoniâ tempe-
ratus, numerisque definitis constans.*

les compléter. Tout le moyen âge était persuadé qu'une
assistance céleste lui avait été accordée pour cette œuvre
sainte.

Le père Martini (1) pense que la musique sacrée dérive
de celle qui était chantée dans le temple par les Hébreux.
Selon lui, les Apôtres, Hébreux eux-mêmes d'origine, élevés dans les mœurs de leur nation, avaient fréquenté le
temple (2) et chanté avec la foule les Psaumes et les cantiques dont la mélodie, établie par le roi David, s'était maintenue pendant plusieurs siècles. Il est vraisemblable que
ces chants ont été conservés par eux et transmis à leurs
successeurs. Comment croire, en effet, qu'ils aient abandonné tout à coup cette musique et qu'ils en aient improvisé
une tout exprès pour ceux qu'ils convertissaient à leur foi.

Un des écrivains les plus érudits en musique, Forkel (3),
prétend que la haine des premiers chrétiens contre tout
ce qui tenait au paganisme était trop grande pour qu'ils
aient pu admettre la musique des païens. Il regarde celle
qui était en usage dans leurs premières assemblées comme
le fruit de leurs naïves et pieuses inspirations.

M. Kiesewetter (4), qui a résumé l'opinion de Forkel, la
soutient avec force et va plus loin encore dans le passage
que nous allons rapporter, puisqu'il nie que les chrétiens
aient voulu admettre dans la célébration des mystères,
même la musique juive. « La musique moderne, dit-il,
» si l'on veut bien l'appeler ainsi dans son origine, naquit
» à petit bruit dans d'obscurs réduits, dans des catacombes
» lugubres, pendant la période de la décadence, déjà bien
» avancée, de la musique grecque : elle se forma dans la

(1) *Storia della Musica*, t. 1, p. 350 et suiv.
(2) *Et erant semper in templo, laudantes et benedicentes Deum.* Luc.,
XXIV, 53.
(3) *Allg. Gesch. der Mus.*, t. II, p. 91.
(4) *Gesch. der Europ-Mus.* Introd. p. 2.

» réunion des premiers chrétiens, gens simples, la plupart
» pauvres et ignorants, absolument étrangers à la science
» musicale des Grecs. Un chant naturel très-simple, sans
» art et sans règles, qui ne prit que peu à peu un accent
» assuré et une inflexion fixe, s'établit dans leur commu-
» nauté par une audition fréquente, et se propagea ainsi
» d'une chrétienté à l'autre. Il est tout à fait incroyable
» que des mélodies grecques ou judaïques se soient glissées
» dans les assemblées de chrétiens comme l'admettent plu-
» sieurs auteurs; quand bien même ces braves gens eus-
» sent été capables de comprendre une pareille musique et
» de la chanter avec leurs organes peu exercés, leur aver-
» sion pour tout ce qui pouvait rappeler le paganisme était
» trop grande, d'après le témoignage des anciens écrivains,
» pour leur laisser admettre des chants que le paganisme
» avait tant profanés dans ses théâtres et dans ses temples.»

« On est frappé » dit M. de Coussemaker, à propos de ces
passages « on est frappé de la force de ces raisonnements,
» puisés dans les mœurs des premiers chrétiens eux-mê-
» mes; mais ils nous semblent trop exclusifs. Ainsi nous
» croyons, avec le père Martini, que les premiers chrétiens
» n'ont pas répudié le CHANT DES PSAUMES, pas plus que les
» PSAUMES EUX-MÊMES, et que les Apôtres les ont transmis
» à leurs successeurs tels qu'ils les avaient reçus des Hé-
» breux, leurs ancêtres : c'est-à-dire, texte et mélodie à la
» fois. Relativement aux hymnes nouvelles, en prose ou en
» vers, nous nous rangeons, au contraire, à l'avis de For-
» kel et de M. Kiesewetter; et nous en attribuons les chants
» aux inspirations des chrétiens (1). » Il en est de même
pour les chants des Antiphones, tels que *Introïts, Offertoires, Antiennes, Répons,* etc., etc.

(1) *Mémoire sur Hucbald*, p. 5, 6, 7.

De notre côté, en lisant les ouvrages des premiers Pères
de l'Église, nous avons été si frappé de leur horreur pour
les chants des païens, que nous aurions peine à croire
qu'ils aient jamais voulu admettre les mélodies païennes
dans le culte extérieur de la religion chrétienne. Quant aux
mélodies juives, pour le chant des psaumes, nous pensons
que les premiers chrétiens les ont adoptées telles qu'ils les
avaient entendues dans le temple. En effet, dès l'origine
de l'Eglise, nous les trouvons répandues partout de la même
manière : une telle uniformité ne peut venir, selon nous,
que d'une source commune et vénérée (1). Au reste, quelle
que soit l'opinion que l'on veuille admettre sur le plus
ou moins d'antiquité de certaines mélodies liturgiques, il
restera hors de doute que saint Grégoire n'a fait que rassembler et restaurer des chants déjà connus et exécutés
dans les églises chrétiennes. Pourquoi n'essaierions-nous
pas, lorsque Dieu nous en offre les moyens, de retrouver
les traces d'un travail si vénérable, et dont la perfection
nous est attestée par la tradition des siècles?

Eh! serait-ce donc peu de chose que de pouvoir, dans
une œuvre qui intéresse à un si haut degré la célébration
du culte divin, s'appuyer sur l'autorité, non pas d'un artiste vulgaire, mais d'un vicaire de Jésus-Christ, d'un Pontife suprême qui fut regardé de tout temps comme chargé
d'une mission divine pour la restauration du culte extérieur
et en particulier du chant ecclésiastique?

D'ailleurs les oracles de l'Église, les Docteurs, les Pontifes, les Conciles et notre expérience ne nous répètent-ils

(1) Un de nos Pères Russes me disait avoir lu, dans un ancien historien
de sa nation, que les Juifs, vers le cinquième siècle, avaient changé leurs
chants psalmodiques, par la raison que les Chrétiens se servaient de leurs
mélodies primitives. D'autres historiens disent que les Schismatiques Grecs
firent la même chose un peu plus tard, pour le même motif. Ceci paraît plus
probable que l'opinion de Forkel, et s'explique par la haine des Juifs et
des Schismatiques pour les Chrétiens.

pas à l'envi que le chant Grégorien, exécuté comme il doit
l'être, possède par excellence la vertu de porter nos âmes à
Dieu et d'exciter en nous de pieux sentiments? Pourquoi?
C'est qu'il renferme sur toutes choses trois qualités essentielles pour cet objet : la GRAVITÉ, la SIMPLICITÉ, la DOUCEUR
ou l'ONCTION. Le chant Grégorien est grave ; il n'admet pas
les mouvements vifs, impétueux, violents. Ses mouvements
sont calmes, tranquilles, paisibles. Cependant la gravité
qu'il exige est une gravité douce, tempérée; ce n'est pas
cette gravité lourde, rebutante, qui marche toujours à pas
égal, et dont la monotonie fatigante, exagérée de nos jours
par des chantres grossiers, est, suivant nous, une des principales causes de l'impopularité que subit aujourd'hui le
chant de l'Église.

Comment reconnaître en effet les mélodies qui char-
mèrent si longtemps nos ancètres, dans ces phrases monotones, d'une marche toujours égale, procédant par notes
longues, sans variété de mouvement, sans rhythme et sans
forme? Les plus beaux chants, ainsi dénaturés, ne pourront jamais provoquer que l'ennui. Telle n'était pas la gravité du chant Grégorien dans son institution première. On
s'en convaincra sans peine en étudiant cet ouvrage.

La SIMPLICITÉ est une qualité que les hommes aiment
comme malgré eux, partout et en toutes choses : elle est
de tous les temps, de tous les âges; nous l'admirons dans
les ouvrages de Dieu; elle se montre dans toutes les œuvres
de la religion chrétienne : comment ne se retrouverait-elle
pas dans les chants sacrés? En effet, nous voyons que dès
le berceau du Christianisme, les saints Pères bannissaient
des églises les genres *chromatique* et *enharmonique*, pour
n'admettre que le genre *diatonique* 1 , le plus simple

---

(1) La musique, chez les Anciens, se divisait en trois genres: *diatonique, chromatique* et *enharmonique.*

de tous; et dans quel but? Parce que ce chant était affecté
au culte religieux qui rejette les ornements frivoles, mis à
l'usage du peuple et des lévites, destiné à donner l'expression
aux saintes paroles, qui réunissent toujours la sublimité à la
simplicité, et qui, appliquées à un chant simple, sont mieux
comprises et goûtées; parce qu'enfin l'Église tient à ce qu'on
puisse entendre les prières sacrées, quand même on ne les
comprendrait pas : dans la persuasion où elle est, qu'une
grâce de sanctification et de salut est attachée à cette audition. Voilà pourquoi Benoît XIV recommande instamment
que les syllabes soient bien prononcées et bien entendues :
*Curandum est ut verba quæ cantantur plane perfecteque in-
telligantur* : et la parole de ce grand Pontife n'est ici que
l'écho de tous les Pontifes romains, de tous les conciles, de
tous les saints Pères et de tous les évêques, dont la voix vient
de retentir encore de nos jours dans les mandements de
Monseigneur Parisis, du Cardinal archevêque de Malines,
de Son Eminence le Cardinal archevêque de Lyon. Voilà
encore pourquoi l'Église a si souvent blâmé cette musique
où le texte sacré est presque toujours compté pour rien. Là
point de simplicité, bien au contraire : c'est une confusion
étrange de syllabes, de mots incohérents, qui s'entrechoquent, s'entremêlent, sans qu'on puisse y démêler aucune
suite. Ne soyons donc pas étonnés si l'Église n'admet ces
compositions modernes qu'avec beaucoup de réserve, et si
elle conserve tant de sympathie pour les mélodies Grégoriennes, dont la simplicité n'est égalée que par leur admirable DOUCEUR.

Telle est parmi les qualités du chant qui nous occupe,
celle qui le caractérise le mieux, celle que saint Grégoire
le Grand mettait avant toute autre. Qu'a-t-il cherché,
qu'a-t-il voulu en régularisant les mélodies sacrées? L'auteur de sa vie nous le dit clairement : c'est l'onction, c'est

la piété, c'est la DOUCEUR et la SUAVITÉ avant tout. *Propter musicæ compunctionem* DULCEDINIS *antiphonarium nimis utiliter compilavit* (1). Pourquoi Charlemagne se plaignait-il des chantres gaulois? C'est qu'ils avaient détruit la douceur du chant romain. *Imperator omnes corrupisse* DULCEDINEM *cantus Romani cognovit.* Pourquoi les renvoie-t-il à la source primitive? Ce n'est pas pour y chercher la gravité, c'est afin d'y retrouver la suavité que ces mélodies avaient perdue. *Ab ipso fonte haurire cantus Gregoriani* SUAVITATEM. On voit qu'il n'est pas ici question de la gravité; elle n'est pas mise en première ligne : c'est avant tout la DOUCEUR, l'ONCTION, la SUAVITÉ. Les successeurs de saint Grégoire ont constamment réclamé cette qualité dans les mélodies sacrées. Ecoutons saint Léon le Grand : « Que l'harmonie des chants, dit-il, se fasse entendre dans toute sa suavité. » Et saint Bernard : « Que leur suavité nous touche et nous excite à chanter les louanges du Seigneur avec joie. » C'est pour cela sans doute que saint Isidore ne veut dans les églises que des chantres instruits et qui aient la voix suave, pour exciter les âmes aux chastes plaisirs d'une douce piété. *Psalmista voce et arte præclarum illustremque esse oportet ut ad* OBLECTAMENTA DULCEDINIS *incitet mentes auditorum.* » Il veut qu'on rejette les voix dures, aigres, rocailleuses, et qu'on n'admette que les voix sonores, suaves, flexibles et propres à exprimer les sentiments religieux. *Vox autem ejus non sit aspera, non rauca, non dissonans, sed canora, suavis, liquida, habens sonum et melodiam sanctæ Religioni congruentem* (2). » Nous voudrions, quant à nous, que ces belles mélodies parussent toujours comme voilées, c'est-à-dire, chantées à demi-voix, de manière à porter au recueillement, à la prière, et qu'on n'aug-

(1) Joan. Diaconus : Vita S. Greg.
(2) S. Isid. De orig., L. II. c. 12.

2

mentât le son que quand le sens du texte l'exige impérieu-
sement, c'est-à-dire très-rarement. Ainsi exécutées, alternativement avec le chœur, par la multitude des fidèles,
comme nous le désirons, et comme le désire l'Église, nos
mélodies produiront des fruits admirables de salut et de
sanctification. Elles méritent bien, à ce titre, qu'on travaille
avec zèle à leur rendre leur antique suavité.

Mais c'est peu que la dureté du chant Grégorien défiguré
par la routine, auprès de la confusion étrange et de l'espèce d'anarchie où sont tombées en ce point les Églises
même qui suivent la liturgie romaine. Nouveau motif pour
nous d'entreprendre notre tâche. C'est un défaut de ce
genre qui, au onzième siècle, faisait gémir le vénérable
moine de Pomposc et lui arrachait ces paroles : *Quis non
defleat quod tam gravis error sit in Ecclesia sancta, tam-
que periculosa discordia, ut quando divinum officium cele-
bramus sœpe non Deum laudare, sed inter nos certare, vi-
deamur.* « Qui ne gémirait, dit-il, en voyant dans nos
saintes églises cette grave erreur et ce périlleux désaccord :
Quand nous chantons les divins offices, on dirait plutôt
des gens qui se disputent que des hommes chantant les
louanges de Dieu. » La faute en est, dit-il, à ceux qui font
des antiphonaires : *Hœc omnia mala eveniunt eorum culpa,
qui antiphonaria faciunt;* et qui, au lieu de guider le chantre
dans la vraie voie, le conduisent dans l'erreur.

Cependant de quoi s'agissait-il alors? De bien peu de
chose, en comparaison du désordre qui règne aujourd'hui.
Il s'agissait, par exemple, de ce que l'un notait sans lignes,
l'autre sur deux lignes, l'autre sur trois; de ce que tel avait
changé un *clivis* en une *plique*, et ainsi du reste. Car, d'a-
près nos études et nos collations nombreuses, c'est à ces
sortes de changements que Gui fait ici allusion.

Combien aurait-il donc gémi, s'il avait été témoin de la

confusion actuelle! Tout le monde la déplore : c'est pourquoi le souverain Pontife, les cardinaux, les évêques de la
sainte Église, nomment des commissions, louent les efforts
qu'on fait partout pour retrouver le vrai chant Grégorien,
mais sans que le mal en soit à son terme (1).

Et ce qui est plus affligeant encore, c'est que, dans
plusieurs pays, on a abandonné la liturgie romaine dans
les MESSES CHANTÉES. On n'y exécute plus les Introïts, les
Graduels, les Offertoires, les Communions, etc., tels qu'ils
ont été réglés par l'Eglise mère; tantôt ces morceaux sont
remplacés par des airs improvisés sur l'orgue, tantôt par de
la musique de fantaisie.

On va plus loin : En Allemagne, par exemple, presque
partout, les messes chantées s'exécutent moitié en latin,
moitié en langue vulgaire. Le prêtre à l'autel chante en latin
la Préface, le *Pater noster*, le *Dominus vobiscum*, etc., etc.
Le chœur avec le peuple chante en allemand le *Kyrie*, le
Gloria et le *Credo*, etc. J'ai été moi-même souvent témoin
de ces sortes d'offices. En d'autres endroits, voici comment
on célèbre la grand'messe : le peuple chante en allemand un
cantique qui dure jusqu'à l'Offertoire; puis le prêtre entonne solennellement la Préface; après l'élévation, revient encore un cantique allemand, jusqu'au *Pater*, qui est
chanté en latin par le prêtre; puis le chœur reprend encore
son cantique allemand, jusqu'à la fin de la messe. Et voilà
ce qu'on appelle une messe solennelle. Dans la haute Italie
nous avons entendu des messes célébrées de la même manière, moitié en langue vulgaire, moitié en latin.

Une autre espèce de confusion non moins déplorable s'est

(1) Pie IX, en montant sur le trône pontifical, nomma une commission
pour cet objet. Leurs Eminences les cardinaux-archevêques de Reims et de
Malines ont également nommé des commissions pour le même objet. Plusieurs
évêques ont suivi cet exemple, mais rien encore de complétement satis-
faisant n'en est résulté.

introduite dans les chants liturgiques depuis le seizième
siècle, à l'occasion des nouveaux offices et nouvelles messes
accordées par le souverain Pontife à l'Eglise universelle.
Rome n'envoie plus comme autrefois ces messes et offices
avec le plain-chant noté; de là il advient que chaque église
du monde catholique se croit en droit d'adapter à ces textes
nouveaux le chant qui lui plaît. Cette nouvelle manière d'a-
gir a engendré une déplorable confusion dans les éditions
imprimées depuis l'introduction de ces offices modernes.
Nous l'avons nous-même constatée dans les anciennes et
les récentes éditions d'Amsterdam, de Liége, d'Anvers, de
Bordeaux, de Lyon, d'Avignon, de Paris, Grenoble, Malines, etc., etc.;... et chacun peut s'en convaincre en ouvrant
ces livres aux fêtes suivantes :

Saint-Vincent de Paul, Saint-Camille de Lellis, Saint-
Ignace de Loyola, Saint-Louis de Gonzague, Saint-Jean de
Dieu, Saint-Joseph Calasance, Saint-Pierre Nolasque, Saint-
Romuald, Saint-Jean de Matha, etc.

Les éditions modernes, dans toutes ces messes, donnent
différentes mélodies sur différents modes, appliquées au
même Introït, au même Graduel, au même Offertoire,
chose qu'on ne rencontrait jamais avant le seizième siècle;
il paraît donc évident qu'il existe encore de ce côté une
lacune dans les bonnes traditions romaines, et que le Saint-
Siége peut faire maintenant ici ce qu'il a fait pour le texte
liturgique : rappeler à son tribunal suprème tous ces chants
subreptices, pour les ramener à l'UNITÉ.

Le désir de voir cette unité rétablie dans le chant liturgique n'a donc pas été un des moindres motifs qui nous ont
porté à entreprendre ce travail de restauration. Nous nous
sommes dit : Si nous parvenons à restaurer le chant, tel que
saint Grégoire l'a donné à l'Eglise universelle, nous pouvons
espérer de voir, à ce grand nom, et devant l'autorité de ce

Pontife, céder toutes les répugnances, et Rome n'aura qu'un seul désir à exprimer, d'une manière douce et suave, pour voir toutes les églises revenir insensiblement à l'unité dans le chant sacré de la liturgie romaine, aujourd'hui surtout que nos évêques accueillent avec plus de respect et de vénération que jamais toutes les prescriptions de l'Eglise mère.

DEUXIÈME QUESTION.

Quel moyen faut-il employer pour restaurer les mélodies Grégoriennes
dans leur intégrité primitive ?

———

En publiant la copie authentique de l'*Antiphonaire* de saint Grégoire, ou Manuscrit de Saint-Gall, nous avions avancé que le seul et unique moyen de restaurer aujourd'hui les mélodies Grégoriennes était la *confrontation des manuscrits de tous pays et de toute époque, et que là où l'on trouverait un accord parfait dans les versions, on aurait certainement la phrase Grégorienne primitive, et en même temps la clef de l'antique notation usuelle, pour lire ces mélodies d'une manière plus certaine que les anciens eux-mêmes* : car ceux-ci étaient obligés de les apprendre d'un maître dont l'autorité n'égalait pas à beaucoup près celle qui résulte de tant de documents réunis. Nous avions donné en même temps un morceau pour modèle : c'est le Graduel *Viderunt*, traversant les siècles et les divers pays en toutes les espèces de notation inventées depuis saint Grégoire jusqu'à nos jours. Les hommes les plus éminents, en fait d'archéologie musicale, nous ont compris; les revues scientifiques ont fait l'éloge de notre travail; les savants de l'Institut de France lui ont décerné une mention très-honorable, dans la séance du 12 novembre 1852. M. Vitet, dans le *Journal des Savants*, et M. Vincent (1) dans celui de l'*Instruction publique*, en ont rendu compte d'une manière très-flatteuse. M. de Coussemaker (2) dans son ouvrage sur l'*Harmonie au moyen âge*, en a porté ce jugement : « Nous n'hésitons pas à dire que le travail du P. Lambillotte est un des plus grands services rendus à la science des notations musicales du moyen âge. »

M. l'abbé Cloet, dans son livre *De la Restauration du chant Grégorien*, ouvrage qui a mérité l'approbation et les éloges de Mgr Parisis, évêque d'Arras, a parlé longuement de notre travail après l'avoir examiné attentivement. Il a conclu que nous avions trouvé le seul moyen de remonter à la source et de rendre à l'Eglise son chant primitif.

Les *Archives archéologiques* de M. Didron ont aussi rendu un compte favorable de notre publication dans un article sorti de la plume élégante de M. le baron de Roisin. Ce savant archéologue conclut que par cet ouvrage nous avons arrêté bien des nouvelles dégradations qu'on se préparait à faire subir à nos antiques mélodies.

Les *Tablettes anglaises* de Dublin, la *Gazette centrale* de Leipsick, la *Volkshalle* de Cologne; les Feuilles italiennes : le *Conservatore* de Rome, la *Civilta cattolica*, ont examiné

(1) M. Vincent, de l'Institut, traducteur des manuscrits grecs sur la musique des Anciens, et dont l'ouvrage remarquable se trouve au tome XVIe de la notice sur les *Manuscrits de la Bibliothèque Impériale*.

(2) Cet ouvrage vient d'obtenir le premier prix à l'Institut de France. Nous en félicitons M. de Coussemaker, ainsi que l'Institut, qui sait encourager des publications utiles à l'art, à la science et à la religion.

notre ouvrage attentivement, et en ont tiré les mêmes conclusions. Après ces divers témoignages, le souverain Pontife Pie IX lui-même a daigné nous féliciter, nous encourager et demander pour nous au ciel la grâce de conduire à bonne fin un plus long travail qui nous restait encore : celui de la restauration elle-même.

Cependant, il faut le dire, il y a eu des critiques, et nous aimons à les faire connaître ; ce serait un mauvais augure pour notre travail que de les dissimuler ou de les craindre. Ainsi certaines personnes, graves d'ailleurs, soit par prévention, soit par crainte de se voir obligées à abandonner de vieilles routines, n'ont point compris, ou n'ont point voulu comprendre l'argument de fait que nous tirions de l'accord universel des Manuscrits ; ils ont dit et imprimé (1) : « La clef du P. Lambillotte nous a paru ne rien ouvrir. » Contents d'avoir prononcé ce spirituel oracle, ils se sont crus dispensés d'examiner attentivement nos preuves ; et comme parmi les chantres on en rencontre beaucoup qui n'aiment point à quitter d'anciennes habitudes, plusieurs ont été plus loin encore ; ils ont dit à leur tour : Il n'y a pas de chant Grégorien ; il est partout et nulle part.—Nous prétendons prouver aujourd'hui à ces personnes que le chant Grégorien existe, et qu'on peut le retrouver encore dans son intégrité première.

(1) *(Bibliographie Catholique,* N° 10, 1852). L'auteur se contredit lui-même dans cet article ; car après avoir dit : « Cette clef nous a paru ne rien ouvrir,» un peu plus loin, il écrit ces lignes : « Le P. Lambillotte compare ensuite à » ces mêmes copies, l'édition des Chartreux, qui en conserve fidèlement » toutes les notes ; puis l'édition de Ballard , 1697, où l'on voit le chant altéré » par des mutilations , et enfin l'édition de Malines , 1848, où ce même chant » défiguré n'est plus qu'un squelette informe. La conséquence à tirer de cette » comparaison, c'est que le seul moyen de retrouver le chant Grégorien , » c'est celui qu'indique l'auteur, c'est-à-dire la confrontation des manuscrits.» Donc, la clef que nous donnons pour arriver à ces mélodies est une véritable clef : car retrouver le chant Grégorien par la confrontation des manuscrits, est précisément notre méthode.

Mais pour que les gens peu versés dans les choses liturgiques puissent nous comprendre aussi bien que ceux à
qui ces choses sont familières, nous devons ici mettre en
avant quelques notions préliminaires et indispensables pour
l'intelligence de ce qui va suivre. Il faut donc savoir :

1° Que les textes ou paroles chantées de la liturgie romaine sont encore aujourd'hui tels que saint Grégoire les a
réglés, sauf quelques mots changés dans les réformes de
Pie V, et quelques nouveaux offices, qui souvent encore,
prennent leur chant dans l'ancien répertoire Grégorien.
Ainsi les Introïts, les Graduels, les Traits, les Offertoires, les
Communions de toute l'année liturgique n'ont point changé.

2° Que depuis le VIIIe siècle, et même auparavant, tous les
monastères de France, d'Italie, d'Allemagne, d'Angleterre, ainsi que toutes les églises de ces différentes nations,
adoptèrent le chant et la liturgie Grégoriennes. Il n'y a que de
rares exceptions, telles que l'Eglise de Milan et certaines parties de l'Espagne (1). Ainsi les Bénédictins de tous pays, les
Chanoines de Latran, de Saint-Augustin, de Saint-Chrode-
gang, des églises cathédrales d'Italie, d'Allemagne, des
Gaules et d'Angleterre, les Prémontrés, les Chartreux, les
Franciscains, les Dominicains de tous pays, embrassèrent

---

(1) Dans le séjour que j'ai fait à Milan, en 1852, j'ai pu apprécier le chant
Ambrosien. J'ai remarqué qu'il était basé sur la même tonalité que le chant
Grégorien et que souvent celui-ci rendait note pour note l'Ambrosien. De
plus, la tonalité des différents morceaux est souvent la même dans les deux
rites; ainsi, par exemple, l'Introït *Gaudeamus* est sur le premier mode
dans l'un et l'autre, quoique différent pour la mélodie. La psalmodie se
chante également sur nos huit modes; excepté que dans l'Ambrosien la *mé-
diante* se dit *recto tono*; et les terminaisons sont plus simples.

Ceci confirme ce que nous disent Radulphe de Tongres et l'abbé Gerbert,
que le chant Romain a emprunté beaucoup de ses mélodies au chant Ambrosien, et que ces mélodies remontent à la plus haute antiquité. Il est
bon de faire connaître que les livres de chant Ambrosien n'ont jamais été
imprimés; ils se transmettent en *manuscrits*, depuis l'origine de ce rit.

Quant au chant du rit Mozarabe, c'est un composé de l'ancien chant Galli-
can et de l'Ambrosien. (Voir Gerbert, *De Cantu et Mus. sac.*, t. I, p. 258.)

successivement la liturgie et le chant romain réglés par saint Grégoire. Or il y avait dans ces siècles de foi des monastères tellement nombreux, que les moines étaient obligés de se succéder nuit et jour pour chanter l'office, et qu'on y célébrait plusieurs messes par jour avec la plus grande pompe et avec un grand concours de peuple. De plus ces moines avaient des règles sages qui leur prescrivaient une grande uniformité dans les chants sacrés, comme en tout le reste des divins offices.

3° Il faut savoir que nous possédons encore aujourd'hui un nombre immense de manuscrits tracés avec soin et magnificence par ces mêmes moines: on en trouve dans tous les pays, de tous les siècles, contenant absolument tous les chants liturgiques en usage autrefois. La suppression des monastères les a fait passer dans les grandes Bibliothèques publiques, dans celles des évêchés, des chapitres de cathédrale, ou encore dans les monastères d'Allemagne et d'Italie qui n'ont point été supprimés. La plupart de ces antiques antiphonaires sont écrits, je le répète, avec le plus grand soin, et souvent avec une magnificence qui atteste le goût, le talent, la science de ceux qui les ont écrits, et la somptuosité que l'on mettait à la célébration du culte divin.

4° Il faut savoir qu'avant le xi° siècle ces manuscrits étaient écrits avec des notations musicales, bien différentes des notations d'aujourd'hui : on appelait ces signes *neumes*, et *neumare* signifiait noter. C'étaient des virgules, des points, des crochets qui ressemblaient assez à un 7 droit ou renversé : dans le premier cas il s'appelait *clivis* ou *flexa*, dans le second, *podatus* ou *pedatus*, etc., etc. Ces signes, placés au-dessus des mots, servaient à rappeler au chantre des mélodies qu'il savait à peu près, pour les avoir déjà entendues, et dont il conservait un souvenir confus.

Comme autrefois les offices étaient très-suivis et que ces
chants étaient beaucoup plus beaux et mieux exécutés
qu'aujourd'hui, on les retenait facilement de mémoire, et
ces signes, quoique imparfaits, suffisaient pour en rappeler
le souvenir.

Ils n'avaient donc point, comme nos notes actuelles,
un ton fixe et déterminé. Voilà pourquoi il fallait longtemps alors pour apprendre le chant, et on ne le savait
jamais d'une manière certaine : ceci est constaté par l'histoire, par des faits, par des autorités, par des monuments
d'une valeur incontestable (1).

On appelait cette antique manière d'apprendre et de noter
le chant : *usage* ou *notation usuelle*. C'est ainsi que nous la
désignerons désormais ; il existait cependant une autre notation, c'était la *notation littérale*, qui employait les lettres
de l'alphabet. Cette notation n'était d'usage que dans les
livres d'étude ou d'école, et dans la théorie.

L'Antiphonaire de Montpellier, noté en neumes et en lettres, est un livre d'école et non un livre d'église : car les antiphones n'y sont pas classées dans l'ordre liturgique, mais
par ordre de modes.

Hucbald de Saint-Amand, moine du ixᵉ siècle, paraît être
le premier qui ait eu la pensée d'ajouter de cette manière
les lettres aux neumes usuels (2), et il paraît que saint Oddon
de Cluny, au xᵉ siècle, fut le premier qui écrivit ainsi un
antiphonaire, comme il le raconte lui-même dans son dialogue sur la musique 3 .

Enfin, au commencement du xiᵉ siècle, Gui d'Arezzo

---

(1) *Sed cantus per hæc signa nemo potest per se addiscere, sed oportet
ut aliunde audiatur, et longo usu discatur, et propter hoc , hujus cantus
nomen usus accepit.* (Gerb., *Script.* t. III, p. 202.)

(2 Voir *Mémoire sur Hucbald*, par M. de Coussemaker (p. 54, 55 et
Gerbert : *Script.* t. I, p. 117 et 118.

(3) Voir Gerbert. *Script. de Musica*, t. I, p. 251 et 253.

parut, et pour donner une valeur tonale bien fixe et déterminée aux anciens *signes usuels*, il les plaça sur une portée
de quatre lignes; en tête de deux de ces lignes, il mit c et f
pour indiquer la position de l'*ut* et du *fa* et donner par là
la *clef* de toutes les notes placées sur les autres lignes, ou
dans leurs intervalles. Outre cela, les deux lignes marquées
c et f étaient l'une rouge et l'autre jaune, afin que le chantre
ne les perdît jamais de vue. Dès lors on commença à noter
partout les livres d'église de cette manière, que nous appel-
lerons désormais *notation Guidonienne*. Après elle vint la
notation carrée, en usage aujourd'hui à l'Église; puis enfin
la *notation ronde*, en usage dans la musique moderne. C'est
la plus exacte et la plus parfaite de toutes.

5° Il faut savoir enfin que les mélodies Grégoriennes ont
subi deux espèces d'altération, qui les ont entièrement défi-
gurées et dénaturées. L'une dans la *forme*, c'est-à-dire dans
la manière de les chanter; l'autre dans la *substance*, c'est-
à-dire dans l'intonation elle-même. Comment a été dénaturé la *forme*? C'est ce que nous dirons plus loin. Conten-
tons-nous de remarquer ici que la notation carrée, défectueuse sous plusieurs rapports, en a été une des principales
causes.

Les altérations dans la *substance* proviennent surtout de
ce qu'on a laissé le soin des éditions nouvelles à des personnes qui ont voulu faire mieux que saint Grégoire : du
reste, ce n'est guère qu'au xvi⁰ siècle qu'on a osé porter une
main téméraire sur la substance de ces mélodies jusque-là
respectée. La forme avait subi des altérations dès le onzième siècle (1), mais seulement en certains pays et certaines églises où l'on commençait à admettre la musique
figurée ou moderne.

Ceci posé, nous disons : « Qu'il est possible encore au-

---

(1) Voir Aribon, *Script.*, t. II, p. 227.)

jourd'hui de retrouver les mélodies Grégoriennes et de les
lire dans la notation usuelle ; » et séparant ce qui regarde
la substance d'avec ce qui regarde la forme, nous posons
ainsi notre seconde question :

Quel moyen faut-il employer pour arriver sûrement à la
source des mélodies Grégoriennes et les rétablir dans leur
intégrité substantielle ?

Nous sommes parti, pour la résoudre, d'un principe déjà
posé comme incontestable par le savant abbé de Solesme
dans ses *Institutions liturgiques*, t. I, p. 306, et dont voici
la substance : « Quand un grand nombre de manuscrits,
différent de pays et d'époques, s'accordent sur un chant
liturgique, on peut affirmer que ces manuscrits nous donnent certainement la phrase Grégorienne. »

Ce principe n'a pas besoin de démonstration ; il est évidemment fondé sur le bon sens et sur l'impossibilité d'admettre qu'un grand nombre d'hommes s'accordent à vouloir tromper et puissent le faire sans exciter de réclamation.
C'est en vertu de ce principe que nous nous sommes en-
gagé dans la voie de *confrontation* des livres de chant
provenant de différents pays et de diverses époques, et que
nous sommes remonté des notations connues aux notations
inconnues.

Dans les livres actuellement en usage dans les églises,
rien de plus facile que de constater une discordance complète et de tous les pays. C'est un fait dont personne ne doute
en ce moment.

Or, si nous remontons les siècles, nous trouvons que la
confusion diminue à mesure que nous nous avançons dans
le passé, et qu'enfin, avant l'invention de l'imprimerie,
les livres de chant sont entre eux d'une conformité admirable.

C'est donc sur ces livres que nous basons premièrement notre travail de confrontation et principalement sur les manuscrits des xie, xiie et xiiie siècles, écrits selon la méthode de Gui d'Arezzo.

La grande conformité que nous rencontrons nous fait conclure que cet accord des manuscrits ne peut venir que d'une source commune, et que cette source est, à n'en pas douter, la phrase primitive, Grégorienne.

Si nous passons maintenant à l'antique *notation usuelle* sans lignes, et que nous voyions partout les mêmes mots portant les mêmes signes dans tous les manuscrits, nous affirmons encore que là nécessairement se trouve la phrase Grégorienne.

Mais, dira-t-on, vous ne pouvez pas lire d'une manière certaine cette notation. Nous allons prouver jusqu'à l'évidence que nous pouvons et que tous peuvent la lire, et cette vérité deviendra palpable par des exemples pratiques. Je prends le Graduel *Viderunt* de l'Antiphonaire de Saint-Gall, copie de l'autographe de saint Grégoire. Je considère le premier mot : je vois qu'il est noté de cette manière :

VIDERUNT.

Je lui trouve cette même notation dans tous les manuscrits écrits en notation usuelle et cela dans tous les pays. Mais personne jusqu'à ce jour n'a pu trouver la clef de cette notation, personne n'a pu me dire ce que signifient ces deux points et ce *c* renversé qui se trouvent sur *Viderunt*. Quels sons, quelles notes expriment ces trois signes? J'appelle à mon secours des traductions Guidoniennes de tous pays et même les notations carrées et la notation en lettres

du manuscrit de Montpellier : si tous ces documents traduisent ces trois signes par les mêmes notes, je ne puis
douter qu'ils ne me donnent la phrase Grégorienne. Or,
tous les manuscrits de tous pays traduisent ces signes par
fa, fa, la, ut. Donc plus de doute possible que cette
traduction ne soit le véritable sens des signes en question ;
et ainsi j'arrive d'une manière certaine à la source primitive. Si, rencontrant par exemple cent fois ce signe,
dans un manuscrit de *notation usuelle*, je le trouve quatre-
vingt-dix fois et même plus, traduit par les deux mêmes
notes dans la notation carrée des manuscrits plus récents,
ne devrai-je pas reconnaître que ces deux notes sont la traduction exacte de ce signe ? ou bien ne faudrait-il pas renoncer aux principes les plus vulgaires du bon sens ? Que
sera-ce si des opérations de ce genre, multipliées à l'infini,
donnent toujours le même résultat ? C'est là précisément ce
qui arrive pour chaque mot du texte liturgique.

Qui peut alors douter que nous n'ayons dans cet accord
universel des manuscrits la traduction fidèle des anciens
signes pour tout le chant Grégorien et la véritable *clef*
de la notation usuelle ? Celui donc qui a écrit « que la
clef du P. Lambillotte n'ouvrait rien, » ne nous a pas
compris ou n'a pas voulu se donner la peine de nous comprendre.

« Mais comment constater, dira-t-on, cet accord unanime
dans un si grand nombre de manuscrits répandus actuellement dans toutes les bibliothèques de l'Europe ? Ne sommes-
nous pas, en dernière analyse, obligés de nous en rapporter uniquement au P. Lambillotte ? le devons-nous
croire sur parole ? Nous n'avons pas la prétention de nous
croire infaillible ; il est vrai que pour constater l'accord des
manuscrits, il nous a fallu beaucoup de temps, de longs
voyages, des dépenses, des copies, de grandes recherches

et de nombreux travaux pendant plusieurs années; mais à présent que la chose est faite pour nous, nous allons la rendre facile pour les autres. Pour arriver à ce but, nous n'aurons qu'à indiquer les meilleurs manuscrits en différents pays, et chacun pourra par soi-même constater cet accord sur lequel s'appuie toute notre œuvre, et parvenir à la source où nous avons puisé. Plus on examinera de manuscrits Guidoniens, plus on sera frappé de leur merveilleuse conformité, altérée à peine par des divergences presque imperceptibles et qui s'évanouissent d'elles-mêmes par la grande majorité des bonnes versions.

Dans la liste des manuscrits que nous allons donner, nous n'avons pas la prétention de ne rien omettre : cela n'est ni possible, ni nécessaire : il suffit d'indiquer dans chaque pays un certain nombre de pièces offrant une haute garantie de fidélité, provenant de bonne source, surtout des monastères réguliers où l'on chantait généralement l'office avec plus de soin.

MANUSCRITS FRANÇAIS.

1° En première ligne nous signalons les manuscrits des Chartreux français ; on en trouvera un précieux à la bibliothèque de Villeneuve, près Avignon ; il est du xiiie siècle, écrit en *notation Guidonienne* avec points carrés. Les repos y sont marqués par des lignes transversales ; il est entièrement conforme à un autre de l'an 1367 appartenant aujourd'hui à notre savant ami M. de Coussemaker, qui a eu l'obligeance de nous le prêter, pour servir à nos travaux de collation. Dans ces deux précieux manuscrits, on trouve les notes longues carrées avec queue et à trois points appelés *distrophœ* et *tristrophœ*; on y trouve les *ligatures* de deux

notes brèves; les brèves détachées, etc., et voilà ce qui
les rend précieux pour la restauration de la *forme* ou mode
d'exécution. A l'exception de ces particularités, ces manuscrits sont conformes note pour note aux livres des Chartreux imprimés à Lyon et à Castres, ainsi qu'à leur grand
Graduel en quatorze gros volumes, que l'on trouve encore
actuellement à la bibliothèque de Brera à Milan, et qui provient de la chartreuse de Pavie. Ce dernier est écrit à la
main avec une magnificence extraordinaire; les vignettes,
les tableaux, les majuscules sont d'une richesse qui surpasse
tout ce qu'on a fait en ce genre, même le magnifique
Graduel du monastère de Saint-Ouen, actuellement à la bibliothèque de Rouen.

Mais on observe dans tous ces manuscrits que les Chartreux, fidèles à leur règle primitive, n'ont point admis dans
le texte les réformes de saint Pie V. C'est surtout dans les
Alleluia et les Versets du Graduel qu'on pourra faire cette
remarque. Avant la réforme de saint Pie V, il existait partout une grande confusion dans cette partie de la messe.
Cela provient, à ce qu'il paraît, de ce que saint Grégoire les
avait laissés au choix du chantre. On trouve, en effet, dans
les œuvres manuscrites du Pontife, ces mots : *Alleluia et Versus, quale volueris* (1).

Sauf ces divergences, les manuscrits des Chartreux sont
excellents; car ces religieux ont été le plus longtemps fidèles
à l'intégrité de la phrase Grégorienne, grâce aux règles qui
leur défendaient d'admettre aucun changement dans leurs
livres de chant, comme on voit dans la préface des éditions
de Lyon et de Castres (2). La substance est demeurée chez
eux à peu près intacte : quant à la forme, ils l'ont modifiée
peu à peu, et chantent maintenant tout à notes égales.

1 Voir *Opera S. Gregor.*, t. III.
2 *Pièces justificatives*, n° 3.

3

2° On trouvera dans la bibliothèque de la ville de Colmar des Graduels et Antiphonaires notés, très-précieux. Ils sont des xᵉ, xiᵉ, xiiᵉ et xiiiᵉ siècles. Ils proviennent : 1° du célèbre monastère de Murbach, qui, autrefois, était en relation intime avec Saint-Gall; 2° de l'abbaye de Pairis, fondée par saint Bernard. Nous avons eu entre les mains les principaux de ces manuscrits pendant un an. Les manuscrits de Murbach sont en tout conformes à ceux de Saint-Gall. Quant aux manuscrits de Pairis 1 , leurs chants ne diffèrent point d'avec les autres manuscrits, si ce n'est par la transposition des modes et quelques notes changées à cause de cette transposition. Nous avons pu constater par là que la réforme faite par les Bernardins, au xiiᵉ siècle, sous la direction de saint Bernard lui-même, consistait en de légers changements, et que les religieux chargés de cette réforme avaient respecté l'Antiphonaire de Gui d'Arezzo, dans lequel un chapitre général de l'Ordre défend de rien changer : *Prohibente sancto Cisterciensi capitulo, in Guidonis Antiphonario quidquam mutari* 2 .

On voit encore ici que ces Religieux avaient des règles pour la conservation du chant Grégorien, et qu'il ne leur était pas permis de le mutiler arbitrairement comme on l'a fait depuis. Nous aurons souvent l'occasion de faire cette remarque.

3° On trouvera des manuscrits nombreux dans les bibliothèques de Douai, Lille, Cambrai, Reims, Laon. Dans cette dernière ville est un *Graduel* du dixième siècle portant les lettres

---

1, L'abbaye de Pairis fut fondée en 1138, grâce aux libéralités d'Ulric, comte d'Eguisheim et petit-neveu du pape saint Léon IX. Les religieux qui l'habitaient étaient des religieux de l'ordre de Citeaux, dits Bernardins. Dévastée par les Armagnacs en 1236 et 1444, l'abbaye fut réduite en cendres vers la fin du quinzième siècle; on la reconstruisit plus tard, et elle subsista jusqu'à la grande révolution. De nos jours, il n'en reste plus qu'une petite chapelle.

2. Apud Gerb., *Script.*, t. II, p. 229 *Tonale S. Bernardi.* — Voy. la note de la page 37.

Romaniennes, dont nous parlerons dans le chapitre suivant.

Nous ne mentionnerons pas en particulier de nombreux manuscrits qu'on trouve dans les grandes bibliothèques de Paris et des principales villes de France, telles que Lyon, Grenoble, Rouen, Nîmes, Avignon, Montpellier, etc., etc. Chacun est à même de les voir et de les étudier, et déjà l'archéologie musicale les a fait connaître [1].

MANUSCRITS BELGES.

Les meilleurs manuscrits que nous ayons découverts en Belgique sont, sans contredit, les manuscrits des RR. PP. Prémontrés. On en voit un à l'abbaye de Parc, près de Louvain, écrit ou à la fin du douzième siècle ou au commencement du treizième. C'est un *Graduel complet* et un *Missel d'autel* tout à la fois (2). Car outre les Épîtres, Oraisons et Évangiles, il contient encore le Canon de la Messe; il est noté à la manière de Gui d'Arezzo, c'est-à-dire avec les anciens signes de la *Notation usuelle* placés sur quatre lignes et ayant ainsi une valeur tonale fixe et déterminée; il est parfaitement lisible pour ceux qui possèdent la clef que nous avons livrée au public l'année dernière; le *quilisma*, le *distropha*, le *tristropha* et autres signes d'ornement y sont parfaitement écrits,

1) Voici des auteurs qui en donnent une riche collection : M. E. de Coussemaker, dans son *Mémoire sur Hucbald de Saint-Amand*, et dans son grand ouvrage : *De l'Harmonie au moyen âge*; M. l'abbé Cloet, dans son excellent livre sur la *Restauration du Chant liturgique*; M. Fétis, dans la *Revue Musicale* de M. Danjou.

(2) Les bibliothécaires devraient, quand ils font des catalogues, bien distinguer ces sortes de livres. Ils leur donnent souvent des noms qui induisent en erreur les archéologues : ils les appellent indistinctement *Missels*. Tandis que *Missel*, *Antiphonaire*, *Graduel*, *Responsorial* sont des livres tout différents. De plus, il y a *Missel d'autel*, *Missel de chœur*; ces livres pour le fond n'ont aucune ressemblance.

et les neumes sont distancées de manière à bien faire observer les distinctions des phrases mélodiques, c'est-à-dire à
bien partager le chant. Les RR. PP. de Parc ont eu l'extrême
obligeance de mettre ce volume à notre disposition, et nous
leur en témoignons ici notre reconnaissance.

2° Les RR. PP. Prémontrés du monastère d'Everboden,
qui n'est qu'à trois ou quatre lieues de Parc, possèdent
également des manuscrits de chant très-précieux, quoiqu'ils
ne remontent point à une époque si éloignée que le manuscrit précédent; ils sont du quinzième siècle, écrits en notes
carrées; les longues, les brèves, les distinctions des phrases,
les liaisons, les ligatures, les notes lozanges, les notes répercutées, à deux et trois points, toutes ces choses sont
parfaitement écrites. Les textes de la messe sont tels qu'on
les chantait avant la réforme de Pie V. Ces livres, que
les RR. PP. ont eu aussi l'obligeance de mettre à notre
disposition pendant trois ans, ont été écrits par d'anciens
religieux de Saint-Tron, *Sancti Trudonis* (1). On croit,
non sans raison, qu'ils ont été copiés sur les anciens livres
de chant de l'abbaye de Saint-Tron, copiés eux-mêmes sur
les meilleurs manuscrits du Palatinat. Ils sont d'une conformité merveilleuse avec ceux de Saint-Gall. Du reste,
tous les manuscrits venant de la Belgique et du Palatinat,
ont pour nous une haute garantie de fidélité: par la raison que ces pays étaient autrefois le séjour favori des Em-

---

1 La chronique de l'abbaye de Saint-Tron rapporte que l'abbé Radulphe,
dès le douzième siècle, adopta la notation Guidonienne et l'enseigna à ses
religieux. *Instruxit etiam eos arte musicæ secundum Guidonem, et primus
illam in claustrum nostrum introduxit*; *stupentibusque senioribus, faciebat
illos solo visu, subito cantare, tacita arte magistra, quod numquam au-
ditu didicerant*. La chronique ajoute que cet abbé fit ce travail de sa propre
main : *Propria manu formavit, purgavit, punxit, sulcavit, scripsit, illumi-
navit musiceque notavit syllabatim; atque juvenes et pueri magisterium ejus
et libri exemplar sequentes non solum artem illam cœperunt addiscere, verum
emendatius et accuratius libros suos post illum notare*.

pereurs : et l'on sait combien ces princes avaient à cœur
la bonne exécution du chant Grégorien. De plus, ils ont
toujours été habités par un peuple paisible, ferme et constant dans sa foi et ses usages, ennemi des nouveautés
et des changements. Telle est la confiance que nous in-
spirent ces manuscrits, que nous en avons fait le principal
fondement et comme le point de départ de notre collation,
parce que nous les avons trouvés les plus constamment
conformes à ceux de Saint-Gall. Or, on sait que quand
Rome eut perdu ses livres authentiques et l'autographe de
saint Grégoire 1, c'est à Saint-Gall qu'on venait de toutes

1. Dès le onzième siècle, Louis le Débonnaire envoya Amalarius à Rome
pour demander un *Antiphonaire* sur lequel on pût corriger ceux des Gaules.
Le pape répondit qu'il n'en possédait plus ; que le dernier avait été remis à
Wala, ministre de Charlemagne : *Retulit ita mihi Papa : Antiphonarium
non habeo quem possim mittere filio meo domino Imperatori, quoniam hos
quos habuimus Wala.... abduxit eos hinc secum in Franciam.* « Il n'est donc
» pas étonnant, ajoute M. de Coussemaker, que Rome ait perdu de bonne
» heure la tradition du vrai chant Grégorien, et qu'alors on recourût à Saint-
» Gall ; car Metz aussi perdit, sous Louis le Débonnaire, la vraie tradition
» romaine, et ce fut Amalarius, dont il est ici question, qui acheva d'y porter
» la confusion, comme il en convient lui-même. » « L'école de Saint-Gall,
» dit l'abbé Gerbert, ne mérita jamais un semblable reproche. »
    Il ne faut donc pas s'étonner si les premiers fondateurs de Cîteaux trouvè-
rent au douzième siècle le chant de Metz corrompu, pour la note et pour le
texte. Malgré cela, ils prirent copie de ces livres et revinrent à Cîteaux ; et
l'on chanta l'office de la sorte jusqu'à l'arrivée de saint Bernard dans ce monastère. Ce grand réformateur fut chargé de la réforme de ces livres de chant.
Nous avons eu entre les mains plusieurs *Graduels Bernardins*; nous n'y
avons rien trouvé qui fût contraire à la tradition universelle concernant les
chants de la messe ; nous en avons conclu que les changements dont parle
saint Bernard dans la préface de l'*Antiphonaire* concernaient l'office nocturne
plutôt que la Messe, qu'ils tombaient particulièrement sur l'*Antiphonaire* pro-
prement dit, et alors nous avons compris les invectives lancées contre la
copie faite à Metz : en effet, c'est surtout dans l'office du soir qu'Amalaire
s'était permis d'opérer les réformes en question. De là aussi les reproches
faits par S. Bernard aux églises qui avaient suivi le chant Messain. Au
reste, nous ne devons pas nous étonner que le chant de l'office du soir ait
été plus altéré que celui de la messe. Ce dernier avait été réglé définitivement par saint Grégoire lui-même, tandis que l'autre l'a été par ses successeurs, et le livre Pontifical les désigne, ce sont : les papes Grégoire II, Grégoire III, Léon II, Adrien Ier, Léon III. Voir Lebeuf, *Traité hist.*, p. 31.

parts comme à la source du chant ecclésiastique. Ekkehard
constate ce fait dans les *Casus Sancti Galli*, cités dans les
Bollandistes (t. I, 3 avril, p. 582), et dans Gerbert (*De Cantu
et Mus. sacr.*, t. I, p. 275). Au reste, voici ses paroles : *Abinde
sumpsit exordium, tota fere Europa et maxime Germania,
cantare sicut in monasterio Sancti Galli, ubi viri peritissimi,
Romanus et Notkerus et alii magistri docebant, juxta exemplum authentici Antiphonarii sancti Gregorii.*

Pour en revenir aux manuscrits des RR. PP. Prémontrés, on y trouve toutes les Séquences ou proses de saint
Notker, du roi Robert, etc., etc., que l'on chantait
après l'Épître, dans toutes les Églises, avant la réforme
de Pie V.

3° Nous avons encore trouvé en Belgique trois *Manuscrits-
Graduels* inconnus jusqu'ici des Archéologues et écrits en
notation Guidonienne. L'un appartient à M. l'abbé Huart,
doyen d'Enghien, au diocèse de Tournay : il a malheureusement été un peu mutilé et interpolé çà et là; du reste,
il est bien écrit; les chants sont Grégoriens; pour la note
et pour le texte, les divergences sont très-légères. Nous
en avons donné un spécimen dans la *Clef des mélodies
Grégoriennes*. M. le doyen a eu la bonté de nous prêter
ce livre pendant longtemps.

Les deux autres manuscrits nous viennent des Chanoinesses
d'Andenne, au pays de Liége. Cette abbaye, fondée par
saint Begge, au cinquième siècle, était très-riche. Les offices
et tout ce qui regarde le culte religieux, s'y faisaient avec
le plus grand soin et la plus grande pompe. M. le doyen
d'Andenne, actuellement en possession de ces beaux manuscrits, a eu la bonté de les mettre à notre disposition.
Ils contiennent le chant Grégorien dans toute sa pureté;
les anciens signes neumatiques, placés sur quatre lignes,
sont parfaitement écrits et rendent le chant très-facile à

lire. Ces livres sont parfaitement conformes pour le chant
à ceux des Prémontrés et des Chartreux.

MANUSCRITS ANGLAIS.

Tout le monde sait que le pape saint Grégoire le Grand
procura la conversion des Anglais. Avant de monter sur
le trône pontifical, il aurait voulu partir pour aller travailler lui-même au salut de ce pays, qu'on appela bientôt
l'*île des Saints*. A peine fut-il élevé à la dignité suprême,
qu'il envoya en Angleterre le moine Augustin, avec cinquante missionnaires. Ils portaient avec eux des Antiphonaires; et le diacre Jean, auteur de la vie du saint Pontife, nous
apprend, que du temps même du pape Grégoire, les chants
sacrés furent enseignés aux Anglais. *Hujus Gregorii tempore,
cum Augustino Britannias adeunte, per Occidentem quoque
romanæ institutionis* CANTORES *dispersi, barbaros insigniter
docuerunt.* De plus, le vénérable Bède, contemporain de
saint Grégoire, fait mention, au septième siècle, d'un
chantre fameux nommé Naban, qui avait appris le chant
sous les disciples des élèves mêmes de saint Grégoire, dans
le pays de Kent. *Qui a successoribus discipulorum sancti
Gregorii papæ, in Kantia, fuerat cantandi sonos edoctus.*
L'abbé Gerbert 1 produit une multitude de témoignages d'où
il résulte que le chant Grégorien a été institué de bonne
heure en Angleterre et conservé avec un soin religieux, à
cause de la vénération que les Anglais avaient pour le saint
Pontife qui les avait convertis à la foi. *Undè palam est
quanta cura in Anglia sit conservata propagataque disciplina* CANTUS ROMANI.

1 *De Music.*, t. 1, p. 260.

On pourra juger par là combien grand fut mon désir de trouver des manuscrits anglais d'une époque un peu reculée. Je fis donc tout exprès le voyage d'Angleterre en 1850. Il est très-difficile de trouver en ce pays d'anciens manuscrits liturgiques. Les Vandales de la prétendue réforme ont tant brûlé et saccagé ! Mais grâce aux recherches des savants Anglais d'aujourd'hui, grâce à leur goût pour l'étude sérieuse de l'histoire, on commence à retrouver çà et là des monuments que l'on croyait perdus à jamais.

En fait de chant liturgique, on trouvera des manuscrits dans les bibliothèques d'Oxford, de Cambridge et de Londres. J'ai visité ces bibliothèques, et voici ce que j'y ai trouvé de plus utile pour mon travail de collation.

Au Musée britannique :

1° Un Graduel en notation carrée, provenant du monastère de Fressing; il paraît être du quatorzième siècle. Le chant en est conforme à tous les bons manuscrits; seulement l'introït *Ad te levavi* commence par les notes, *ré. ut.* sur le mot *Ad*. Cette version du reste nous est donnée par certains manuscrits français, dont plusieurs appartiennent à la bibliothèque de Douai.

2° Sous le n° 10928, est indiqué un *Antiphonaire*; mais c'est un *Graduel* en notation carrée, du quatorzième siècle, portant cette indication : *Plut. Clir. C.* Il est encore conforme aux bons manuscrits de tous pays, des onzième, douzième et treizième siècles.

3° *Graduel*, portant le n° 622 et l'indication *Harl. nest.*; on lit en tête ces mots : *Primitus fuit Prioratus de Roneton Abb. de Haymund. Bibl. Harl.* C'est un beau manuscrit en notation carrée, qui paraît être du quatorzième siècle : excellent encore pour la confrontation.

4° *Graduel* et *Antiphonaire* in-folio, distribué en quatre volumes, porté au catalogue de musique sous les n°ˢ 101,

102, 103, 104, avec cette indication : *Lands de Wa*. Ces volumes ont au dos les n°ˢ 460, 461, 462, 463. Une note, placée au commencement du dernier volume dit, « que » selon toute probabilité, ces livres ont été en usage pour le » service divin dans l'église cathédrale de Norwich, qu'ils » sont conformes à ceux de Salisbury et que c'est là qu'ils » ont été écrits avec magnificence *(splendidly written)*. » Ils sont notés en notes carrées, avec lozanges, ligatures, *distropha* et *tristropha* et des notes bien espacées, pour l'observation des repos et la distinction de la phrase musicale.

A OXFORD ET A CAMBRIDGE.

On trouvera là aussi beaucoup de livres d'ancien chant en manuscrit et les premières éditions imprimées; mais tous ne sont point de provenance anglaise. Ainsi on voit à la bibliothèque Bodléiene, des *Graduels* et *Antiphonaires* précieux, in-folio, imprimés à Rouen, l'an 1502 et 1510. Ces livres sont conformes aux anciens manuscrits anglais, français, etc...; d'autres, inscrits sous les n°ˢ 34 et 35, furent imprimés à Paris, chez Prévost et Regnaut, l'an 1527, 1530, 1552. Ils sont excellents aussi : notation carrée, notes lozanges, ligatures, distropha et tristropha; longues et brèves très-bien marquées. L'éditeur y a joint une note qui fait connaître la destination et les auteurs de ces livres. : «Prêtres » illustres de la célèbre Église d'Angleterre, recevez ici ce » *Graduel*, qui est le vôtre, imprimé à Paris par vos soins et » sous la direction de l'imprimeur Regnaut, qui continue à » bien mériter votre bienveillance. » *Habetis, viri celeberrimi, insignis Ecclesiæ Anglicanæ Sacerdotes, hoc vestrum* Graduale *nuper Parisiis, Regnaut, bibliopolæ vestri, solertia efformatum, qui et de vobis bene mereri non destitit.*

D'où il résulte que les prêtres anglais avaient présidé à la confection de ces livres et les avaient collationnés sans doute sur d'anciens manuscrits anglais; on peut donc avoir une grande confiance dans les versions qu'ils donnent : en effet, nous les avons trouvées d'une grande conformité avec les meilleurs manuscrits des autres pays.

Nous pourrions citer une plus grande quantité de manuscrits anglais, mais ceux-ci suffisent pour le but que nous voulons atteindre ; c'est-à-dire constater cette belle uniformité qui existait en tous pays, dans les chants liturgiques de l'Église catholique romaine, avant le seizième siècle.

MANUSCRITS ALLEMANDS.

Par manuscrits allemands, nous entendons ici parler des Antiphonaires, Graduels et autres livres de chant que nous avons trouvés en Prusse, en Suisse, en Tyrol, en Autriche, en Bavière, dans le grand-duché de Bade et le Wurtemberg. A en juger par ceux que nous avons vus en ces contrées, l'Allemagne est un des pays les mieux pourvus de monuments de cette espèce, et il faudrait un gros volume pour mentionner seulement ceux que nous avons visités ; nous sommes donc obligés, par les bornes que nous nous sommes prescrites en cet ouvrage, de ne parler que des plus remarquables et de faire connaître en quel endroit on les trouvera.

1° A Munich.

La bibliothèque royale de cette ville est une des plus riches en manuscrits liturgiques ; elle a hérité en 1803, à la suppression des monastères, des livres de plus de cinquante riches abbayes. En 1849, nous avons visité tous les *Antiphonaires*, *Graduels* et *Missels* de cette immense collection. Nous allons indiquer ceux qui nous ont paru les plus importants, soit à cause de leur provenance, soit à cause de leur antiquité.

M. Schmeller, qui était alors bibliothécaire des manuscrits, a eu l'extrême obligeance de nous donner sur chacun d'eux des renseignements précieux.

1° Sous le n° 86, A. 42, *Cod. lat. Pal.*, on trouve un *Graduel* in-4° en notation Guidonienne, richement exécuté, sur deux lignes coloriées rouge et jaune et deux autres tracées dans le vélin : il est du douzième siècle et provient de la bibliothèque palatine, qui jadis était à Mayence, puis à Manheim, et fut enfin portée à Munich, quand les princes palatins devinrent rois de Bavière.

2° N° 7919. Un *Graduel* provenant des Cisterciens de Kaiserheim, près de Danauworth. Excellent ; treizième siècle : notation Guidonienne.

3° 7918. *Antiphonaire :* même provenance et même âge ; notation Guidonienne : excellent.

4° *Graduel* n° 7905 : même provenance, même notation : excellent.

5° N° 2542. *Graduel* en deux volumes in-folio, provenant des Cisterciens d'Aldersbach, en basse Bavière.

6° N° 2901. *Graduel* provenant du monastère d'Alten-Hohen, basse Bavière : complet et excellent ; treizième siècle ; notation Guidonienne.

7° N° 7907. *Antiphonaire* complet, pour l'office du soir : treizième siècle ; notation Guidonienne : très-bon.

8° N° 75, A. 38. *Graduel* complet provenant de la bibliothèque palatine : bien écrit ; même époque ; même notation que les précédents.

Tels sont les manuscrits que nous avons jugés les meilleurs, après les avoir visités avec soin, eux et tous les autres, et nous les avons fait servir à notre travail de confrontation.

On trouvera encore des manuscrits de chant dans les villes suivantes : 1° à Carlsruhe, au palais ducal. Cette bibliothèque possède les manuscrits des monastères de Reichenau, de Saint-Georges, de Saint-Blaise Forêt Noire , de Saint-Pierre en Brisgaw, de Sainte-Maergene, etc., etc.

2° A Stuttgart, à la bibliothèque privée du roi, on trouve trois *Antiphonaires* et trois *Graduels* en notation Guidonienne, provenant de la fameuse abbaye de Weingarten, où existait l'orgue magnifique décrit par dom Bedos dans son célèbre ouvrage, *L'Art du facteur d'orgues*.

Nous avons fait notre travail de confrontation sur tous ces livres, et partout nous avons trouvé une grande conformité.

3° A Cologne, à Mayence, on ne rencontre plus de manuscrits, mais des livres imprimés au commencement du seizième siècle, et dans lesquels le chant Grégorien est très-bien conservé.

4° A Trèves, on voit à la bibliothèque de la ville et de l'évèché des *Graduels* et *Antiphonaires* précieux, en notation usuelle et Guidonienne. Il en est un entre autres qui porte les lettres Romaniennes. Nous aurons occasion d'en parler quand nous traiterons du rétablissement de la forme primitive. Ces sortes de manuscrits sont extraordinairement rares : nous n'en avons rencontré qu'en trois endroits : à Trèves, à Saint-Gall et à Laon.

Suisse. — Si nous passons en Suisse, nous y trouverons encore de grandes richesses en manuscrits, malgré le vandalisme exercé par les protestants. Nous avons rencontré des *Antiphonaires* et *Graduels* au monastère de Rheinau, près Schaffausen ; à Engelberg, près Lucerne, mais surtout à Saint-Gall. Ici, nous sommes encore obligés, faute d'espace, à ne mentionner que les plus précieux. Ceux qui voudront en connaître davantage pourront consulter le *Cantarium Sancti Galli* ; on trouve en tête de cet ouvrage une excellente préface par M. l'abbé Greith, grand-doyen du chapitre et administrateur actuel de l'insigne bibliothèque.

Dans cet ouvrage, l'auteur trace l'histoire du chant Grégo-
gorien à Saint-Gall : comment il s'y est introduit, maintenu
et conservé ; il désigne tous les manuscrits précieux à l'aide
desquels on peut le retrouver et le restaurer. Cet ouvrage et
les conseils de M. l'abbé Greith lui-même nous ont été d'un
grand secours pendant notre long séjour en cette ville.
C'est à sa bienveillance et à celle de M. Gmür, bibliothécaire
actuel, que nous avons dû la permission d'achever le calque
du manuscrit de Romanus, permission qui jusqu'à ce jour
n'avait été accordée à personne [1].

Nous signalerons ici les manuscrits qui méritent une
attention particulière, en suivant l'ordre des siècles.

Xᵉ SIÈCLE. — Le nᵒ 338 est un *Graduel* complet dans
lequel on lit cette note que nous traduisons du latin. « Ce
» manuscrit a été porté à Saint-Blaise où il a servi aux études
» de l'abbé Gerbert ; il a échappé à l'incendie de ce monas-
» tère, où cependant ont péri cinq de nos manuscrits. » Il
est en notation usuelle, portant les lettres significatives ou
Romaniennes ; il a été écrit avec soin, par un religieux de
Saint-Gall, qui s'appelait Godeschalgue.

Les nᵒˢ 339 et 340 sont encore des *Graduels* notés de la
même manière, mais par une autre main ; ils ont été aussi
à Saint-Blaise.

Les nᵒˢ 390 et 391 sont des *Antiphonaires* complets en
notation usuelle et portant aussi les lettres Romaniennes.
Le manuscrit 390 a été écrit par un moine nommé Har-
tker ; il paraît qu'il s'était condamné à une réclusion per-
pétuelle. C'est ce qu'on peut conclure de ces vers compo-

[1] Nous avions commencé ce calque en l'absence de ces Messieurs, ne
sachant pas que les règlements de la bibliothèque s'y opposaient. M. Baum-
garten, directeur de l'administration catholique du canton en nous donnant le manuscrit, ne nous avait point parlé de cette défense; mais MM. les
bibliothécaires à leur retour ont eu l'extrême obligeance d'aplanir toute
les difficultés.

sés par les élèves de Notker Labens, rapportés par Pertz;
Monumenta Germ., t. II, p. 56 :

> « Sævior Hartkero, quisnam sibi, martyre vero?
> » Hostia cœlesti spontanea vivaque testi,
> » Carcere ter denos qui se mage fregerat annos.

Dans un dessin, tracé à la plume par le saint moine, il se représente lui-même, en l'attitude de suppliant, offrant son
Antiphonaire à l'autel de Saint-Gall, avec ces vers écrits de
sa main dans l'encadrement du tableau :

> « Auferat hunc librum nullus hinc, omne per ævum,
> » Cum Gallo partem quisquis habere velit.
> » Istic perdurans liber, hic consistat in ævum,
> » Præmia patranti sint ut in arce poli.

On peut juger par là avec quel soin ces bons religieux co-
piaient et conservaient les livres de chant.

Le n° 376 contient des tropes et séquences notées de la
même manière. Elles sont attribuées à saint Notker.

XIe SIÈCLE. — Les n°s 374, 378 et 380 sont des manuscrits
contenant tous les chants de la messe en notation usuelle.
Les n°s 381 et 382 sont des *Hymnaires* notés de la même manière. On trouve dans les n°s 413 et 387 tous les répons des
matines, en même notation.

XIIe SIÈCLE. — On trouve, de ce siècle, des *Antiphonaires*
en notation usuelle, portant les n°s 375, 388, 437, 416 ; ils
contiennent l'office complet du soir. Le n° 361 est un *Graduel* complet : même notation.

On voit dans le n° 360, les chants des hymnes et des
litanies, tels qu'on les exécutait alors à Saint-Gall. Dans les
manuscrits 343 et 344, un grand nombre de tropes et séquences, toujours en notation usuelle.

XIIIe SIÈCLE. — Ce ne fut qu'au commencement de ce siècle que l'on adopta à Saint-Gall la notation Guidonienne. Le premier manuscrit écrit de cette manière porte le n° 383. Il contient entre autres morceaux : l'*Exultet* de Pâques, pag. 9 ; le *Te Deum*. p. 19 ; des *Kyrie* pour la messe, p. 40, et de cette page à la page 138, des hymnes et des séquences. A partir de cette époque, tous les livres de chant furent notés selon cette méthode : d'abord on plaça les anciens signes usuels dans les lignes pour leur donner un ton fixe et déterminé ; puis, peu à peu, pour plus de facilité, on nota en petits points carrés, ce qui donna naissance à nos grosses notes carrées, encore en usage aujourd'hui.

Ces traductions importantes furent confiées aux religieux qui possédaient le mieux le chant Grégorien, aux plus habiles et aux plus savants dans l'art du chant. On trouve leur travail dans la bibliothèque actuelle, aux in-folio suivants : n°⁵ 541, 542, 543, 544, 545 et 546. Ces immenses volumes contiennent tout l'office liturgique traduit en grosses notes Guidoniennes.

Au monastère de Notre-Dame des Hermites (*Einsiedeln*), occupé encore aujourd'hui par les Bénédictins, il m'a été remis par le R. P. bibliothécaire une pièce de vers composée par un moine du treizième siècle et qui constate que ce fut aussi vers l'an 1210 qu'on commença dans cette abbaye à abandonner la notation usuelle pour prendre la notation Guidonienne. La raison que l'auteur en donne, c'est que les jeunes gens apprenaient beaucoup plus vite et plus sûrement le chant par cette méthode que par l'autre, et qu'ils avaient ainsi plus de temps pour étudier des choses plus importantes (1).

Avant de quitter la Suisse, nous ferons remarquer que tous les Bénédictins de ce pays ne formaient qu'une seule

(1) Voir ce monument aux pièces justificatives, n° 4.

congrégation, et que Saint-Gall était la maison mère. Nous
avons retrouvé dans les archives de cette abbaye le *Directorium chori* en vigueur dans toutes les maisons de l'ordre.
Ce règlement prescrit la plus grande uniformité dans le chant
et dans tout ce qui concerne le service divin ; il porte ce
titre : *Directorium pro uniformitate Helveto-Congregationis
Benedictinae, anno* 1679. Il fut réimprimé en 1692, avec
une préface qui montre combien on tenait encore alors à
cette uniformité. Nous la donnons aux pièces justificatives,
n° 5.

Tout ceci nous montre que tous les ordres religieux avaient
des règles à observer pour l'uniformité dans les chants liturgiques, et que par conséquent cette uniformité est dans
l'esprit de l'Église ; car les ordres religieux sont et ont toujours été les plus fidèles interprètes de cet esprit.

En finissant ce qui concerne Saint-Gall, nous ne pouvons
résister au plaisir de citer les paroles du célèbre Ekkehard V,
moine de ce monastère, au commencement du treizième
siècle. C'est encore l'auteur du *Cantarium Sancti Galli* qui
nous fournit ce document : « Au commencement du treizième
» siècle, dit M. l'abbé Greith, il régnait à Saint-Gall un zèle
» ardent pour les mélodies Grégoriennes ; et la perfection
» avec laquelle on les chantait, produisait des effets ad-
» mirables. Ekkehard V nous en fournit la preuve. Saint
» Notker, dit-il, avait reçu du ciel le don et le goût de
» ces mélodies.... Elles sont une grande source d'édification
» et de piété pour le peuple, quand elles sont bien exécutées.
» En effet, quand nous entendons ces chants sacrés, notre
» âme s'élève vers Dieu par des transports de dévotion, le
» cœur se dilate et nous nous élevons au-dessus de toutes les
» choses terrestres, pour savourer en Dieu un avant-goût
» des joies célestes. Il n'en est pas ainsi de cette nou-
» velle musique qui commence à s'introduire dans les égli-

» ses, musique où les saintes paroles sont comme submergées
» dans un amas de sons incohérents. » L'auteur fait observer que les effets religieux des mélodies Grégoriennes proviennent moins des paroles mêmes que de la puissance du
chant. *Das alles bewirkt nicht die macht der Worter, son-
dern die heilige macht des Gesanges* (1).

De tous ces témoignages, nous tirons les conclusions suivantes :

1° Depuis la mort de Romanus, le chant Grégorien n'a pas
cessé un instant d'être en grande vénération à Saint-Gall;
nous en avons abondamment fourni la preuve.

2° Les moines de cette abbaye jouissaient dans tous les pays
voisins d'une grande réputation d'habileté dans la science
théorique et pratique du chant : témoin, ce que fit l'archevêque de Mayence en appelant Ekkehard IV, pour le mettre
à la tête de ses écoles et le nommer directeur du chant dans
sa cathédrale; témoin, les ouvrages de Rutpert, de Notker
Labens, de Tutilo, qui se répandirent par toute l'Europe;
témoin, tous les précieux manuscrits qui furent alors écrits
avec tant de soin et de travail; témoin, le concours universel
qui s'y faisait pour la transcription des livres de chant.

3° Il résulte de l'histoire de l'abbaye que les moines de
Saint-Gall étaient de bons religieux, fidèles à leur règle;
ils vivaient dans une parfaite observation de tous les usages
monastiques; plusieurs d'entre eux sont canonisés, et d'autres en grand nombre sont morts en odeur de sainteté : on
peut en lire la preuve dans la vie de saint Othmar, dans celle
de saint Notker, dans les vers édifiants composés par les
élèves de Notker Labens en l'honneur des moines du monastère (2).

4° On chantait l'office complet tous les jours avec pompe

(1) Cantarium Sancti Galli, p. 10.
(2) Pertz, *Monum. hist.*, t. II, p. 54, 55, 56.

I

et grande édification des fidèles, comme le témoigne Ekkehard V. Par conséquent, les bonnes traditions du chant
Grégorien se conservaient pures en ce monastère et plus aisément que partout ailleurs.

5° Presque tous les livres dont les religieux se servaient
alors pour l'office sont parfaitement conservés à Saint-Gall ;
les traductions qu'ils ont faites des neumes portent avec
elles la plus haute garantie de fidélité. Leurs vertus, leur savoir, leur juste réputation de sainteté nous donnent à ce
sujet une pleine assurance. Nous pourrions ajouter aussi la
grande vénération qu'ils professaient pour le pape saint
Grégoire, qu'ils regardaient comme un des leurs. Leur estime
pour Romanus, qui les avait initiés à la connaissance du
vrai chant Grégorien, était encore un puissant motif de le
conserver dans toute sa pureté. Nous concluons donc que les
traductions faites par ces religieux méritent toute confiance,
indépendamment de notre vérification. Qui donc, en effet, a
été et sera jamais plus capable de traduire ces mélodies que
ces bons moines qui les entendaient et chantaient chaque
jour et presque sans cesse ? Qui le fera jamais avec un soin
plus religieux, avec une exactitude plus scrupuleuse ? Leur
travail a plus de poids, à nos yeux, que toutes les révisions
qui nous viennent des églises particulières. Chacun sait
comment dans ces églises on fait les livres de chant. Quand
on veut entreprendre une édition nouvelle, on confie ce travail soit à un ecclésiastique, qui aura eu quelques succès en
ce genre dans son séminaire, en qualité de maître de chœur,
soit à un laïque qui, par ses connaissances musicales,
jouit d'une grande réputation dans sa localité. Mais auront-
ils le temps, la patience, les ressources, les connaissances
nécessaires pour conduire à bonne fin un si grand et si pénible travail ? Peu importe : ils vont en avant ; souvent même
il arrive que d'une œuvre si sainte on fait une affaire de

spéculation ou de vanité, et que s'ensuit-il? Au lieu de
donner le chant de saint Grégoire, on donne un chant de
fantaisie. Voilà comment la plupart des éditions modernes
se sont faites; voilà comment le chant Grégorien aujourd'hui
est si altéré partout, qu'on peut à peine le reconnaître. Il est
donc bien à désirer qu'une bonne fois l'autorité de l'Eglise
s'en mêle et qu'elle nous délivre de toutes ces mauvaises
éditions entachées de spéculation ou d'arbitraire. Gui
d'Arezzo donnait déjà au onzième siècle ce sage conseil : de
ne permettre la publication des livres de chant qu'à des personnes capables, dont le zèle et le goût éclairé fussent bien
constatés. *Valde moneo, et contestor, ne quis amplius præsumat Antiphonarium neumare, nisi qui secundum regulas
bene potest et sapit artem perficere; alioquin certe erit magister erroris quicumque non fuerit discipulus verita-
tis* (1).

Pour terminer ce qui concerne les manuscrits Allemands,
nous ajoutons que nous en avons encore visité à Inspruck,
en Tyrol, à la bibliothèque de la ville; à Salzbourg,
au monastère des Bénédictins; près de Botzen, au monastère du même ordre de Gieiz; à Brixen; et partout nous
avons trouvé la confirmation d'une thèse qui, déjà depuis
longtemps, nous était devenue évidente.

MANUSCRITS ITALIENS.

On n'apprendra peut-être pas sans intérêt l'occasion de
notre dernier voyage en Italie. Un prélat de la cour Romaine, très versé dans l'archéologie musicale, auteur de
plusieurs travaux sur ce sujet, après avoir lu notre ouvrage

1. Guido Aretinus in *Prolog. Antiph.*

et nous en avoir félicité, nous faisait cependant remarquer, qu'à la rigueur, les versions du Graduel *Viderunt* alléguées par nous pourraient bien être uniquement Gallicanes
ou Monastiques : « en effet, ajoutait-il, on ne trouve point en
» Italie de manuscrits portant de si longues neumations sur
» une syllabe, ni de manuscrits écrits sur quatre lignes et
» remontant aux douzième et onzième siècles; car Gui d'Ar-
» rezzo n'a écrit que sur deux lignes, et en Italie, on ne
» trouve que des manuscrits écrits de cette manière. »

On comprendra combien nous fûmes étonnés de ces as-
sertions, et nous prîmes la résolution d'éclaircir ces deux
difficultés. Pour répondre à la première, il fallait visiter
les bibliothèques d'Italie; pour la seconde, il ne fallait
que lire les ouvrages de Gui d'Arezzo, où il explique lui-
même sa manière de noter. Là, on voit clairement qu'il
employait deux lignes colorées et deux autres lignes tracées
dans le vélin; que sur ces quatre lignes et entre elles il
plaçait toutes les notes de la gamme (1). Quelquefois les
lignes non colorées étaient tracées à l'encre pâle, ou à la
pointe sèche du burin : ce qui fait, que dans la plupart
des vieux manuscrits, elles ont presque entièrement disparu, et qu'il faut bien regarder pour en apercevoir encore
des traces; cependant, à la position bien alignée des signes,
il est facile de voir que jadis ces lignes existaient. Gui
d'Arezzo appelait cette manière de placer les notes : NOTER
DANS LES RANGS OU DANS LES ORDRES : *In ordinibus neumare,
in primo, in secundo et in tertio ordine, in lineis et inter
lineas* (2). Cette première difficulté était donc facile à résoudre, sans même aller en Italie. Mais la solution de la seconde exigeait un voyage qui, comme on va le voir, ne
fut pas sans résultat.

(1) Voir Gerb., t. II, p. 36.
(2) Ibid.

Monza. — Monza était autrefois une célèbre abbaye de Bénédictins; aujourd'hui, c'est une petite ville sur la voie ferrée *strada ferrata*, de Côme à Milan; l'église du monastère est devenue église paroissiale; elle est desservie par des prêtres séculiers appartenant au diocèse de Milan, mais qui par privilége suivent la liturgie Romaine. Dans une salle de la sacristie, on trouve une bibliothèque qui a conservé plusieurs antiques manuscrits de l'ancienne abbaye. M. le chanoine J. Villa, chargé actuellement de la garde de cette bibliothèque, a eu la bonté de mettre ces manuscrits à notre disposition. Nous les avons examinés attentivement et après les avoir trouvés conformes à ceux des autres pays pour le texte et pour le chant, nous en avons pris note, afin que chacun pût désormais aller les consulter.

1° Sous l'indication K. 11, on trouvera un excellent *Graduel complet* en notation Guidonienne, sur quatre lignes, deux colorées et deux tracées dans le vélin à la pointe sèche; la ligne F, *fa*, est rouge et la ligne C, *ut*, est d'un jaune d'or. L'Introït *Ad te levavi* commence par *sol*, sur une *plique descendante*. La *clivis* et le *podatus* longs (1) ont leur première note formée de deux petits points carrés, liés et très-rapprochés. Ce monument est du onzième siècle et de provenance italienne, c'est-à-dire du monastère même de Monza : par conséquent, il est très-précieux.

2° Sous l'indication C. 12, on trouvera encore un *Graduel* en notation usuelle, également précieux, du dixième siècle.

1 1° La *clivis* ou *flexa* est un signe de l'ancienne notation qui représente deux notes, une supérieure et une inférieure. Quelquefois ces deux notes étaient longues, quelquefois elles étaient brèves, et quelquefois la première était longue et la seconde brève: ceci était indiqué par la manière dont on les écrivait.

2° Le *podatus* représente au contraire deux notes, dont la première était plus basse que la seconde. Il y avait aussi le *podatus* bref, le *podatus* long et celui dont la première note était longue et la seconde brève.

3° C. 13, *Graduel* complet, en même notation, dixième siècle.

4° C. 14. Ce manuscrit est encore un *Graduel* complet, mais écrit en notation Guidonienne au douzième siècle.

5° Sous l'indication C. 15, on trouvera un *Antiphonaire* pour le chant des heures canoniales, écrit en notation Guidonienne, du douzième siècle, excellent pour le texte et pour le chant.

Tels sont les principaux manuscrits de chant que l'on rencontre à Monza (1).

MILAN. — Il y a, dans cette ville, deux grandes bibliothèques :

1° La bibliothèque *Ambrosienne* : on n'y trouve ni *Antiphonaire*, ni *Graduel* notés.

2° La bibliothèque de Brera ou de Saint-Charles : c'est dans celle-ci qu'on trouve : 1° l'immense *Graduel* des Chartreux de Pavie, en 14 volumes, dont nous avons déjà parlé. Ils ont été copiés à Pavie par les Chartreux, pendant les années 1548, 1549 et 1550. Rien ne surpasse la beauté de ces volumes; les dessins, les vignettes, les lettres d'or sont exécutés d'une manière admirable. Nos peintres pourraient là trouver de magnifiques modèles de tableaux, d'un style vraiment religieux.

2° Un *Antiphonaire* pour *Matines* et *Laudes* : du seizième siècle.

3° Un autre de la même époque pour *Vêpres* et *Complies*. Ces livres sont très-bons; ils ne portent aucune indication. Ils sont à part dans un petit cabinet de la grande bibliothèque.

---

(1) Au Trésor de l'Église, on trouve un *Sacramentaire Grégorien* que l'on dit être du septième siècle. A ce sujet, il est à remarquer que ces manuscrits précieux se conservaient jadis, non pas dans la Bibliothèque, mais dans le Trésor. C'est ainsi qu'autrefois le manuscrit de Saint-Gall, que nous avons édité, était conservé dans le Trésor de la Sacristie.

4° Sous l'indication AE. 14. 12., on trouve un *Graduel* complet en notation Guidonienne. Le catalogue le donne comme étant du quinzième siècle; mais nous pensons qu'il faut le ranger parmi les manuscrits du treizième siècle, tant à cause de la notation que du texte. Le chant est Grégorien pur, sans mutilation. Il contient, non-seulement tous les chants de la Messe, mais encore tout ce que le prêtre récite à l'autel. Les séquences sont rejetées à la fin du volume. On y trouve celle qu'on chantait autrefois à la Pentecôte, qui commence ainsi : *Sancti Spiritus adsit nobis gratia*. Elle a été remplacée par la prose: *Veni, Sancte*, sur la fin du treizième siècle, dans la plupart des églises, et partout depuis saint Pie V.

PAVIE, A LA CHARTREUSE. — Cette immense abbaye est occupée aujourd'hui par trente religieux, tant prêtres que novices et frères. Les principaux d'entre eux viennent de la grande Chartreuse de Grenoble. Leur antique bibliothèque n'existe plus; les livres dont ils se servent sont, pour la Messe, leurs *Graduels* imprimés à Lyon et à Castres; pour les autres parties de l'Office, ce sont les *Antiphonaires* imprimés autrefois à la Chartreuse même de Pavie, l'an **1612**. Ces livres sont très-bons, parce qu'ils ont été faits sur les plus anciens manuscrits, comme on peut en voir la preuve dans la préface d'où nous avons extrait le passage suivant :

« Maintenant, par la grâce de Dieu, les obstacles sont
» vaincus, et nous mettons au jour cette édition due aux
» études laborieuses d'un religieux profès de notre monas-
» tère, fort entendu dans ce genre de travaux. Ce n'est pas
» d'ailleurs qu'il ait introduit des innovations; nous en
» avions d'abord porté la défense; l'auteur n'a fait que
» revoir un des plus anciens manuscrits; il l'a retouché
» par quelques légères corrections, séparant les mots, pré-

» cisant les *distinctions*, et déterminant ces divisions par
» un trait, afin que nous pussions proférer tous les sons
» simultanément et mettre de l'accord dans les pauses, réu-
» nissant ainsi dans notre chant toute l'harmonie possible et
» l'émission uniforme des paroles. C'est là en effet ce que
» l'unité exige de nous : car, puisque tous les actes de la
» religion regardent le culte d'un Dieu unique, il convenait
» que l'UNITÉ et l'UNIFORMITÉ existassent parmi nous et dans
» la notation et dans le chant lui-même ; et que, unis au nom
» d'un seul Dieu par les liens de la religion, nous fussions
» pareillement unis pour célébrer ses louanges dans l'UNI-
» FORMITÉ d'un même chant, afin de pouvoir, dans notre
» religieuse assiduité au chœur, honorer, selon le vœu de
» l'Apôtre, UNANIMES et COMME D'UNE SEULE VOIX, Dieu,
» Père de notre Seigneur Jésus-Christ, etc., etc. » (1).

On voit dans ce grave monument combien les RR. PP.
Chartreux tenaient à l'uniformité dans le chant : leurs livres
imprimés témoignent assez de leur fidélité à ce principe.
Tous les grands ordres religieux avaient des règles semblables pour l'observation de l'UNIFORMITÉ dans le chant liturgique. Il n'est donc pas étonnant que l'on trouve dans leurs
Antiphonaires une concorde si parfaite. Il en est de même
pour tous les manuscrits provenant de ces antiques monastères, où la règle était bien observée.

Mais poursuivons nos recherches.

MANTOUE. — Nous devons à l'obligeance extrême de M. le
marquis de Cabriani, chanoine de la cathédrale, d'avoir pu
visiter tous les manuscrits de cette ville.

1° Dans la bibliothèque publique, nous avons trouvé un
seul *Antiphonaire*, mais bien précieux. C'est un immense
in-folio contenant tous les chants de l'Office du soir, pour

---

(1) Voir le texte latin aux pièces justificatives n. 3.

toute l'année, écrits en notation Guidonienne au douzième siècle. Le chant en est très-pur; il provient du monastère bénédictin de Polirone; on le trouvera inscrit sous la lettre A. 5. L'écriture et la notation y sont exécutées avec un très-grand soin.

Ce volume est le seul ouvrage de plain-chant que contienne cette bibliothèque, fort riche d'ailleurs en monuments antiques de toute espèce : livres, tableaux, etc. Ces trésors-là sont pour le bibliothécaire le sujet d'un noble et scientifique orgueil; et le digne homme avait peine à concevoir un visiteur qui, au milieu d'un si riche musée, n'avait de regards que pour un vieil *Antiphonaire.*

2° On trouve dans l'église de Sainte-Barbara d'excellents livres de chant : manuscrits du quinzième siècle ; notation carrée ; pur chant Grégorien sans mutilation. Les autres bibliothèques de la ville ne contiennent rien d'intéressant pour nous.

VÉRONE. — Il y a dans cette ville deux bibliothèques principales : celle de la ville et celle du chapitre épiscopal. La première ne renferme que quatre *Antiphonaires* en notation carrée du quinzième siècle. Ils proviennent d'un monastère bénédictin, et contiennent l'office complet de toute l'année liturgique; les notes lozanges, les brèves, les longues, les ligatures, les doubles et triples notes, et toutes les neumations Grégoriennes y sont écrites sans mutilation et sans altération, à l'exception de la messe de *Requiem,* qui, du reste, ne remonte pas à saint Grégoire.

La seconde est très-riche en manuscrits anciens; malheureusement quelques-uns ont souffert des injures du temps : plusieurs sont mutilés. Il paraît aussi que jadis on a eu trop de confiance dans les artistes étrangers qui venaient là pour chercher des modèles. De belles vignettes en lettres d'or ont été enlevées. Désormais il est défendu de copier quoi que ce

soit, sans la permission expresse du doyen du Chapitre.
Voici les principaux manuscrits de chant que nous y avons
trouvés et collationnés.

1° Le n° 98, C. V., est un *Missel* complet pour toute l'année ;
il contient tout ce qui est récité par le prêtre à l'autel et tout
ce qui est chanté au chœur. Cette dernière partie, intercalée
dans les textes, est écrite en notation usuelle ; elle date,
comme le reste, du neuvième siècle ; elle est conforme aux
chants de Saint-Gall et autres.

2° Le n° 96, C. III, est un *Hymnaire* en notation Guidonienne du onzième siècle ; les mélodies des hymnes sont les
mêmes que l'on retrouve encore aujourd'hui dans les différentes éditions des seizième et dix-septième siècles. Mais
ici le chant est plus simple ; on n'y trouve que rarement
deux notes sur une syllabe. Cet Hymnaire a été pour nous
l'occasion de renouveler une observation importante : c'est
qu'on ne trouve pas dans le chant des hymnes, l'unité, l'uniformité que l'on observe dans les autres chants de l'office.
Cela vient, pensons-nous, de ce que cette partie n'a pas
été réglée par saint Grégoire lui-même, mais par ses successeurs.

3° Le n° 102, C. IX, est encore un *Hymnaire* noté sur une
ligne seulement ; les chants de *Audi, benigne Conditor;
Vexilla Regis; Veni, Creator*, sont notés à peu près sur les
mêmes mélodies que nous chantons à présent, mais beaucoup plus simples. On remarque sur l'hymne *Ut queant laxis*,
une autre mélodie que celle dont on fit usage pour donner le
nom aux notes de la gamme : nouvelle preuve de ce que
nous avancions tout à l'heure, à propos des hymnes.

4° On trouve dans le chœur de la cathédrale, d'excellents
livres de chant, grands in-folio du seizième siècle, où le
chant Grégorien est pur et sans mutilation. Ils sont écrits en
notation carrée, avec ligatures, notes lozanges, notes à

queue, notes doubles et triples, etc., etc. Ces livres servent aux chanoines pour chanter l'office.

VENISE. — On ne trouve pas à Venise un grand nombre d'*Antiphonaires* anciens; cependant il s'en rencontre assez pour la condamnation des mauvaises éditions faites en cette ville depuis trois siècles.

1° On voit dans la bibliothèque de Saint-Marc un *Missel* complet contenant la partie chantée et la partie récitée. La première est écrite en notation usuelle. Ce manuscrit est du neuvième siècle ; il provient des Jésuates qui entrèrent plus tard dans l'ordre des Dominicains. Le chant est pur Grégorien, sans mutilation, conforme à tous les bons manuscrits. Voici son indication : *Clas. III, Cod. C. XXIV. App. Catal.*

2° Un grand in-folio, n° XVIII, manuscrit du quinzième siècle. C'est un *Graduel* complet en notation carrée ; les notes doubles, triples, lozanges, à queue, les brèves, les longues y sont très-bien écrites. Le chant Grégorien y est sans altération et sans mutilation ; il provient de la basilique patriarcale de Saint-Marc.

3° Sous le n° CVIII, Clas. II, est un *Antiphonaire* écrit comme le précédent et provenant de la même source. Dans tous ces manuscrits, la première note ou *Podatus* est rendue par une double note carrée ; la deuxième n'est qu'une petite note carrée, ce qui prouve que l'on faisait la première longue et la seconde moins longue.

4° Dans la bibliothèque de la sacristie de Saint-Marc, sous les n°ˢ 29, 30, 31..., on trouve aussi cinq gros in-folio contenant les chants Grégoriens de l'office. Le premier est un *Graduel* du treizième siècle, écrit en grosse notation Guidonienne ; le chant est pur, sans altération et sans mutilation ; les autres volumes sont écrits en notation carrée et appartiennent à une époque plus récente.

Les chanoines d'aujourd'hui font usage à l'office des édi-

tions récentes, où le chant de saint Grégoire est horriblement mutilé. Nous ne dissimulerons pas que l'exécution qu'ils
en font ne vaut pas mieux que les livres qu'ils ont adoptés,
et que ni leur chant, ni les morceaux d'orgue dont on l'en-
tremêle ne répondent à la majesté du culte divin.

PADOUE. — On trouve en cette antique cité, deux bibliothèques principales : celle des chanoines et celle de la ville.
Cette dernière ne renferme rien d'utile sur le chant liturgique ; l'autre possède un *Graduel* complet, pour toute
l'année, l'un des plus précieux que nous ayons rencontrés
dans toutes nos excursions. M. l'abbé Panella, chanoine de
la cathédrale, professeur de dogme au grand séminaire
et actuellement chargé de cette bibliothèque, a eu l'extrême obligeance de nous donner sur ce manuscrit les
renseignements que ses prédécesseurs lui avaient laissés.

Ces documents, écrits en italien, ont été fidèlement traduits
par les dames du Sacré-Cœur de Padoue. Nous en reproduisons la substance :

« 1° A. 47, est un manuscrit sur beau parchemin contenant
le vrai et légitime *Antiphonaire Grégorien*, c'est-à-dire tous
les Introïts, Graduels, Traits, Offertoires, Communions de
toutes les messes de l'année ; les textes sont absolument conformes à ceux que le cardinal Thomasi a publiés à Rome en
1691, d'après d'anciens manuscrits. Il est écrit en notation
Guidonienne, c'est-à-dire que les signes usuels y sont portés
sur quatre lignes. La ligne C ou *ut* est jaune ; la ligne F
ou *fa* est rouge ; les autres sont tracées à la pointe sèche
dans l'épaisseur du vélin. Une ligne tirée un peu plus
bas reçoit le texte. La notation musicale est d'une beauté
rare ; elle a été exécutée par une main habile, avec le plus
grand soin ; dans les signes composés, on distingue parfaitement les notes longues d'avec les brèves, ainsi que les distinctions ou phrases musicales.

Une particularité de ce manuscrit est que l'on trouve aux fêtes principales, intercalés dans le texte Grégorien, de ces chants que l'on appelait autrefois *tropes* ou *Festivæ laudes*, parce que ces intercalations n'avaient lieu qu'aux jours de fête. En France, on les appelait *Chants farcis*. Ainsi tous les Introïts, les Kyrie, les Gloria, Sanctus et Agnus des fêtes solennelles sont arrangés de cette manière ; sauf cette particularité, le chant et le texte sont du pur Grégorien.

On trouve aussi à chaque fête une Séquence ; elles sont au nombre de trente-six et sont les mêmes que l'on chantait alors partout et que l'on trouve dans la plupart des manuscrits de cette époque. Il serait à désirer que quelqu'un publiât toutes ces Séquences avec leur mélodie ; ce serait là un beau monument historique de ces âges de foi et de piété. La notation, les textes, l'écriture annoncent que ce manuscrit a été écrit sur la fin du onzième siècle (1).

L'auteur de cette notice nous dit que Georgi dans la *Liturg. Rom.*, t. III, a publié un manuscrit semblable à celui-ci, tiré de la bibliothèque du cardinal Gensili, daté du onzième siècle et noté de la même manière ; un autre publié par Muratori et tiré de la bibliothèque du chapitre de Modène avec la même notation ; un autre enfin a été vu dans les archives de la Maison-Dieu de Padoue ; mais celui-ci est mutilé, tandis que le nôtre est parfaitement conservé (2).

Parmi les Séquences de notre manuscrit, on en remarque trois qui peuvent aider à faire connaître sa provenance : l'une est en l'honneur de saint Vital, martyr, au 28 avril ; l'autre en l'honneur de saint Apollinaire, au 23 juillet, et une autre avec la messe solennelle et chants intercalés, en

1 Voir l'ouvrage de Trombelli, *Art de faire connaître l'âge des manuscrits*, p. 112.

2 Nous avons constaté que Gensili et Muratori n'ont malheureusement publié que le texte sans la notation.

l'honneur de saint Benoît. Or, saint Vital et saint Apollinaire ont toujours reçu un culte particulier dans l'église de Ravenne, dont ils sont les patrons ; il est donc vraisemblable que notre manuscrit vient de cette église et d'un monastère de l'ordre de Saint-Benoît. Il serait difficile de connaître comment il est venu de Ravenne à Padoue ; mais il était déjà dans cette dernière ville en 1472, puisqu'on le trouve inscrit sur le catalogue de cette année. Ce manuscrit, étant du onzième siècle, a donc été écrit peu de temps après Gui d'Arezzo, ce qui lui donne une grande valeur archéologique, et nous ne pouvons douter, d'après la collation que nous avons faite, qu'il n'ait été rédigé d'après les meilleurs modèles du chant Grégorien.

2° La même bibliothèque possède encore n° 501, un *Hymnaire* du douzième siècle en notation Guidonienne. Le chant des hymnes y est à peu près comme nous le disons à présent, mais plus simple, moins orné.

3° Sous les n°s 14, 15, 16, 17, etc., on trouve plus de vingt *Antiphonaires* provenant de monastères et de l'église cathédrale. Le chant Grégorien y est partout pur et sans mutilation.

4° Les livres de chant dont on se sert actuellement dans la cathédrale proviennent du monastère antique de Saint-Jean de Verdario, qui va devenir bientôt un collége de la Compagnie de Jésus. Ce monastère était autrefois habité par les chanoines de Saint-Augustin, dits de Latran ; les livres de chant tirés de cette source sont partout excellents. Tous ceux de ces religieux ont heureusement passé à la cathédrale de Padoue. Ils y servent encore aujourd'hui aux chanoines pour chanter l'office, et, pour le dire en passant, c'est dans cette cathédrale que nous avons été le plus édifié de la manière dont s'exécute le chant Grégorien.

5° Il y a encore dans cette ville deux célèbres églises :

l'église de Saint-Antoine de Padoue et l'église de Sainte-
Justine. La première est desservie par les Franciscains ;
la seconde l'était autrefois par les Bénédictins : aujour-
d'hui elle est devenue paroissiale. Les livres de chant
Grégorien que l'on trouve dans ces deux endroits sont d'immenses in-folio manuscrits, œuvre des moines des dix-septième et dix-huitième siècles. Le chant Grégorien y est notablement mutilé et ressemble beaucoup à celui qu'on trouve
dans l'édition romaine de 1614. Est-ce l'éditeur de Rome qui
a pris de tels manuscrits pour modèles ? ou sont-ce les religieux de Padoue qui ont copié l'édition romaine ? Nous ne
le savons pas. Ce qui est évident pour nous, c'est que le chant
contenu dans ces immenses et magnifiques in-folio n'est
plus le chant de saint Grégoire, ou tout au moins, si c'est
un reste de son chant, ce reste est horriblement mutilé.

CONCLUSIONS DE CETTE SECONDE QUESTION.

Quiconque aura examiné et collationné tous ces manuscrits comme nous l'avons fait, conclura :

1° Que rétablir la phrase Grégorienne quant à la substance, c'est-à-dire, lui rendre toutes les notes telles qu'elles
existaient dans la source primitive, est chose très-prati-
cable.

2° Que les divergences entre les manuscrits, ne sont
point un obstacle invincible à ce résultat. Ces divergences, en effet, sont légères, et la majorité immense des bonnes
versions les fait évanouir. On les trouve principalement dans
les passages suivants : *ré, la, ut, la* au lieu de *ré, la, si ♭, la ;*
sol, la, ut, la, sol au lieu de *sol, la, si ♭, la, sol ; ré, fa, ré* pour

ré, mi, ré 1 . Ailleurs, c'est une *plique* qui a été rendue
par une seule note au lieu de deux, ou un *quilisma* qu'on a
traduit par deux notes au lieu de trois ; les autres divergences
proviennent de la transposition des modes. Les uns, par
exemple, notaient le premier et second mode en *ré*, d'autres
en *la* haut, d'autres en *la* grave et même en *sol*. C'est ainsi
que nous avons trouvé noté le *Crux fidelis* dans le manuscrit
de Padoue, sans que la mélodie fût modifiée en rien ; mais
quelquefois ces transpositions changeaient l'intervalle d'un
demi-ton en un intervalle d'un ton et *vice versa*. Voilà
surtout les erreurs contre lesquelles les anciens s'élevaient
avec force ; mais dans leurs invectives, il n'était jamais
question de ces mutilations énormes, de ces grands changements ou additions de notes, de ces modifications arbitraires, capricieuses, qu'on a fait subir au chant Grégorien
depuis trois siècles. On respectait trop l'auteur et son œuvre
pour oser alors se permettre de telles altérations. La preuve
en est dans ces mêmes invectives consignées çà et là dans
les recueils de Gerbert (t. II, p. 51, 52, 53, etc., etc. (2).

3° Que l'Italie possède de précieux manuscrits et en grand
nombre, conformes à ceux des autres nations ; ils protes-
tent contre les éditeurs modernes de Rome et de Venise, et
prouvent que ces éditeurs ont abandonné le chant Grégorien
pour en donner un de leur façon.

4° Une quatrième conclusion à tirer, c'est que le savant
prélat romain dont j'ai parlé s'était laissé tromper par de

(1)   au lieu de   au lieu de   au lieu de

2 On peut lire à ce sujet la préface de l'*Antiphonaire* Cistercien, que
nous donnerons plus loin tout entière. Les auteurs de ce document vont jusqu'à traiter *d'absurdités grossières*, les transpositions inutiles que l'on s'é-
tait permises dans l'édition qu'ils ont à corriger.

faux rapports, quand il me disait qu'il n'y avait pas de manuscrits des onzième, douzième et treizième siècles notés sur
quatre lignes, et que le chant Grégorien ne contenait point
de longues neumations sur une syllabe : preuve nouvelle
que, quand on veut bien connaître les manuscrits des bibliothèques, il ne faut pas craindre de les visiter, sous peine
d'être mal renseigné. C'est ainsi que le cardinal Thomasi a
été trompé. On voit dans ses lettres, en tête du quatrième
volume de ses œuvres, qu'il demandait au bibliothécaire de
Saint-Gall le volume de saint Grégoire, récemment édité par
nous; et le bibliothécaire lui envoya un autre volume. A-t-il
voulu tromper le cardinal? Cela n'est pas probable; mais
plutôt il s'est trompé lui-même. Le manuscrit demandé était
alors parmi les richesses de la sacristie et de l'église, et ne
faisait point partie de la bibliothèque, mais du trésor. Le
bibliothécaire, qui probablement n'était entré en charge
qu'après les ravages des protestants, a pu ignorer ces choses.
On envoya un autre *Antiphonaire* qui, du reste, porte également le nom de saint Grégoire; et c'est là ce qui a induit
en erreur le savant cardinal Thomasi.

Voilà à quoi l'on s'expose quand on ne visite pas soi-même,
avec soin, les monuments dont on veut parler.

5° On remarque qu'à partir du onzième siècle l'uniformité
dans le chant liturgique a été en augmentant dans tout le
monde catholique, grâce à la notation Guidonienne. Cette
uniformité règne surtout dans les chants de la messe; elle
était là plus grande que dans ceux des heures canoniales,
plus grande que dans les *Alleluia* et les versets, dont la réforme de Pie V a changé presque tous les textes, et que
dans les hymnes.

Donc, si l'on veut obtenir le même résultat, il faut abandonner une notation défectueuse, imparfaite, et fixer le chant
dans une notation complète, exacte, afin d'arrêter sans re-

tour la forme et la substance de nos mélodies liturgiques.

Ici nous devons répondre à une objection tirée du Concile de Trente qui laisse aux évêques le soin de régler ce qui concerne le chant. (Session XXIV, chapitre 12.)

Nous répondons : que dans cette session il n'était question que de la musique, de ses abus et de ses excès. Un décret était même tout préparé pour la supprimer entièrement. L'empereur d'Allemagne, au nom des évêques de son pays, réclama en faveur de la musique, et ce fut alors qu'on supprima le décret, en laissant aux évêques le soin de régler ce qui concerne le *chant musical* 1. Mais le saint Concile n'a jamais eu l'intention de laisser à l'arbitraire des individus les mélodies liturgiques et de permettre les mutilations et altérations de toute espèce; sans quoi il faudrait dire que dès lors l'Eglise a condamné tout son passé.

CONCLUSION GÉNÉRALE.

Les explications données jusqu'à présent n'ont peut-être pas dissipé tous les doutes sur une question d'où dépend en grande partie la valeur archéologique de notre travail de restauration. Est-il bien vrai que les mélodies sacrées se soient conservées intactes pendant un si long temps, de saint

(1) Nous trouvons dans Gerbert (*De Mus. sacr.*, t. II, p. 130) une réponse précise, qu'il faut citer ici tout entière.

« Benedictus XIV, ad officium Episcopi pertinere, in ingressu capitis VII, lib. XI de syn. diœces., sciscit « ut synodalibus decretis, *ecclesiasticæ musicæ* rationem, quatenus in diœcesi sua opus esse cognoverit, ad certas regulas exigat atque componat; ut corda fidelium *ad pietatem excitet*; non aures solas, sicut in theatris, inani voluptate demulceat. »

In concilio Tridentino deliberatum tractatumque de *musica ecclesiastica* fuisse, constat equidem; sed circa eam, quæ circumfertur, opinionem, aliquid est edisserendum. Pervulgatum est, in concilio Tridentino, sub Mar-

Grégoire à Gui d'Arezzo, malgré l'imperfection des notations alors en usage? L'affirmative, appuyée d'ailleurs sur l'uniformité merveilleuse des traductions Guidoniennes de divers pays, paraîtra toute naturelle à quiconque voudra examiner l'esprit et les coutumes des siècles que ces mélodies ont traversés, depuis le saint Pontife jusqu'au savant moine de Pompose.

Que l'on prenne en considération l'état informe de la musique profane et l'admiration excitée par des chants regardés comme le type divin du beau musical; l'importance attachée par les fidèles aux moindres détails du culte, leur assiduité aux offices, le nombre immense de monastères répandus sur le sol chrétien, et dans lesquels tant de saints religieux partageaient leur vie entre l'étude et le chant des heures canoniales. Que l'on examine les *Missels*, *Graduels* et *Antiphonaires* qu'ils nous ont laissés. Quelle magnificence dans le caractère et les ornements! Quelle fidélité scrupuleuse à reproduire les moindres signes de notation 1 ! Pour transcrire un *Graduel* et un *Antiphonaire* bien corrects, un moine n'hésitait pas à dépenser de longues années; les monastères tenaient à honneur de se surpasser en ce genre, et des abbés eux-mêmes quittaient leur abbaye, pour aller copier au loin les manuscrits en réputation ou collationner avec eux les livres de leur église. C'est ainsi que l'abbé Emon

cello II, actum fuisse de *abroganda musica*; Benedictus XIV id legi testatur : in operis autem celebris de synod. diœc. editione novissima, ab ipso auctore *jam pontifice* curata,... id tantum narratur, quod in conc. Trid. a quibusdam episcopis, ecclesiasticæ disciplinæ studiosis, propositum fuerit, ut *cantus musicus ab ecclesiis omnino* tolleretur, *nec nisi Gregorianus canendi modus in ipsis retineretur*;..... hoc denique consilium captum fuisse, non ut musici cantus in ecclesiis prohiberentur, sed ut, *certis propositis regulis*, ad pietatis et gravitatis normam reformarentur.

Nous nous arrêtons à regret, tant les pages que nous citons sont pleines de choses utiles à connaître, pour qui veut parler pertinemment du chant de l'Eglise!

1 Voyez Dom Guéranger, *Inst. lit.*, IIIe vol. *passim*.

quitta la Hollande pour venir copier les livres de chant de
Prémontré. Les faits de ce genre sont innombrables (1).

Les traités sur le chant occupent alors les plus savants
hommes et les souverains pontifes eux-mêmes. Un ouvrage
sur cette matière est attribué à saint Grégoire. Saint Isidore,
docteur de l'Église, donne sur la musique, dans son livre
des *Origines*, des définitions qui font loi pendant tout le
moyen âge (2). Le vénérable Bède, une des gloires de l'Angleterre, le savant Alcuin et Charlemagne lui-même s'exer-
cent sur ce sujet; et l'abbé Gerbert a pu former une vaste
collection de traités sur le plain-chant, presque tous signés
de noms illustres.

Personne n'ignore le zèle que l'on déployait alors dans
toutes les classes pour le chant des saints offices (3); le man-
teau royal de France figurant au pupitre à côté de la chape
d'un choriste; les écoles célèbres fondées et dotées par les
princes et les empereurs; l'empressement des clercs et des
laïques pour aller y apprendre le chant (4).

Et ces offices perpétuels dans certains monastères où,
comme à Luxeuil, en France; à Bangor, en Irlande; trois

(1) Voir l'abbé Lebeuf, *Traité hist. et prat.*, pag. 14 à 30.
(2) Voir les *Scriptores* de l'abbé Gerbert, IIe et IIIe vol. *passim*.
(3) « Le peuple chantait avec les Prêtres, non-seulement les psaumes des
» Vêpres, mais les Introïts, les Répons et les Antiennes. Bien loin d'avoir
» besoin de traduction française, les fidèles même qui ne savaient pas lire
» n'en étaient pas moins en état de chanter avec l'Église, comme font encore
» aujourd'hui les paysans de ces paroisses de la Bretagne, au sein desquelles
» la liturgie *Romaine* n'a pas souffert d'interruption. » (Dom Guéranger, *Inst.
lit.*, p. 169.)
« Anciennement, dit encore le même auteur, les fidèles prenaient un in-
» térêt ardent au chant liturgique; ils en chérissaient les réminiscences, qui
» accompagnaient leurs travaux, leurs joies et leurs douleurs. Dans le cours
» de l'année, ils marquaient les époques par les premiers mots de certains
» Introïts et de certaines Antiennes. » (*Ibid.*)
(4) Les *Capitulaires* de Charlemagne et une foule d'écrits des huitième,
neuvième et dixième siècles confirment cette assertion. Voici un texte remarquable extrait de l'abbé Gerbert. (*De Musica sacra*, lib. II, tom. I, p. 277). *Ut
scholæ legentium puerorum fiant, juxta primum Aquisgranense capitulare*

mille religieux se succédaient au chœur sans interruption.
On conçoit aisément dès lors comment les prêtres et les
fidèles pouvaient retenir par cœur des chants qui retentis-
saient à toute heure dans le lieu saint, et comment la notation usuelle, avec tous ses défauts, suffisait pour rappeler
des mélodies si profondément gravées dans toutes les mé-
moires. D'ailleurs, nous le répétons, on n'avait pas alors
l'oreille distraite par une tonalité étrangère ; on n'en connaissait pas d'autre que la Grégorienne ; on la possédait à
fond ; on la sentait ; toutes les délicatesses, toutes les beautés
en étaient familières, aux religieux surtout, et l'on n'avait
pas plus de peine à retenir un Répons ou un Introït, que
nous n'en avons aujourd'hui à retenir un air populaire.
Ajoutons à cela que la langue latine, servant de texte à ces
chants, était familière à beaucoup plus de personnes, et que
les passages des Livres saints qui composent l'office étaient
une des premières choses que l'on apprenait aux enfants
dans les écoles (1).

Ainsi, à partir de saint Grégoire jusqu'à Charlemagne,
les chantres romains furent le canal par lequel les mélodies
se transmirent aux diverses nations de la catholicité, et
Hucbald de Saint-Amand, qui avait appris le chant sous les
élèves mêmes de ces maîtres, et nous en donne la pratique dans toutes ses parties les plus minutieuses, ne nous
indique aucune altération importante signalée de son temps.
Nous pouvons donc croire sans peine à une transmission
fidèle jusqu'à ce religieux. Ce fut lui qui suggéra l'idée de
joindre la notation alphabétique à la notation usuelle, pour

psalmos, notas, cantus, compotum, grammaticam per singula Monasteria vel
episcopia discant. Il suit de là que dans chaque monastère on apprenait le
chant des Offices, c'est-à-dire les mélodies Grégoriennes : et les témoignages
unanimes des auteurs ne permettent pas de douter que cette connaissance
ne s'acquît surtout par l'usage.

(1) Voyez le texte cité à la note précédente.

assurer mieux l'intégrité du chant. Donc, dès la seconde
moitié du neuvième siècle, le moyen était trouvé de ne plus
perdre ces mélodies, si la mémoire et l'usage venaient à
faillir. Enfin, au onzième sièle, Gui d'Arezzo parut. Dans
une notation exacte, claire, facile, il fixa à jamais les mélodies Grégoriennes. Cette notation, que nous appelons Guidonienne, n'était autre que les neumes usuels placés sur
des lignes qui donnaient aux signes une valeur tonale exacte
et immuable. C'est ainsi que Gui nota tout l'*Antiphonaire*
qu'il présenta au souverain pontife Jean XIX; cet ouvrage
fut admiré, comblé d'éloges et approuvé authentiquement.

Dès lors le chant Grégorien était fixé d'une manière impé-
rissable. Partout on adopta la méthode de notation employée
par le savant moine de Pompose; et c'est dans les manuscrits magnifiques de cette époque, c'est dans leur unanime
témoignage qu'il est facile aujourd'hui de retrouver la
phrase primitive de saint Grégoire et de remonter ainsi à la
source première dont ils sont dérivés.

TROISIÈME QUESTION.

Comment sommes-nous parvenu à rétablir le chant Grégorien dans sa forme primitive?

———

Nous entendons, par *forme primitive*, la manière d'exécuter le chant Grégorien comme on faisait dans les premiers temps de son institution. Elle suppose une notation correcte, intelligible et traduisant exactement la phrase antique, non-seulement pour la tonalité, mais encore pour les valeurs temporaires.

Il est indubitable que l'effet de la musique dépend du choix des sons, combiné avec leur durée, et qu'elle tire, de cette dernière condition, son rhythme et son caractère. La mélodie la plus énergique, la mieux caractérisée, si elle est chantée sans rhythme, n'aura ni vie, ni couleur. Prenons, par exemple, l'air si célèbre : *Allons, enfants de la Patrie*. Qu'on le chante, comme il suit, à notes égales

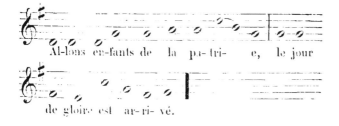

Al-lons en-fants de la pa-tri- e, le jour
de gloire est ar-ri- vé.

Qui reconnaîtra la fameuse cantate, sous ce travestissement? ce n'est plus un chant martial, c'est une complainte sans vie. Voilà cependant ce qu'on a fait à nos mélodies Grégoriennes en les chantant à notes égales.

Allez dans les églises de Paris; écoutez ces grosses voix exécutant les antiennes et les hymnes : quoi de plus insipide? quoi de plus lourd, de plus monotone? On croit entendre ces pesantes machines qui soulèvent avec peine un quartier de roc. Mais d'où vient cette lourdeur? Elle vient de ce que le rhythme a disparu et que toutes les notes produites avec un effort et un mouvement égal, sans mélange de brèves et de traits rhythmiques, deviennent infailliblement tristes et fatigantes.

Grâce soit rendue aux efforts des savants : à **Messieurs** de la commission Rémo-cambrésienne, à **M.** Nizard, à **M.** Leclerq, à **M.** l'abbé Cloet, à **MM.** Vincent et de Coussemaker; ils ont montré que ce n'était pas de la sorte que s'exécutait autrefois le chant Grégorien. Ils ont compris que ce chant avait un rhythme, une mesure, des ornements qui lui étaient propres.

Mais quels étaient ce rhythme, cette mesure, ces ornements? Là était la difficulté.

La commission Rémo-cambrésienne a résolu cette question pratiquement dans le *Graduel* de 1851 (1). Cette solution est-elle complète? Est-elle satisfaisante? surtout si on

1) Nous aimons à rendre justice au consciencieux travail de la commission. Nous avons été à même de collationner tous les *Graduels* de son édition sur le manuscrit de Montpellier, dont nous possédons un calque parfaitement exact, et nous avons trouvé son travail exécuté avec soin et fidélité. Ce manuscrit est excellent pour servir de collation, mais toutes ses versions ne sont pas bonnes. C'est ce que nous avons toujours dit, et ces Messieurs s'y sont trop assujettis. Ne suivre qu'un auteur, c'est s'exposer à s'égarer avec lui ; ils auraient dû étendre davantage leur opération. Du reste, ils ont rendu un grand service, car leur travail a fait avancer la question, et l'on y trouve la substance Grégorienne avec un commencement de forme, qui déjà donne une

la contrôle à l'aide des documents que nous ont laissés les anciens ? Nous ne craignons pas de soutenir la négative ; et nous avons quelque espoir de l'amener à notre sentiment, en répondant à la question posée en tête de ce chapitre.

Il va sans dire que pour connaître les beautés d'un art, il faut consulter les grands maîtres ; et s'il s'agit d'un art ancien basé sur d'autres principes que l'art moderne, s'il s'agit surtout d'un art dont on a perdu l'esthétique ; c'est aux maîtres anciens qu'il faudra s'adresser, à ceux qui ont eu le sentiment de cet art dans un degré éminent et qui ont puisé aux sources primitives ou qui ont été les plus rapprochés de ces sources.

C'est ainsi qu'ont fait nos archéologues, quand ils ont voulu imiter ou réparer nos antiques basiliques ogivales : ils ont étudié dans les plus minces détails toutes les parties de ces modèles magnifiques que les anciens nous ont laissés ; ils n'ont point pris pour guide les œuvres ni les théories des siècles où la corruption régnait dans l'art.

C'était la voie qu'il fallait suivre pour rendre la *forme primitive* à nos antiques mélodies Grégoriennes.

Mais, au lieu d'agir ainsi, qu'a-t-on fait ? qu'ont fait les rédacteurs de l'édition de 1851 ? Ils se sont appuyés sur le texte d'un auteur sans autorité, d'un auteur inconnu, Jérôme de Moravie, qui, si nous ne nous trompons pas, écrivait au milieu du treizième siècle, époque où la décadence du chant était notoire et préparait déjà les œuvres altérées

idée de la beauté des mélodies. Mais ces Messieurs ont reconnu eux-mêmes, qu'il reste encore quelque chose à faire ; « ils n'ont pas fait tout ce qu'ils » auraient voulu. L'insuffisance des signes en a été la cause, et peut-être » aussi l'insuffisance des documents pour déterminer la nature du rhythme et » des ornements propres au chant Grégorien. Puis on avait hâte de satis- » faire à de légitimes désirs, de voir le plus tôt possible la liturgie Romaine » s'inaugurer dans les plus beaux diocèses de France. » Ces motifs sont louables ; personne d'ailleurs n'aurait pu faire aussi vite un si grand travail. Sous ce point de vue, la Commission a donc des droits réels à la reconnaissance de tout le clergé français.

que le souverain pontife Jean XXII allait être obligé de frapper de ses foudres (1). D'ailleurs ce Jérôme de Moravie
passa-t-il jamais parmi ses contemporains pour un homme
comparable à Gui d'Arezzo, à saint Oddon de Cluny, à Hucbald de Saint-Amand? son livre a-t-il produit une grande
sensation parmi les savants? a-t-il été reproduit de mille
manières? le retrouve-t-on dans toutes les bibliothèques?
Non : il n'en existe qu'un seul exemplaire, qui paraît être
l'autographe de l'auteur ; il se trouve à la bibliothèque impériale de Paris (n° **1817** ; supplément).

Ce n'est donc pas sur le texte d'un semblable auteur qu'on
peut baser tout un système d'exécution et réformer le
rhythme des mélodies sacrées. Aussi a-t-il fallu en violenter
l'interprétation pour tirer de lui quelques préceptes, le
suivre rarement et s'en écarter presque en tout point.

Il s'agissait, dit la commission, de traduire le *Quilisma*,
ou série de quatre notes, par degrés conjoints; et voici l'explication qu'elle emprunte à Jérôme de Moravie : *Prima
longa, secunda brevis, tertia semibrevis, quarta longa* (**2**).
Telle n'est pas la doctrine de l'auteur en cet endroit. Il n'est
pas même évident qu'il y soit question du chant Grégorien,
puisque le chapitre est intitulé : *Moyen de composer de nouveaux chants ecclésiastiques ou autres quels qu'ils soient.*
Il paraît même que, par ces nouveaux chants ecclésiastiques,
l'auteur entend une musique rigoureusement mesurée; car
il dit expressément que tout chant se réduit à ce genre

---

1 Par la bulle *Docta sanctorum*, de 1322. (Voy. dom Guéranger, *Inst.
lit.*, tom. I, p 365.
2 Jérôme de Moravie dit, en parlant de la série de quatre notes :
*Prima longa, secunda brevis, tertia, id est penultima pausæ, et quarta, id
est ultima*, LONGIORES. Si la même série revient, qu'arrive-t-il? *Tertia et
quarta sicut prius*, dit Jérôme de Moravie. Il n'admet le *tertia semibrevis*,
que dans la série de cinq notes. La commission, en ce cas, place la brève
au quatrième rang (Voir aux pièces justificatives, n. 6, ch. 25.)

dont il donne aussitôt la définition. Puis, traitant de la durée des notes, il en désigne six espèces, de valeur et de figures différentes, ce qui n'a jamais existé dans le chant Grégorien 1.

Enfin la commission, qui, suivant sa déclaration expresse, n'a rien voulu laisser à l'arbitraire dans une question de cette importance, n'a pu s'en tenir aux explications de Jérome de Moravie, puisqu'elles s'appliqueraient seulement aux quatre ou cinq notes ascendantes et descendantes par degrés conjoints. D'après quelles règles ces Messieurs ont-ils pu traduire, quant aux valeurs temporaires, le *Climacus*, la *Clivis brève*, le *Tristropha*, le *Torculus*, la *Flexa resupina*? Ils ne disent rien de ces choses.

On conviendra que cette méthode n'est pas assez rassurante.

Nous devions ces éclaircissements, non pas à la polémique, mais à la vérité, avant d'en venir à l'exposé des moyens dont nous avons usé nous-même pour retrouver le véritable mode d'exécution des chants Grégoriens.

1° Nous sommes remonté aux auteurs les plus rapprochés de leur institution. C'est d'abord Romanus, chantre romain, arrivé à Saint-Gall vers l'an 790, envoyé à Charlemagne par le pape Adrien Ier. Celui-ci nous marque par la lettre *C*, les notes brèves; par la lettre *T*, les longues, et par la lettre *M*, les notes qui s'exécutent modérément, c'est-à-dire qui tiennent un milieu entre les deux autres durées.

C'est en second lieu saint Notker, moine de Saint-Gall, au neuvième siècle. Cet auteur ne laisse pas ces lettres exposées aux interprétations arbitraires : il nous dit expressé-

(1) *Longa, longior, longissima ; brevis, brevior, brevissima.*—Je ne crois pas qu'après une lecture attentive de ce chapitre 25 du manuscrit de Jérôme de Moravie, on puisse se décider à y voir autre chose que les règles rhythmiques d'une musique mesurée. C'est au reste l'opinion des derniers éditeurs de dom Jumilhac : Al. Leclerq, et Th. Nisard. Voy. p. 148 et 149.

ment que le *C* veut dire *celeriter*, vite : voilà les notes brèves ;
que le *T* veut dire *tenere*, tenir : voilà les notes longues ;
que *M* signifie *moderate*, modérément : voilà les notes
communes ou moyennes.

C'est en troisième lieu Hucbalb de Saint-Amand, qui le
premier nous apprend que les notes usuelles ou signes neumatiques représentaient, par leur forme, les notes longues
et brèves, les notes détachées et liées, les notes trémulantes, etc., etc. Voici ses paroles : « Ces signes usuels, dit-il,
» sont en quelque sorte nécessaires, pour marquer les
» notes tardive, le trille de la voix, pour distinguer les
» sons liés d'avec les sons détachés, etc... Ils expri-
» ment toutes ces choses que la notation littérale ne peut
» rendre, et sans lesquelles une bonne mélodie ne peut exis-
» ter (1). »

Nous avons donc conclu que ces anciens signes usuels
exprimaient les notes longues et brèves, les notes détachées
et liées, les trilles, etc., etc., et nous avons été confirmés
dans cette persuasion par Gui d'Arezzo lui-même.

Ce dernier, écrivant au onzième siècle, nous dit que
les notes usuelles signifient toutes ces choses. Voici ses paroles : « Comment connaître quand les notes se lient, se dé-
» tachent, quand elles sont longues, trémulantes ou brèves,
» comment la mélodie se divise en phrases, etc., etc. Tout
» cela se trouve désigné par la figure même des neumes,
» quand elles sont tracées avec soin, et on l'apprend aisé-
» ment de vive voix. *Facili colloquio in ipsa neumarum*
» *figura monstratur, si, ut debent, ex industria componan-*
» *tur* (2). »

De plus, Gui d'Arezzo, avec tous les auteurs anciens,
nous dit que le rhythme est indispensable au chant comme

(1) Script Gerb., tom. I, p. 118.
2 *Id.* tom. II, p. 37.

à la poésie, et que ce rhythme musical ressemble au poétique; que, de même qu'il y a en poésie des pieds composés
d'une longue et d'une brève, de deux longues, d'une longue
et de deux brèves, etc., etc.; de même en musique il y a des
neumes c'est-à-dire des traits mélodiques composés de deux,
de trois notes, dactyliques, spondaïques, iambiques, etc.,
etc... *Non autem parva similitudo est metris et cantibus;
cum et neumæ loco sint pedum, et distinctiones loco ver-
suum, utpote ista neuma dactylica, illa vero spondaica, illa
iambico metro decurrat, et distinctionem nunc tetrame-
tram, nunc pentametram, alias quasi hexametram cernes, et
multa alia.* « C'est ainsi, ajoute-t-il, que vous voyez des dis-
» tinctions, c'est-à-dire des phrases, ici de quatre pieds, là
» de cinq pieds et ailleurs de six pieds et autres. » Dans un
autre endroit (1), Gui d'Arezzo nous enseigne qu'il y a des
notes une fois plus longues que d'autres et des notes une fois
plus brèves; ce sont donc trois notes de valeurs différentes.
Voilà des témoignages positifs, donnés par nos grands maîtres, attestant l'existence du rhythme dans le chant sacré;
car le rhythme ne peut exister sans ce mélange de longues et
brèves. Nous reviendrons au reste sur ce point dans la troisième partie de cet ouvrage.

C'est enfin Aribon, écrivain ecclésiastique de la fin du
onzième siècle. Il confirme la valeur du *C*, du *T*, et de l'*M*
donnée par le moine Notker; mais il observe que de son
temps et dans son pays on n'observait déjà plus ces indications. Voici ses paroles : « Dans les anciens *Antiphonaires,*
» on trouve à chaque instant les lettres *C*, *T*, *M* servant à
» indiquer les notes brèves, longues, moyennes. Autrefois
» les compositeurs et les chantres marquaient avec une at-
» tention scrupuleuse, dans la composition et dans l'exécu-
» tion des mélodies, la valeur respective de chaque son;

(1) *Id.* tom. II, p. 15.

» mais ce respect de la mesure semble depuis longtemps
» perdu et anéanti (1). »

Ainsi, dès la fin du onzième siècle, la bonne exécution du
chant Grégorien commençait à se perdre, en certaines
contrées. On a pu voir dans ce texte d'Aribon le grand se-
cret des beautés de l'art antique : c'était l'observation des
proportions, c'est-à-dire du rhythme, du nombre de la
phrase musicale et de ses parties. L'harmonie des proportions n'est-elle pas en musique, comme en tout le reste, une
condition essentielle du beau ?

Il est encore bien constaté que primitivement ces lettres
C, M, T signifiaient des notes brèves, moyennes et longues.
Ce sont les trois espèces de valeur que donne Gui d'Arezzo
aux notes du chant Grégorien.

Mais la difficulté était de savoir où étaient placées primitivement ces notes longues et ces notes brèves.

C'est encore par la collation des manuscrits anciens que
nous sommes parvenu à le connaître.

Nous avons pris les plus anciens manuscrits notés en
neumes, avec les lettres de Romanus ; nous avons examiné
attentivement sur quels neumes ou signes se trouvaient toujours placées les mêmes lettres C, T, qui sont les deux plus
importantes, et nous avons constaté que le C est presque toujours placé sur les suivants et rarement sur d'autres :

Que le T se trouve toujours sur les suivants :

(1) In antiquioribus Antiphonariis, C, T, M, reperimus persæpe, quæ
celeritatem, tarditatem, mediocritatem innuunt. Antiquitus fuit magna
circumspectio non solum cantus inventoribus, sed etiam ipsis cantoribus ut
quilibet PROPORTIONABILITER et INVENIRENT et CANERENT ; quæ consideratio
jam dudum obiit, imo sepulta est. (Apud Gerb. Script., t. II, p.227).

En étudiant les manuscrits de Saint-Gall, nous avons trouvé partout ces mêmes signes portant les mêmes lettres. Voici l'indication de ces manuscrits : ce sont les nᵒˢ 376, 390, 374 et enfin 359, dont nous avons donné la reproduction. Dans ces manuscrits, on trouve l'office complet de toute l'année liturgique.

Même observation faite sur le manuscrit de Laon, nᵒ 239 : *Graduel* complet qui porte également les lettres Romaniennes.

Le *T* est placé ordinairement sur le pied du *Podatus* ⌇, sur la *Virga*, précédée de deux points, quelquefois sur la *Virga* seule ⌇, sur le dernier point du *Tristropha* ⌇, sur la dernière note d'une *Clivis* unie à une virgule ⋀, sur la dernière note du *Torculus* et du *Sinuosus* de cette manière ⋏ ⌇. Le *T* ne se rencontre jamais sur le point isolé, mais bien sur la virgule, surtout quand elle est unie au *Podatus* comme ⌇, ce qui prouve que les notes à double virgule ou double point étaient considérées comme longues.

Le *C*, dans ce même manuscrit, se trouve ordinairement placé 1ᵒ sur la dernière note du *Podatus* ⌇ ; 2ᵒ sur la dernière de la *Clivis cornuta* ⋏ ; 3ᵒ sur le *Climacus* ⌇. On voit donc qu'il y a encore ici accord entre les manuscrits, quant aux lettres Romaniennes.

Le manuscrit de Trèves porte les lettres *C* et *T* sur les mêmes signes que les manuscrits de Saint-Gall, et confirme ainsi la même signification.

On comprend déjà que l'accord de ces monuments nous donnait la connaissance et la clef des valeurs temporaires des anciens signes usuels, et que déjà nous pouvions, par

---

(1) Il est à remarquer que ces lettres n'existent pas sur tous les signes : dans les volumes on les trouve seulement au commencement; par exemple, dans les 25 premières pages, pour montrer que partout c'est la même signification, et qu'il suffit d'en donner quelques exemples.

analogie, restituer ces valeurs dans toutes les phrases Grégoriennes (1).

Mais nous ne nous sommes pas arrêté là ; nous avons cherché la confirmation complète de ce premier résultat. Pour cela, nous avons examiné les manuscrits Guidoniens écrits avec le plus de soin. Car, comme le dit Gui d'Arezzo lui-même, ces manuscrits expriment les valeurs par la conformation des signes. En effet, dans celui de Padoue, A. 47, la *Clivis* brève et la *Clivis* longue se distinguent par leur figure, et il en est de même pour le *Podatus*, *Torculus*, *Sinuosus*, *Flexa resupina* (2). Nouvelle confirmation de notre thèse.

Nous avons encore poussé plus loin nos investigations ; nous avons cherché à savoir comment dans les premiers manuscrits en notes carrées, avec ligatures, etc., etc., on avait exprimé ces valeurs différentes. Nous avons pris les plus anciens et les plus fidèles, ceux des Chartreux de 1260 et ceux des Prémontrés de 1450, et là nous avons trouvé marquées les valeurs temporaires des lettres Romaniennes. Ainsi le *C* dans la *Flexa resupina* est rendu par une ligature de deux notes brèves suivies d'une longue, en cette manière :

FLEXA RESUPINA.

(2) Par exemple, si le *podatus* doit avoir la première note longue et la seconde brève, il aura double point au pied, et rien en haut. Ainsi de suite.

LE CLIMACUS.

A- - - - - - men.

A- - - - - - men.

LE TORCULUS.

No- - bis da- - tus De- us.

No- - bis da- - tus De- us.

LE PODATUS.
1ʳᵉ longue.

Pri- mum. Na- tus. Chri- - stus.

Pri- mum. Na- tus. Chri - stus.

LA CLIVIS BRÈVE.

Ju- bi- - la- te.

Ju- bi- la- te. Ju- bi- la- te.

LE PES SINUOSUS.

Chri - - stus. No- - - bis.

Chri - - stus. No - - - bis.

6

Neumes ou traits dactyliques.

Id. Spondaïques.   Id. Iambiques.

Id. Trochaïques ou anapestes.

On comprend que ces différents rhythmes puissent exister indépendamment du texte, comme en effet ils existent dans toutes les antiphones Grégoriennes.

C'est par une étude assidue et consciencieuse, basée sur un ensemble de faits et sur les monuments primitifs, que nous sommes parvenu à nous faire une idée juste des valeurs temporaires des anciens signes et à pouvoir les rendre d'une manière facile à saisir; dans les cas douteux, nous nous sommes conduit par analogie, c'est-à-dire que là où nous trouvions les mêmes formes mélodiques, nous appliquions les mêmes principes.

Une longue expérience nous a donné une grande facilité à saisir ces analogies, et nous avons la persuasion qu'il serait difficile d'être en cela plus exact que nous, soit à cause de l'habitude que nous avons acquise, soit à cause de la grâce que Dieu nous a faite, de sentir vivement les beautés des mélodies sacrées (1).

(1) Aujourd'hui que le P. Lambillotte n'est plus, je suis heureux de maintenir cet alinéa, que sa modestie lui eût peut-être fait supprimer, dans la correction dernière de son ouvrage. Il faut avoir travaillé avec lui, et avoir eu sous les yeux ses immenses travaux de confrontation et de traduction, d'après les manuscrits neumatiques et Guidoniens, pour bien apprécier tout ce que ces lignes renferment de vérité.   J. D.

Nous reviendrons encore sur ce sujet dans l'application
de la doctrine des anciens à la restauration présente. Ce
qui précède suffit à montrer quelle voie nous avons suivie, pour rétablir la forme, d'après les auteurs et les sources
primitives.

On fera peut-être ici une difficulté tirée de ce que dit un
écrivain du douzième siècle, Jean Cotton : il prétend que ces
lettres *C. T. M.* étaient diversement interprétées. De son
temps, dit-il, *C* pouvait signifier *cito*, *clamose*, *caute*, etc.

Nous répondrons : 1° qu'à Saint-Gall, où nous avons beaucoup puisé, il n'y a jamais eu de ces divergences d'interprétation; 2° que la position régulière et constante de ces
lettres ne peut venir de l'arbitraire, surtout quand leur
valeur uniforme est confirmée par les manuscrits Guidoniens, et ceux en notation carrée. Dans les uns et les autres,
le *C*, par exemple, est rendu par des notes brèves, et le *T* par
des longues. Or, il est impossible qu'une telle unanimité ait
d'autre cause qu'une signification identique. Donc, le texte
de Jean Cotton ne prouve qu'une chose, c'est que dans son
pays et de son temps les chantres n'observaient plus comme
il faut les lettres rhythmiques. Etait-ce ignorance ou négligence? peut-être l'une et l'autre. Ce qu'il y a de certain, c'est
qu'elles nous ont été données par un chantre venu de Rome,
au temps de Charlemagne; qu'elles ont été expliquées par un
saint et illustre moine, son contemporain et son élève (1);
que ces lettres et ces explications s'accordent d'une manière
admirable avec les préceptes d'Hucbald de Saint-Amand, de
Gui d'Arezzo, d'Aribon, auteur de la fin du onzième siècle,

---

(1) M. le chanoine Greith nous a certifié ce fait, et la chose est plus que
probable; car le chantre *Romain* est arrivé à Saint-Gall, vers 790. Il a pu
y demeurer jusqu'à 860. Or, saint Notker est mort en 912, et l'histoire remarque qu'il fut admis très-jeune au monastère de Saint-Gall, comme élève.

avec les notations Guidonienne et carrée. Peut-on émettre un doute raisonnable sur leur signification? Et puis les mots *clamose*, *caute*, paraissent-ils bien choisis pour servir d'indications presque continuelles, dans un chant Grégorien?

———

C'est avec ces ressources, c'est par ces investigations et ces études que nous sommes parvenu à restaurer les mélodies Grégoriennes : 1° du *Graduel*, c'est-à-dire des chants des messes de toute l'année liturgique, tels que Introïts, Répons-Graduels, Alleluia, Versets, Traits, Offertoires et Communions, etc. Cette partie remonte entièrement à saint Grégoire; car tous les textes se trouvent dans ses œuvres, sauf quelques exceptions pour les nouveaux offices, dont cependant les chants sont ordinairement pris dans l'ancien répertoire.

2° Du *Vespéral*, c'est-à-dire des Antiennes, Hymnes et Répons de l'office du soir. Cette partie ne paraît pas avoir été réglée définitivement par saint Grégoire, mais bien par ses successeurs. C'est le sentiment de l'abbé Lebeuf (1), justifié par les œuvres du saint pontife.

Cette restauration ainsi faite, notre intention est d'en présenter préalablement le résultat au souverain pontife Pie IX, chef suprême de l'Eglise. Nous déposerons notre travail à ses pieds; nous le prierons de le faire examiner par une commission spéciale composée de membres choisis par les évêques dans les différents pays de la catholicité. Alors, si nos vœux se réalisent, ces hommes spéciaux, apportant avec eux des manuscrits de leurs pays respectifs, confronteront à loisir notre travail avec les œuvres antiques. L'ouvrage pré-

1. *Traité hist.*, p. 31 et 32.

sent a pour but principal de leur faciliter cette épreuve.
Puis notre édition liturgique, approuvée ou corrigée s'il y
a lieu, serait présentée à l'approbation du souverain pontife, déposée dans les principales églises, et après avoir
subi le contrôle de la pratique, déclarée (si telle est l'au-
guste volonté du Saint-Siége) authentique, et approuvée, comme renfermant les véritables mélodies de saint
Grégoire.

Alors peut-être se réaliserait ce magnifique dessein de
l'unité universelle dans le chant liturgique. Quant aux offices propres à chaque diocèse, l'évêque aurait la liberté
d'en faire composer le chant par un homme universellement reconnu habile dans ce genre de composition.

Si une faveur si grande nous était refusée, nous deman-
derions au moins une approbation spéciale pour nos sei-
gneurs les évêques et pour les pensionnats, colléges et
communautés religieuses qui voudraient user de ce travail. On en ferait ainsi un essai, qui, nous osons le croire,
aurait pour résultat de rendre populaires les antiques mélodies. Tous les fidèles comme autrefois prendraient part
au chant des Introïts, des Répons, des Offertoires et de tout
l'office liturgique, et, après quelques années, le chant sacré
retentirait dans toutes les églises avec un ensemble admirable. Alors on verrait cesser cette horrible anarchie qui
règne dans la partie la plus grave et la plus solennelle du
culte catholique : la grand'messe. On n'entendrait plus ces
offices chantés moitié en langue vulgaire, moitié en latin.
Peut-être aussi, l'orgue avec ses improvisations prolongées,
perdrait-il un peu de la place qu'il occupe dans nos cérémonies. Ne dirait-on pas, à voir les peines que se donnent
les organistes pour attirer l'attention des auditeurs, que
beaucoup de fidèles viennent plutôt pour les entendre que
pour assister au saint sacrifice ?

Avant d'entrer dans l'esthétique, nous ferons quelques remarques importantes. Nous prions les lecteurs :

1° De nous lire sans prévention. Il leur arrivera de rencontrer des idées en opposition avec les idées reçues; ce ne sera pas notre faute. Nous donnons la doctrine des auteurs primitifs, et nous nous appuyons sur les monuments antiques. Si nos idées paraissent nouvelles, elles n'en sont pas moins anciennes pour cela.

2° Nous n'avons pas la prétention de nous croire infaillible. Il serait possible que dans l'interprétation d'un texte nous nous fussions trompé de sens ; mais nous osons affirmer que, si cela nous était arrivé, ce ne pourrait être que sur des points accessoires, non sur le fond de la doctrine : et encore ici, avant de nous condamner, le lecteur devra remarquer que la signification des mots techniques a varié dans la langue musicale. Ainsi, par exemple, les mots *harmonie, symphonie, neume, organum, protus, diaphonie, différences, distinctions*, etc., ont eu différents sens, qu'il est souvent important de ne pas confondre et qu'on ne peut saisir que par le contexte. Toutefois nous serons reconnaissant envers les savants qui voudront bien nous signaler un seul contre-sens, quelque petit qu'il soit, et l'on nous trouvera toujours disposé à nous rendre à la vérité bien démontrée.

Au reste, dans les traductions qui vont suivre, nous n'avons pas eu la prétention d'être partout littéral. Il ne faut pas traiter les textes du moyen âge, comme on ferait Horace ou Virgile. Ceux-ci présentent une perfection de forme, qu'il faut minutieusement reproduire; ceux-là offrent une pensée plus ou moins bien exprimée, qu'il faut avant tout rendre intelligible, comme l'on peut, dût-on quelquefois aller jusqu'à la paraphrase.

ESTHÉTIQUE, THÉORIE ET PRATIQUE

DU

CHANT GRÉGORIEN.

CHAPITRE I.

Esthétique en général. — Esthétique du chant sacré.

L'esthétique, qui, dans son acception générale, est l'appréciation et le sentiment du beau dans les œuvres d'art, doit s'appliquer, on le conçoit, aux beautés de la musique Grégorienne.

Au moyen âge, ces beautés étaient mieux appréciées et mieux senties qu'aujourd'hui : c'est que de nouveaux éléments introduits dans la musique y ont amené de nouvelles sensations, plus vives, plus saisissantes, parce qu'elles proviennent de la partie physique et matérielle de l'art. D'un autre côté, les mélodies Grégoriennes ayant été, avec le temps, dénaturées dans leur substance et dans leur forme, ont perdu, pour nous, le charme qui captivait nos ancêtres. Cherchons à ressaisir ce passé en remontant jusqu'aux premières sources de l'art musical, consultons les maîtres anciens, et nous nous convaincrons, par une sérieuse étude, que l'art antique, avec des moyens bien modestes, l'emportait de beaucoup sur l'art moderne, par la grandeur de ses effets, par cette simplicité sublime, cette majesté suave qui en faisait un digne interprète entre Dieu et l'homme. Cette vérité n'a rien qui doive nous surprendre, si nous nous faisons du *beau* une juste idée.

Platon disait : Le beau, *c'est la splendeur du vrai*; et saint Augustin équivalemment : *C'est la splendeur de l'ordre.* De là tout le monde peut conclure que le beau, dans les arts, est un rayonnement du vrai, de l'ordre absolu, qui, sous des images empruntées au monde physique, devient accessible à nos sens, et par leur moyen, manifeste sa présence aux facultés les plus intimes de l'âme.

Il y a donc dans le beau deux éléments essentiels : 1° un élément intelligible, qui est une grande pensée, ou plus souvent un noble sentiment, une passion vraie et bien ordonnée; 2° un élément sensible emprunté à l'ordre de la création matérielle et devenu comme le corps de l'élément intelligible, dont il exprime sensiblement la nature immatérielle. Nous savons bien saisir les rapports intimes qui existent entre l'expression et la chose exprimée, bien que nous ne puissions pas toujours les analyser. Aussi quand un objet d'art, en frappant nos sens, élève subitement notre âme et réveille en elle quelque chose de vrai, de noble et de grand; le premier mouvement de l'admiration se trahira par ce cri : *C'est beau!* et quelquefois : *C'est sublime!*....

Le musicien, lui aussi, a des pensées et des sentiments à rendre sensibles; il les exprime par des sons : c'est là sa parole; et il a rencontré le beau lorsqu'il a adapté à un texte sublime, une mélodie harmonieuse et bien rhythmée, exprimant parfaitement le sens de ce texte. Nous éprouvons alors l'action puissante de cet heureux accord entre l'expression et la pensée; alors nous avons le sentiment des beautés que nous venons d'entendre, et nous disons avec saint Augustin : « Parmi ces chants harmonieux que nous entendons dans une église, il se mêle quelque chose de Dieu qui entre secrètement en notre âme ; nous sentons ce je ne sais quoi qui nous enlève, et que nous appelons *charmant, divin.* » (*Conf.*, ch. v.) ; alors nous avons compris et senti la pensée de l'artiste ; mais il faut que son inspiration soit noble et que le sentiment s'élève, sans s'écarter du vrai ; que toutes les parties de l'œuvre soient régulières, parfaitement coordonnées entre elles.

Ces principes sont féconds et demanderaient à être développés ; car ils sont de nature à exercer une puissante et heureuse influence dans les arts. Nous ne devons que les indiquer et les appliquer brièvement à la musique sacrée.

Par la seule rigueur des principes et sans examen préalable, nous pourrions conclure *à priori* que le beau musical se trouve éminemment dans les chants de l'Église, et que là surtout, sinon là seulement, on peut arriver au sublime ; car dans les louanges et les prières de l'Église, dans les célestes communications de la société catholique avec son divin chef, de l'homme avec son Dieu, il n'y a pas une pensée, pas un sentiment qui ne participe en quelque sorte de l'infini. D'autre part, il n'est pas permis de douter que la musique destinée à exprimer le langage intérieur de l'homme à son créateur n'ait été inspirée du ciel à l'Église ; au moins quant à ce caractère de grandeur et de suavité qui la distingue ; et la simple raison, mais surtout la tradition générale et constante des siècles passés, proclament cette haute convenance jusqu'à en faire une nécessité.

L'Église, toujours unie à son divin Chef, conserve aujourd'hui, comme elle conservera dans tous les âges, le premier élément du beau musical, c'est-à-dire la grandeur et la vérité immuable de l'idée. Quant au second, c'est-à-dire à l'ex-

pression sensible qui repose dans la nature de la mélodie et
les caractères de tonalité des chants sacrés, nous devons
avouer qu'il s'est profondément altéré par l'ignorance et
l'oubli des traditions antiques. Saint Grégoire le Grand avait
reçu mission d'en haut pour régulariser nos chants liturgiques, soit dans ce qui regarde la composition, soit pour
l'exécution elle-même : ce serait témérité d'avoir recours,
pour leur restauration définitive, à des inspirations de
fraîche date, dues à l'influence d'une tonalité étrangère,
entachées du double vice d'incompétence et d'arbitraire.
C'est le saint Pontife lui-même, ce sont les artistes les
plus rapprochés de lui qu'il faut entendre dans cette cause.
Interrogeons-les d'abord sur l'esthétique Grégorienne en
ce qui regarde la tonalité, la mélodie, le rhythme, etc.,
considérés indépendamment du texte liturgique ; sachons
ensuite quelle est leur pensée sur ces chants considérés dans
leur union avec le texte sacré.

Telle est, nous le croyons fermement, la marche à suivre
dans une œuvre comme la nôtre, nonobstant une objection
souvent répétée aujourd'hui. On s'est demandé pourquoi,
grâce aux progrès de l'art moderne, on ne perfectionnerait
pas les antiques mélodies *en les retouchant*.

Autant vaudrait peut-être affirmer tout d'un coup, avec
quelques musiciens de nos jours, que la tonalité Grégorienne est en désaccord trop flagrant avec les règles actuelles, pour être susceptible de réforme, et qu'il faut non
la restaurer, mais la détruire. Les deux conclusions ne seraient peut-être pas, dans la pratique, si différentes qu'elles
le paraissent au premier abord. On en peut voir la preuve :

1° Dans l'horrible confusion qu'ont amenée les prétendues
réformes faites çà et là, en dehors des autorités antiques et
surtout de l'autorité de l'Église universelle. L'abolition to-
tale de certaines mélodies n'eût-elle pas été moins fatale à

l'art religieux, que les mutilations qu'elles ont subies : toujours sous prétexte de réforme.

2° En ce que la tonalité antique, base des mélodies Grégoriennes, n'est aujourd'hui ni assez bien comprise, ni assez bien sentie, pour qu'on en puisse chercher, ailleurs que dans le passé, la véritable expression. C'est à des mélodies consciencieusement restaurées, *d'après les manuscrits originaux*, et exécutées *d'après les véritables règles*, que nous devrons enfin de comprendre et de sentir le chant de l'Eglise. Une marche inverse contrarie la nature et le sens commun.

3° Dans l'opinion respectable qui attribue à saint Grégoire une inspiration, un privilége divin pour la création et pour le discernement des mélodies sacrées. Quoi qu'il en soit de cette croyance, qui fut celle de tout le moyen âge, il est hors de doute que ces compositions appartiennent à l'époque où le sentiment chrétien et l'intelligence de l'art antique étaient le plus vivement gravés dans les âmes. Il ne convient pas à notre siècle de porter sur ces antiques monuments une main indifférente et légère.

4° Enfin ces mélodies telles que nous les retrouvons dans les manuscrits anciens, ont été en usage dans toute l'Eglise pendant plusieurs siècles avec une *admirable uniformité*. Ceux qui ont affirmé le contraire n'ont prouvé qu'une seule chose ; c'est qu'ils n'avaient ni lu ni confronté les anciens livres de chant. La question en valait cependant la peine.

Afin d'éviter une erreur semblable nous nous en rapporterons aux écrivains qui ont puisé le sentiment de l'art ancien aux meilleures sources, c'est-à-dire à l'école des chantres romains, venus dans les Gaules au temps de Charlemagne, et qui forment, jusqu'à Gui d'Arezzo, une tradition non interrompue et digne de tous nos respects. Ainsi les auteurs postérieurs à Gui d'Arezzo, n'auront de valeur pour nous, qu'autant qu'ils seront d'accord avec les autorités primitives :

plus ils s'éloigneront de la source, plus ils nous deviendront suspects.

Après avoir ainsi complété la théorie, nous formulerons en *méthode*, dans la partie pratique de cet ouvrage, les principes que nous aurons puisés à l'école des grands maîtres.

CHAPITRE II.

Doctrine des auteurs primitifs sur le chant Grégorien.

ALCUIN.

VIIIᵉ SIÈCLE.

Le premier musicographe que nous rencontrions dans l'ordre des temps, depuis saint Grégoire, est Alcuin, ministre de Charlemagne. Malheureusement il ne nous reste de son traité, qu'un fragment retrouvé par l'abbé Gerbert, dans un manuscrit de la Bibliothèque de Vienne. Dans ce fragment, Alcuin nous enseigne qu'il n'y a que huit modes en musique : *octo tonos in musica consistere musicus scire debet*, selon lesquels toute modulation s'enchaîne et s'unit par une intime adhésion : *per quos omnis modulatio quasi quodam glutino sibi adhærere videtur*.

Il détermine ensuite ces huit modes et les divise en *authentiques* et en *plagaux*. Il est donc constaté qu'au temps de Charlemagne on ne comptait que huit modes. C'est le seul enseignement important que nous tirions du traité d'Alcuin.

AURÉLIEN.

VIII° ET IX° SIÈCLES.

Le second auteur, qui se présente immédiatement après lui, est Aurélien, qui vivait au temps de Charlemagne et de Louis le Débonnaire, par conséquent à l'époque où la doctrine des chantres romains était encore vivante dans les Gaules. Son traité DE MUSICA est dédié à un prélat revêtu de la pourpre impériale, à Bernard, petit-fils de Charlemagne et qu'il se plaît à appeler archichantre de toute l'Église et son archevêque futur (1). L'auteur nous apprend sur son propre compte qu'il a vécu au monastère de Saint-Jean de Réomé, qu'il est présentement en disgrâce quoique toujours sujet fidèle de l'illustre Bernard.

Nous ne nous arrêterons pas à traduire ce traité dans son entier, nous examinerons seulement les points qui vont droit à notre but.

Une chose qui tient particulièrement à l'esthétique, ce sont les modes que les Grecs appelaient, τρόποι et τόνοι (2).

----

1) Voici le début de son Épître dédicatoire.

« Christianorum nobilissimo nobilium, virorumque præstantissimo atque honoris culmine Apostolici nobilissime sublimato, simulque imperiali dignitate decorato et virtutum omni genere florenti in Christo feliciter, Bernardo Archicantori, ut opto, totius sanctæ Ecclesiæ et vocato futuro nostro archiepiscopo, Aurelianus, vernaculus quondam monasterii sancti Joannis Reomensis, nunc autem abjectus, sed tamen vester et, velit nolit mundus, vester, inquam, vester, servusque omnium minimus famulorum Christi.» (GERBERT, t. I, p. 28.)

Le seigneur, dont il est ici question, ne peut être que le fils de Pépin, roi d'Italie, ce Bernard si cruellement mis à mort par Louis le Débonnaire, en 818. Il resterait encore à expliquer comment il a porté les titres que lui décerne Aurélien; mais cette question d'histoire nous éloignerait, sans profit, de notre sujet.

(2) Il est étonnant que ce sens musical du mot τρόπος ait été négligé dans les lexiques les plus complets et même dans le *Thesaurus* d'Henri

Aurélien n'admet que quatre principaux modes, qu'il appelle : *Protus, Deuterus, Tritus* et *Tetrardus*. Il divise chacun de ces modes en deux : le grave et l'aigu ; ce qui donne nos huit modes Grégoriens ; mais il ajoute une chose remarquable : « Comme certains chantres, dit-il, préten- » daient que plusieurs antiphones ne pouvaient s'adapter à » aucun de ces modes ; Charles, votre pieux aïeul, père de » l'univers (1), a ordonné d'y joindre quatre autres modes. » Cependant, » ajoute-il, un peu plus loin, « quoique les *let- » tres* changent, la modulation revient aux huit premiers mo- » des, et, depuis l'origine jusqu'à ce jour, l'Église grecque, » comme l'Église romaine, n'admet que huit modes dans » ses antiphones, ses répons, ses offertoires et ses commu- » nions. »

Notre auteur ne néglige pas non plus le *rhythme* et la *mesure* qu'il regarde comme choses essentielles à la musi- que : *totum proprie musicæ deputandum*. Celui-là seul, dit-il, peut se dire musicien qui sait discerner les différents rhythmes : *is est enim musicus, cui secundum speculatio- nem propositamque rationem ac musicam, convenientiam de modis et rhythmis, deque cantilenarum generibus… adest facultas sine errore judicandi*. Car, ajoute-t-il, si la voix exécute parfaitement une mélodie, elle parcourt les diffé- rents pieds, comme on le fait en scandant les vers, *per or- dinem discurrit pedum, ut scantione metri*. Dans la rhyth-

---

Estienne. Voilà cependant un texte bien formel d'Alypius : Ἄχρηστόν ἐστιν ἡμῖν ἅμα δὲ καὶ ἀναγκαῖον.... αὐτὴν τὴν ἁρμονικὴν διελεῖν εἰς τοὺς λεγομένους τρόπους τε καὶ τόνους, ὄντας πεντεκαίδεκα τὸ ἀριθμόν. (INTROD. MUS. *cap.* I.) « Il est utile et même nécessaire d'ex- poser la division de la musique en ses *tons* et *modes*, qui sont au nombre de quinze. »

Les exemples abondent dans les écrivains grecs, qui ont traité de la mu- sique.

(1) *Unde pius Augustus avus vester Carolus, paterque totius orbis*, qua- tuor augere jussit, (p. 11.)

mique, on doit prévoir l'accord de la mélodie avec les paroles ; *ut cum verbis modulatio apte concurrat ;* et la métrique produit et parcourt tous les genres de mesure que le chant peut exécuter, et discerne avec sagacité le mouvement convenable à chaque espèce de pieds : *unum quodlibet metrum qua mensura metiatur* (1).

Nous verrons plus loin cette doctrine développée et appliquée au chant Grégorien par Hucbald et Gui d'Arezzo.

Il nous reste à faire plusieurs remarques importantes sur le traité d'Aurélien.

1° Il ne parle point expressément des notations usuelle et alphabétique, et n'en donne aucun exemple. Cependant il fait mention de la première en se servant des noms qu'on donnait à certains caractères de cette notation, comme *tremula vox, vinola, flexibilis vox, flexa vox*, etc.

2° Il est à remarquer que, pour faire comprendre à ses lecteurs les intervalles de seconde, de tierce, de quarte, il se sert de mots pris dans des antiennes où ces intervalles sont employés. C'est qu'il était certain d'être mieux compris ainsi, qu'en donnant les notes usuelles. Tant est vraie l'assertion déjà énoncée dans notre première partie, que ces notes *usuelles* n'avaient pas une valeur tonale déterminée, puisque le véritable moyen de désigner une intonation, *dans un ouvrage didactique*, était d'avoir recours à des paroles de l'office, dont la neumation n'était interprétée sûrement que par l'usage.

3° Les exemples nombreux que cite Aurélien sont tous tirés de l'*Antiphonaire Grégorien*, et constatent l'insuffisance et l'imperfection de la notation usuelle. Cela ressort surtout d'un passage sur la manière de chanter le *Gloria Patri* après l'Introït dans le premier mode (2).

(1) Page 35.
(2) Pages 55 et 56.

4° A la page 34, Aurélien parle d'un point rendu important par une polémique récente ; il s'agit du dièze, ou d'un demi-ton placé ailleurs que dans les degrés naturels de la grande échelle diatonique. Aurélien en constate l'existence et le définit ainsi : Le dièze est un certain espace et une déduction de la modulation allant d'un son vers un autre : *Diesis est spatia quædam, et deductiones modulandi vergentes de uno in altero sono.* On l'appelle en grec *diesis* ou *disjonction,* parce que ce demi-ton disjoint par moitié les intervalles ordinaires : par exemple, *C.* d'avec *D.;* on l'appelle aussi *déduction,* parce qu'il est déduit de la corde *C.* et non de la corde *D.* Ainsi, sur le monocorde, quand on voulait obtenir le demi-ton ou le dièze, on avançait le chevalet mobile de *C.,* et on le plaçait entre le *C.* et le *D.* De cette manière, on déduisait le demi-ton de la corde *C.* Plus loin, Gui d'Arezzo nous dira si ces déductions étaient permises dans la musique Grégorienne. Pour le moment, il nous suffit d'avoir constaté que les auteurs primitifs, en reconnaissent l'existence dans cette même musique, que notre auteur a seule en vue dans son traité.

5° L'auteur n'oublie pas l'importance de bien phraser le chant Grégorien. Il réprimande, à ce sujet, les chantres qui font des repos où il n'en faut pas, et qui, par là, obscurcissent l'intelligence du texte ; il cite pour exemple le répons : *Ecce Agnus Dei, ecce qui tollit,* etc., et demande que les repos soient réglés plutôt par le sens que par la mélodie. *Potius conservandus est* SENSUS *quam modulatio.* Il appelle aussi ces repos : DISTINCTIO. Sans doute parce qu'ils servaient à séparer les idées du texte et à placer les respirations du chanteur. Nous verrons que tous les auteurs savants ont adopté cette expression, pour exprimer ce que nous appelons la PHRASE MUSICALE.

Tels sont les principaux documents à tirer du livre d'Aurélien de Réomé.

REMI D'AUXERRE.

IXe SIÈCLE.

Un autre auteur de la même époque nous a laissé aussi un traité sur la musique : c'est le fameux *Remi d'Auxerre*. L'abbé Lebeuf nous apprend qu'il tenait sa science musicale d'Héric, instruit lui-même par Raban et Aymon d'Alberstad, formés tous deux à l'école des chantres romains venus en France au temps de Charlemagne : ainsi Remi avait puisé à la bonne source. Versé dans toutes les sciences, il se mit à la tête d'une école qui devint bientôt célèbre ; il eut pour élève le prince Lothaire, fils de Charles le Chauve, Hucbald de Saint-Amand, et plus tard Oddon I, abbé de Cluny. Foulques, archevêque de Reims, voulant relever les études dans son diocèse, l'appela avec son ami Hucbald, pour le mettre à la tête d'une nouvelle école. Après la mort de l'archevêque, il se rendit à Paris, où il ouvrit des cours publics pour l'enseignement du *trivium* et du *quadrivium*, c'est-à-dire des sept arts libéraux. C'est là qu'il écrivit son traité de musique, que l'abbé Gerbert nous a conservé dans les *Scriptores de musica*. Ce traité est un commentaire de celui de Martianus Capella, auteur latin du quatrième siècle; et quoique l'auteur y considère la musique d'une manière spéculative, il ne laisse pas de faire des applications fréquentes aux chants de l'Église romaine, en prenant pour texte l'*Antiphonaire Grégorien*. Ainsi, comme exemple de l'intervalle d'un ton, il cite l'antienne *Tunc præcepit eos;* pour donner une idée d'une *tierce mineure*, il cite cette autre : *Omnia quæ fecisti nobis, Domine.* D'où l'on peut conclure, en passant, que le chant d'Église devait être

7

alors bien familier à tout le monde, pour qu'un mot de la liturgie suffit sans autre commentaire, pour indiquer des intonations et des intervalles précis, dans un ouvrage didactique.

On sera étonné de lire dans la *Biographie des musiciens
célèbres*, à l'article de Remi d'Auxerre « que son livre ne
fournit point de renseignements sur la musique de son
temps. » A cette époque, il n'y avait point d'autre musique
capable de théorie, que celle dont il parle, c'est-à-dire la
musique grecque adaptée au chant de l'Église : c'était
alors la seule connue, la seule estimée. L'auteur de la
Biographie voudrait-il que Remi parlât de notre musique
moderne, ou de la musique profane d'alors? mais s'il y avait
alors une musique profane, elle était basée sur le même fondement de la tonalité grecque; mais dans ces siècles de foi,
elle était abandonnée et méprisée des auteurs chrétiens,
qui jamais n'en parlent que pour la blâmer.

Comme la doctrine de Remi d'Auxerre se borne presque
toute à l'exposition de la mélodie grecque, nous n'en rapporterons que peu de chose 1). Voici ce qu'il dit des consonances : La première est la quarte, *diatessaron*, que l'on
trouve dans cette antienne : *Tibi dixit cor meum* ; autre
exemple : le *Deus in adjutorium*, qui se chante sur quatre
cordes. Puis viennent les consonances de quinte et d'octave,
diapente, diapason. Après une étude sur les modes, dorien,
éolien, etc., Remi divise le chant en deux espèces : le chant
continu, qui s'exécute *recto tono*, et le chant *divisé* ou *mélodique*, qui marche par modulations ou mélopée. Suit l'exposition du système des tétracordes dans les trois genres : *dia-*

---

(1) Nous plaçons ici un tableau comparatif et synoptique de la musique
grecque et du chant Grégorien, avec le secours duquel on entendra fort aisément les premières pages de Remi d'Auxerre, et auquel nous renverrons le
lecteur dans la suite de ce livre.

TABLEAU DE LA MUSIQUE DES ANCIENS

...enant le Système **Diatonique** des Grecs et le Système **Grégorien** réunis, avec les **Signes** et les **Dénominations** des **Sons**, pour servir à l'intelligence des anciens **Traités**.

IMPRIMERIE D'AMELIN ET CLARE.

tonique, chromatique et *enharmonique*, où l'auteur fait mention des cordes *stables* et des cordes *mobiles*. Nous remarquerons ici que Remi d'Auxerre définit parfaitement les termes, et qu'il serait bon à consulter pour faire un dictionnaire technique de l'art au moyen âge. Il parle aussi de la préférence qu'on doit donner au genre diatonique ; *sed nunc maxime diatono utimur eo quod pulchrior cœteris sit* 1 ; des permutations *de genre*, qui se font du diatonique au chromatique, etc.; il explique trois espèces de mélopée ou mélodie : l'*hypatoïde*, qui convient à la poésie grave ; la *mésoïde*, qui convient au chant ni trop grave, ni trop léger ; la *nétoïde*, qui convient aux sujets badins, tels que la comédie. De là, il passe aux différentes espèces de rhythme : « le rhythme est un certain nombre de sons distribués d'une manière régulière, qui se répondent par de semblables retours ou circuits sur eux-mêmes. » Le NOMBRE dans les sons rhythmiques se distingue par le caractère des sons, leur véhémence et leur adoucissement : *Per arsim et thesim*. Suit une étude de rhythme appliquée aux différentes espèces de pieds métriques. C'est par là que Remi d'Auxerre termine son commentaire sur Martianus Capella.

Ce traité sur le rhythme nous montre quelle importance les anciens attachaient à cette partie de la mélodie : *istam partem nostri esse non dubium est*; mais il est fâcheux que le savant auteur se jette dans un véritable chaos d'érudition indigeste, dans lequel nous ne pourrions que nous perdre avec lui. D'ailleurs son ouvrage étant plutôt spéculatif que pratique, nous ne nous y arrêterons pas plus longtemps.

Après Remi d'Auxerre, nous rencontrons saint Notker, qui n'admettait que huit modes. Il en donne la forme et les

1 Page 76.

différents tétracordes qui servent à les distinguer; il applique à la grande échelle diatonique les lettres alphabétiques A. B. C. D. E. F. G., a. b. c. d. e. f. g.

HUCBALD DE SAINT-AMAND.

IXᵉ SIÈCLE.

Nous arrivons à l'auteur le plus remarquable du neuvième siècle, Hucbald de Saint-Amand. Déjà M. de Coussemaker l'a fait connaître, dans un excellent mémoire, au point de vue archéologique; nous allons le considérer au point de vue *esthétique* et *pratique* du chant Grégorien, après avoir emprunté quelques détails historiques sur sa vie, au précieux mémoire dont nous venons de parler (1.

Le lieu de naissance de Hucbald est inconnu : il est cité comme Français dans deux manuscrits anciens; mais nous le croirions volontiers Gallo-belge, c'est-à-dire natif de cette partie du nord de la France, qui a appartenu tantôt à la Belgique, tantôt à la France ou à la Bourgogne. L'année de sa naissance paraît remonter d'une manière certaine à 840 ; car tous les historiens s'accordent à dire qu'il mourut à l'âge de quatre-vingt-dix ans, et la date la plus vraisemblable de sa mort est le 20 juin 930.

Neveu du célèbre Milon, directeur de l'école de l'abbaye de Saint-Amand, au diocèse de Tournay, ce fut dans ce monastère et sous la protection de son oncle que Hucbald

(1) *Mémoire sur Hucbald et sur ses Traités de musique*, par E. de Coussemaker. Paris, 1841. Chaque trait de cette biographie donnée par le consciencieux et savant écrivain, est appuyé sur de solides et nombreuses citations que nous ne copierons point ici, pour ne pas nous parer d'une érudition qui lui appartient tout entière.

fit ses premières études. Ses progrès furent rapides dans les lettres et dans les sciences; mais ce fut surtout dans la musique qu'il se distingua d'abord. On prétend même que ses succès en ce genre excitèrent la jalousie de Milon et occasionnèrent une rupture entre eux. Hucbald ayant composé le chant d'un office pour la fête de Saint-André et reçu de toutes parts de justes éloges, Milon en fut si courroucé, qu'il refusa l'entrée du monastère à son neveu, qui, disait-il, voudrait usurper le nom de philosophe à son préjudice. Renvoyé de Saint-Amand, Hucbald se retira à Nevers, où il ouvrit une école pour y enseigner la musique et les autres sciences. Si cette circonstance de la vie de Hucbald est réelle, ce fut vers 860 qu'il se rendit à Nevers, et ce fut là qu'il composa des chants en l'honneur de sainte Célinie. Il y écrivit la vie de cette sainte, ainsi que celle de saint Cyr et de sainte Julitte. Quoi qu'il en soit, il ne resta pas longtemps à Nevers, et passa bientôt à Saint-Germain l'Auxerrois, pour y suivre les leçons du célèbre Héric, en compagnie de Remi d'Auxerre et de quelques autres condisciples de mérite. Ce fut surtout sous la direction de ce moine, l'un des hommes les plus savants de l'époque, que Hucbald se perfectionna dans l'étude des lettres et de la musique.

Cependant Milon consentit à oublier ses ressentiments contre son neveu. Hucbald, qui avait obtenu de l'évêque de Nevers, comme marque d'estime et de confiance, la permission d'enlever le corps de saint Cyr, le transporta à Saint-Amand, et peu après, succéda à son oncle dans la direction de l'école de cette abbaye, peut-être même avant la mort de Milon, qui arriva vers 872.

Quatre ou cinq années plus tard, Hucbald écrivit, à la louange des *chauves*, un poëme qu'il dédia à Charles le Chauve, empereur. Ce poëme bizarre contient cent trente-six vers, dont tous les mots commencent par un C.; il fut publié plusieurs fois aux seizième et dix-septième siècles.

Vers 883, Rodulfe, abbé de Saint-Bertin, manda Hucbald pour diriger l'école de son abbaye. Celui-ci accepta, laissant à Saint-Amand des élèves capables de le remplacer. Rodulfe, malgré son âge, suivit les leçons de Hucbald, et en fut si satisfait, qu'en témoignage de reconnaissance, il lui donna une terre considérable en Vermandois. Mais celui-ci, tout occupé d'étude et de piété, n'avait que faire de richesses; aussi n'accepta-t-il ce don que pour en gratifier les moines de Saint-Bertin.

Quelques années après, Foulques, archevêque de Reims, ayant formé le dessein de rétablir les deux anciennes écoles de son église, jeta les yeux sur Hucbald, et l'appela à Reims vers 893 avec Remi d'Auxerre, pour les diriger. Elles devinrent bientôt florissantes sous ces deux maîtres célèbres, et l'on en vit sortir un grand nombre de savants pendant le cours du dixième siècle.

La réputation de Hucbald ne resta pas enfouie dans les monastères : sa renommée parvint jusqu'à la cour. On lit à la fin d'un diplôme de chancelier, accordé en 899 par Charles le Simple à Foulques de Reims, que cette faveur a été obtenue à la prière de Hucbald. *Impetratum est mediante Hucbaldo monacho.* Pendant son séjour à Reims, Hucbald, à la demande des moines de Saint-Thierry, composa, en l'honneur de leur saint patron, un chant pour les Matines de sa fête. Cette musique paraît à jamais perdue.

Après la mort de Foulques, qui arriva au mois de juin de l'année suivante, Hucbald retourna à Saint-Amand et y passa le reste de ses jours dans la solitude et dans les travaux littéraires. Ce fut pendant ses dernières années qu'il composa les biographies de sainte Rictrude, de sainte Aldegonde, de saint Lebuin ou Libwin, et de quelques autres pieux personnages. On pense aussi que ses principaux traités sur la musique sont de la même date.

Hucbald mourut un dimanche 20 juin; mais les historiens ne sont pas d'accord sur l'année de sa mort : un chroniqueur de Saint-Amand la place en 929, Sigeberg et Albéric de Trois-Fontaines, en 931, et Jean d'Ypres, en 933. Néanmoins, le plus grand nombre des écrivains la placent en 930, et leur opinion paraît la plus fondée, en ce que, cette année, le 20 juin tombait réellement un dimanche. Hucbald fut enterré à Saint-Amand, dans l'église de Saint-Pierre, et mis dans le même tombeau que son oncle Milon, avec l'épitaphe suivante :

> Dormit in hac tumba simplex sine felle columba,
> Doctor, flos, et honos tam cleri quam monachorum :
> HUCBALDUS, famam cujus per climata mundi
> Edita, sanctorum modulamina gestaque clamant.
> Hic Cyrici membra pretiosa, reperta Nivernis,
> Nostris invexit oris, scripsitque triumphum.

> Simple, pieux et doux ainsi qu'une colombe,
> Notre savant HUCBALD repose en cette tombe.
> De l'Église et du cloître il fut l'insigne honneur.
> Des héros de la foi fidèle imitateur,
> Il composa pour eux des accords angéliques;
> De saint Cyr parmi nous apporta les reliques,
> Et fêta par ses chants ce nouveau protecteur.

Hucbald était lié avec la plupart des hommes instruits de son époque; tous accordent les plus grands éloges à sa science littéraire et musicale. Nous ne citerons que deux auteurs, qui vécurent peu de temps après lui. « Remarquable » dans les lettres » dit Flodoard, « célèbre par ses écrits, » il fut aussi excellent musicien et composa des chants en

l'honneur de plusieurs saints (1). » Selon Sigebert de Gem-
bloux : « Il fut si habile dans les beaux-arts qu'on le com-
» para aux philosophes. Il écrivit la vie de plusieurs saints,
» et comme il excellait dans l'art musical, il composa, en
» l'honneur de quelques-uns, des chants d'une mélodie
» douce et régulière 2). » Trithème, Molanus et d'autres
historiens lui donnent les mêmes éloges. Mais les traités de
musique de Hucbald prouvent encore mieux son savoir, que
de plus imposants témoignages. Ces traités, restés longtemps manuscrits, ont été publiés par le savant Gerbert,
abbé de Saint-Blaise, dans le premier volume de son re-
cueil des écrivains ecclésiastiques sur la musique. Nous
allons les analyser et tâcher d'en faire apprécier l'importance.

Nous voyons dès le début de son premier traité : *De Har-
monica institutione*. 1° que ce savant moine n'a pour but
que les chants religieux, et 2° que la notation de son temps
supposait le chant appris de mémoire. Il entre, en effet,
dans des détails qui eussent été inutiles, s'il eût existé une
notation donnant une valeur tonale bien déterminée : «Celui,
» dit-il 3), qui veut acquérir la science des chants sacrés
» doit considérer soigneusement la position ou qualité de
» chaque son ; et premièrement les sons *égaux* ou unisonnants
» et uniformément semblables, ensuite les *inégaux* ou dis-
» semblables, en observant par quels intervalles ils sont sé-
» parés, quelle est la mesure de ces intervalles, et de com-

---

1) Litteris insignis, scriptis celebris, musicus quoque excellens fuit et
cantum multorum sanctorum composuit.—*Flod.* 1. 4. c. 9.
2) Peritia liberalium artium ita insignis ut philosophis conferretur ; vitas
multorum sanctorum scripsit, et, quia in arte musica præpollebat, cantus
multorum sanctorum dulci et regulari melodia composuit. (Sigeb. Script.
c. 107.)
3) Pag. 104.

» bien de manières on les peut combiner. Enfin, puisque les
» sons forment l'élément du chant, il faut savoir sur com-
» bien de sons, et sur lesquels, roule la mélodie.

» Quant aux sons égaux ou unisonnants, comme ils ne
» présentent aucune difficulté, nous n'en parlerons pas, si
» ce n'est pour dire qu'ils s'énoncent d'une émission de
» voix ordinaire, à la manière d'une lecture soutenue, et
» qu'on reproduit le même son autant de fois qu'ils se pré-
» sentent, comme il arriverait si vous prononciez trois fois
» de suite la même lettre : *a, a, a*. Il n'y a entre trois sons
» semblables aucune consonnance : car, pour qu'il y ait *con-*
» *sonnance*, il faut deux sons différents, distants l'un de
» l'autre et sonnant d'accord. Ces sons unisonnants, quand
» même ils seraient chantés par plusieurs personnes, ne
» forment pas d'intervalles différents, comme on peut le
» remarquer dans ces antiennes : *Astiterunt reges terræ ;*
» *Dum sanctificatus fuero ; Sebastianus dixit ad Nicostra-*
» *tum*, jusqu'à ces mots : *Dignatus est suam exhibere.* » On
voit ici encore que Hucbald était sûr d'être mieux compris
en citant des antiennes, qu'en donnant la seule neumation,
pour la raison que nous avons si souvent répétée. Tous les
auteurs des neuvième et dixième siècles en sont là : ils citent des paroles liturgiques ou des lettres romaines ; mais
jamais de neumes seules et détachées. Continuons à citer
Hucbald : « On voit dans ces antiennes beaucoup de syllabes
» de suite sur le même son sans aucune note plus haute ni
» plus basse, qui en dérange l'uniformité ; on dirait une li-
» gne droite : et ici l'*égalité* est manifeste ; mais dans les
» autres chants plus variés, si l'on cherche quelles notes
» sont à l'unisson et se ressemblent, cela ne peut se con-
» naître qu'à *force d'habitude*. Cependant un homme stu-
» dieux ne tardera pas à les distinguer. Par exemple, dans
» cet Introït : PUER NATUS EST NOBIS, si vous cherchez quelle

» note est à l'unisson avec la première, vous la trouverez dans
» les notes initiales ou finales des syllabes musicales suivan-
» tes : *Datus est no*bis; *cujus ange*lus. Ce retour du point de
» départ à la même note s'appelle *cirus* ou *circulus*. Il en
» est de même si vous cherchez les notes qui sont unison-
» nantes avec la seconde syllabe de *Puer,* vous aurez *na no*
» *bis,* et ainsi du reste : *et fi lu ca.* »

    Pour rendre plus facile l'intelligence de ce passage
d'Hucbald, nous transcrivons ici l'*Introït* cité, tel que nous
l'avons trouvé dans les manuscrits, et que nous le donnons dans notre édition restaurée. Il est consolant pour
nous de nous trouver si bien d'accord avec un auteur du
neuvième siècle.

tur nomen e- - - jus,   ma- gni con- si-li- i

an- - - - - - ge-lus.

On trouvera dans la suite de cet ouvrage des explications
suffisantes sur ce que les auteurs du moyen âge entendent
par *syllabes* musicales. Nous ferons seulement remarquer ici
que : *Datus est nobis*, est considéré comme *syllabe*, aussi bien
que *cujus* et *Angelus*. Quant aux syllabes proposées comme
exemples pour la seconde note *ré*, il faut remarquer que
cette note doit être cherchée parmi celles que l'on fait entendre sur la syllabe, soit en premier soit en second, soit en
troisième lieu.

« L'observation des intervalles ainsi étudiés doit être l'ob-
» jet d'une étude fréquente : *Interfinia neumarum hujus-*
» *modi creberrimus observationis est usus.* On peut la faire
» sur *Ave Maria..... Beata Agnes in medio expansis*, etc..
» Quant aux sons non unissonnants et qu'on appelle
» disjoints, il en est de plusieurs espèces. On appelle
» *inégaux* deux sons juxtaposés, dont l'un est plus aigu
» que l'autre ; mais les intervalles peuvent être plus ou
» moins grands. Tous ces espaces, à commencer par le
» plus petit jusqu'au plus étendu, sont au nombre de neuf.
» On ne parviendra jamais à bien les distinguer, si l'on ne
» connaît parfaitement la série des quinze notes dont nous
» parlerons plus loin. Cependant, pour le moment, nous
» donnerons quelques exemples, où l'on trouvera les diffé-
» rents intervalles. » L'auteur cite ensuite plusieurs au-

tiennes où se trouvent en effet les intervalles qu'il veut désigner. Il trace ensuite une espèce d'échelle sur les degrés
de laquelle se trouvent les quinze sons en double octave
dont il vient de parler, les degrés sont marqués par certains monosyllabes tirés des antiennes citées plus haut. De
là il passe à l'explication des consonnances ; il en désigne
six : trois simples et trois composées, savoir : l'octave, la
quinte, la quarte ; la quinte de l'octave, l'octave de la
quarte et la double octave. Puis il parle du son apte à la
mélodie, *emmelos* ou *phtongus*, et le distingue du simple
bruit *sonus* ; il indique comment on peut distinguer les tons
sur la lyre à six cordes, ou sur le papier, en traçant des
lignes qui représentent les cordes ; on voit par là quelle
syllabe est sur le ton et quelle autre se trouve sur le demi-
ton. Ainsi l'idée des lignes, l'idée des syllabes assignées aux
différents sons de la gamme, existait bien longtemps avant
Gui d'Arezzo. Il forme ensuite une échelle de deux octaves
exactement semblable à celle que nous a donnée Boëce dans
un tableau, qui lui-même pouvait suggérer l'idée d'écrire
les sons sur des lignes. C'est donc à tort que plusieurs auteurs ont attribué la première idée des lignes tonales à Gui
d'Arezzo. Hucbald divise ensuite l'échelle en plusieurs tétracordes, il en compte cinq dans l'octave et établit une distinction entre le tétracorde *disjoint* et le *conjoint*, ce dernier a lieu quand on passe de A à D par le B de cette manière.

Il l'appelle, avec Boëce et tous les auteurs grecs, tétracorde

synéménon ou conjoint. Quand on parcourt le même intervalle par le ♮ :

on se sert du tétracorde *diezeugménon*, ou disjoint. Le premier est appelé conjoint, parce qu'il est joint à la mèse *la*
par un *si* ♭, et le second disjoint, parce que *si* ♮ est séparé
par un ton de ladite mèse : *quia inter mesen et paramesen
tonus distantiam facit.*

Le *si* ou B était donc une corde mobile, qui tantôt devenait ♭ et tantôt ♮. Quand devait-on prendre le tétracorde
synéménon, et quand devait-on prendre le tétracorde diézeugménon? Hucbald va nous l'expliquer par des exemples (1). « Quelquefois, dit-il, la mélodie se complète dans
» l'un ou l'autre des deux tétracordes, quelquefois elle re-
» tombe alternativement de l'un dans l'autre, de sorte que
» l'on revient, par exemple, au *synéménon* après l'avoir
» quitté. Nous en avons un exemple dans le répons *Nativi-
» tas gloriosæ Virginis Mariæ.* Depuis le commencement
» jusqu'à *ex stirpe*, il prend le tétracorde diézeugménon,
» mais sur cette dernière syllabe, *pe*, on descend par le sy-
» néménon et tout le neume qu'on rencontre sur *David*, se
» chante de la sorte ; il en est de même dans l'introït *Sta-
» tuit ei Dominus.* Le second *point* (la seconde note) sur la
» syllabe *sta*, placé à une quinte d'intervalle du premier,
» est lié au synéménon (*si* ♭), et il n'y a qu'un demi-ton
» entre le second et le troisième *point* : la syllabe *Do* de
» *Dominus* s'élève par le diézeugménon (*si* ♮), et la se-

» conde syllabe *mi* retombe sur le synéménon. » Voici donc comment on entonnait alors cet Introït :

(1)

Sta- - tu- it e- i Do- - - mi- - nus.

Nous nous sommes étendus sur la doctrine d'Hucbald pour plusieurs raisons : 1° parce que certains éditeurs belges ont prétendu qu'on ne devait jamais faire entendre *si* ♮ et *si* ♭ dans un même *neume* : ils s'appuyaient sur un texte de Gui d'Arezzo, selon nous mal compris, et dont nous donnerons le vrai sens plus loin. Déjà l'on voit ici leur doctrine condamnée par un maître qui touche aux sources primitives, c'est-à-dire aux chantres romains, et qui, par conséquent, avait le sentiment de la bonne tonalité bien plus vive que nous ne l'aurons jamais (2).

2° Parce que ces citations d'Hucbald montrent de plus en plus comment on apprenait le chant avec une notation défectueuse. C'était en fixant l'attention et l'oreille sur les syllabes du texte chanté afin d'apprécier et de retenir la valeur tonale de chaque signe marqué dans la cantilène.

3° Parce que nous voyons, dans ces notions prélimi-

---

1 Il était alors d'usage de faire entendre quelquefois plusieurs notes sur la syllabe brève d'un dactyle, etc. : et cet usage a duré partout jusqu'au seizième siècle; il continue encore chez les Chartreux, et dans plusieurs églises de la Suisse et du Tyrol, où nous l'avons entendu nous-même. La délicatesse de notre oreille ne peut plus supporter un tel défaut; il n'est pas difficile, avec un peu de goût, de le faire disparaître sans nuire à l'intégrité de la phrase Grégorienne.

2 Pour ce qui concerne l'usage du ♮ et du ♭, nous pouvons en toute sûreté nous en rapporter aux bons manuscrits Guidoniens, quoi qu'en disent les éditeurs de Malines; Gui d'Arezzo, et les moines, ses confrères, avaient bien mieux le sentiment des beautés de la phrase antique que tous les savants de nos jours. Quand donc ils s'accordent à marquer le ♮ ou le ♭, nous pouvons les suivre sans danger.

naires données par Hucbald, le germe des inventions qui s'introduisirent dans l'art après lui, ce qui nous fait conclure qu'il était réellement un homme de génie. Ainsi le PREMIER il nous donne l'*idée* de noter les livres de chant par la *notation alphabétique*, unie à la *notation usuelle* : idée réalisée plus tard par Saint Oddon de Cluny ; le PREMIER il songe à établir des lignes où se trouvent les tons et demitons bien distincts. Enfin, il pose les bases d'un système de *solmisation*, en prenant certaines syllabes d'antiennes, pour fixer dans l'oreille la valeur tonale des différents sons de la gamme (1) : ce que Gui d'Arezzo réalisa deux siècles plus tard. Celui-ci est honoré dans tout l'univers pour ces inventions, et Hucbald est à peine connu, même dans sa patrie.

A la page 116, Hucbald nous donne un tableau qui n'est pas sans importance pour la pratique. On y voit 1° la première idée des *muances*, c'est-à-dire, changements des lettres dans la transposition des modes. 2° Comment, dans ces cas-là, on haussait certaines notes, sans cependant écrire aucun signe d'altération. Voici ce tableau; il montrera une fois de plus que le système grec et le système Grégorien sont une seule et même chose.

Hucbald commence par les notes les plus élevées.

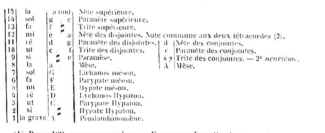

15	la	a oud	Nète supérieure.
14	sol	g · c	Paranète supérieure.
13	fa	f	Trite supérieure.
12	mi	e · a	Nète des disjointes. Note commune aux deux tétracordes (2).
11	ré	d g	Paranète des disjointes.	d	Nète des conjointes.
10	ut	c · f	Trite des disjointes.	c	Paranète des conjointes.
9	si	e	Paramèse.	s ?	Trite des conjointes. — 2e *neutrième*.
8	la	a ·	Mèse.	A	Mèse.
7	sol	G	Lichanos méson.
6	fa	F	Parypate méson.
5	mi	E	Hypate méson.
4	ré	D	Lichanos Hypaton.
3	ut	C	Parypate Hypaton.
2	si	a ·	Hypate Hypaton.
1	la grave	A	Proslambanomène.

(1) Page 109, sur ces paroles : « Ecce vere Israelita in quo, etc. »

(2) Pour la division des tétracordes, voyez le tableau synoptique de la page 98.

On remarquera que les lettres *a. b. c. d.* etc., sont données par Hucbald lui-même. Nous avons ajouté les notes
Guidoniennes pour faciliter l'intelligence du tableau. Quant
aux numéros, ils sont aussi ajoutés par nous. Il est bon de
savoir pour l'intelligence des auteurs de ce temps-là, que
c'était par ces chiffres qu'ils désignaient quelquefois les
degrés de l'échelle. Ainsi *tertio tono, sexto tono,* signifiaient
l'*ut* et le *fa*; *secunda vox* ou *chorda* signifiait le *si*. Quant
aux lettres, il faut remarquer qu'elles sont doublées ici dans
l'*échelle supérieure* pour indiquer la transposition; et cette
circonstance nous montre que la lettre *f* subissait là une altération afin de correspondre au *si* ♮, quoique cette altération ne fût indiquée par aucun signe : preuve que les chantres anciens admettaient le ♮ dans la pratique, sans l'é-
crire. Plus tard, on a imaginé de placer devant ces notes
le signe ♮, qui avait alors l'effet de notre dièze moderne.
On le trouve ainsi écrit dans une grande quantité de manuscrits. Dom Jumilhac en a reproduit des exemples. On appelait alors ce signe : *B fictus,* B artificiel. Dans le système
des muances ou transpositions, le *si* ♮ devenait un *mi,* et le
si ♭ un *fa.* Orontius Finœus explique ceci dans un passage
cité par Dom Jumilhac 1.

C'est ainsi qu'on évitait le triton dans ces sortes de phrases. Aujourd'hui que le système des muances est aboli 2) et
que nous avons un signe déterminé pour hausser la note
d'un demi-ton, je ne vois aucune raison pour ne pas l'employer, si ce n'est de dire que les anciens n'admettaient pas

1. La science du plain-chant, p. 432.
2. Dans plusieurs antiques cités d'Italie où je me suis trouvé cette année, les chanoines n'ont point encore voulu abandonner le système des
muances. Le chancelier de Mgr. l'évêque de Padoue me disait à moi-même
qu'il n'y avait point de *conversion* à espérer de leur part. Du reste, ils n'ont
pas si grand tort, car ils ont évité par là toutes les discussions qui ont
eu lieu en France et en Belgique sur l'usage du triton.

un tel signe. Mais cette raison absurde ne peut sortir que
d'une espèce de fanatisme aveugle pour l'antiquité. Où en
seraient les inventions Guidonniennes et toutes les inventions si l'on admettait ce principe; « qu'il ne faut jamais employer un signe que les anciens n'ont point employé quand
même ce signe serait nécessaire pour faire éviter beaucoup
d'erreurs? » Mais laissons une question qui se résout d'elle-
même pour porter notre attention sur les *modes*. Hucbald,
comme ses prédécesseurs, n'en reçoit que huit, mais il admet aussi les trois mutations ou transpositions, par exemple : noter en LA ce qu'on peut noter en RE, etc., etc.

Aux pages **119** et **120**, il énonce un principe d'une
grande importance, entièrement mis en oubli dans les éditions modernes, quoique soutenu par tous les auteurs anciens; le voici : C'est que nulle mélodie, en aucun mode,
ne peut, à partir de sa finale, commencer par une note plus
élevée que la quinte supérieure, ni plus basse que la quinte
inférieure; c'est-à-dire que les notes initiales et finales de
chaque phrase doivent se renfermer dans l'octave de chaque
mode : *Omnis omnino tonus a finali suo nec supra quintum
superiorem, nec infra quintum inferiorem unquam or-
diendi facultatem habebit; sed intra eas novem voces, vel
aliquando octo, partim principales, partim laterales,* FINES
vel INITIA *cohibebunt.* Et aussitôt il présente un tableau de ces
notes initiales dans les quatre modes principaux, avec des
exemples tirés du chant Grégorien (1).

_____

(1) Dans la reproduction de ce tableau précieux, nous avons cru devoir,
pour plus de clarté, ajouter la notation latine et la moderne à l'indication des
notes grecques dont Hucbald s'est contenté. Nous n'ignorons pas que la manière dont il exprime certaines cordes, en caractères grecs, peut offrir matière à contestation; (lorsque par exemple il indique pour la voix, le signe
adopté pour les instruments, etc.), mais nous avons résolu de le suivre et
non de le corriger.

TABLEAU

DES NOTES INITIALES DE CHAQUE MODE.

PROTUS. (AUTHENTUS ET PLAGALIS.)					
INTERV.	CORDES GRECQUES.	NOTATION			ANTIENNES.
		GREC.	LAT.	MOD.	
TON.	Μέση.	I	*a*	*La*	Erunt primi novissimi.
T.	Λιχανὸς μέσων.	M	G	*Sol*	Ave Maria.
T.	Παρυπάτη μέσων.	P	F	*Fa*	Volo Pater.
SEM-T.	Ὑπάτη μέσων.	S	E	*Mi*	(*Ab hac ordiri vix aliquid solet.*)
T.	Λιχανὸς ὑπατῶν.	F	D	RÉ	Ecce nomen Domini.
T.	Παρυπάτη ὑπατῶν.	B	C	*Ut*	Ductus est Jesus.
S-T.	Ὑπάτη ὑπατῶν.	Γ	B	*Si*	(*Ab hac fere nusquam*).
T.	Προσλαμβανόμενος.	Ͱ	A	*La*	Veni et ostende nobis.

DEUTERUS. (AUTH. ET PLAG.)					
S-T.	Παραμέση.	⊫	♮	*Si*	Notam fecisti.
T.	Μέση.	I	*a*	*La*	Orietur diebus Domini.
T.	Λιχανὸς μέσων.	M	G	*Sol*	Justi autem.
T.	Παρυπάτη μέσων.	P	F	*Fa*	Maria et flumina.
S-T.	Ὑπάτη μέσων.	S	E	Mi	Hæc est quæ nescivit.
T.	Λιχανὸς ὑπατῶν.	F	D	*Ré*	Vigilate animo.
T.	Παρυπάτη ὑπατῶν.	B	C	*Ut*	Rubum quem viderat.
S-T.	Ὑπάτη ὑπατῶν.	Γ	B	*Si*	Iste cognovit.

TRITUS. (AUTH. ET PLAG.)					
T.	Τρίτη διεζευγμένον.	E	*c*	*Ut*	Ecce Dominus veniet.
S-T.	Παραμέση.	⊫	♮	*Si*	Aspice in me, Domine.
T.	Μέση.	I	*a*	*La*	Solvite templum hoc.
T.	Λιχανὸς μέσων.	M	G	*Sol*	Haurietis aquas.
T.	Παρυπάτη μέσων.	P	F	Fᴀ	Puer ille.
S-T.	Ὑπάτη μέσων.	S	E	*Mi*	
T.	Λιχανὸς ὑπατῶν.	F	D	*Ré*	Hodie scietis.
T.	Παρυπάτη ὑπατῶν.	B	C	*Ut*	

TETRARDUS. (AUTH. ET PLAG.)

T.	Παρανήτη διεζευγμ.	U	d	*Ré*	Ecce sacerdos magnus.
T.	Τρίτη διεζευγμένον.	E	c	*Ut*	Quomodo fiet istud.
S-T.	Παραμέση.	⊨	♭	*Si*	Dixit Dominus Domino meo.
T.	Μέση.	I	a	*La*	Erumpant montes.
T.	Λιχανὸς μέσων.	M	G	*Sol*	Dirupisti, Domine.
T.	Παρυπάτη μέσων.	P	F	*Fa*	Vitam petiit.
S-T.	Ὑπάτη μέσων.	S	E	*Mi*	
T.	Λιχανὸς ὑπατῶν.	F	D	*Ré*	Spiritus Domini replevit.
T.	Παρυπάτη ὑπατῶν.	B	C	*Ut*	Stabunt Justi.

On voit que le moine de Saint-Amand ne néglige rien de ce qui concerne la pratique du chant Grégorien. Il va nous dire maintenant quand on doit faire ou écrire le *si* ? dans chacun des modes, autrement, quels sont les modes qui parcourent le *tétracorde synéménon*, et ceux qui prennent le *diézeugménon*.

Le texte de l'auteur a souffert des mutilations dans les détails relatifs au premier mode, ce n'est que dans les suivants que nous pourrons saisir sa marche. Nous verrons qu'il donne à chaque mode 1°. ses tétracordes; 2°. ses distinctions, c'est-à-dire les notes finales et initiales des phrases. « Quant au SECOND MODE, dit-il, il a deux tétracordes, celui de la mèse et celui de l'hypate *la, sol, fa, mi. — ré, ut, si, la*. Il ne parcourt jamais le tétracorde *synéménon la, si* ? *ut, ré*. *Ipse numquam per synemmena currit*. Il termine et commence ses distinctions ou phrases sur *parypate hypaton* (*ut*) sur *lichanos hypaton* (*ré*), quelquefois sur la *mèse* (*la*) et le *lichanos méson* (*sol*), et quelquefois aussi sur le *parypate méson* (*fa*). » Hucbald parcourt ensuite tous les modes de la même manière, en signalant les *distinctions*. Nous avons cité celui-ci pour mettre le lecteur au courant de sa manière de s'exprimer : notion utile pour l'intelligence des auteurs primitifs. Nous continuons à le suivre en ce qui concerne le *bémol* et le *bécarre*.

Le TROISIÈME MODE a trois tétracordes : ceux de la *paramèse*, de la *mèse* et de l'*hypate*. Il compte six distinctions, ou plutôt cinq ; il parcourt le *synéménon* licitement.

Le QUATRIÈME MODE a deux tétracordes, celui de la *mèse* et celui de l'*hypate*. Il compte cinq distinctions ; il parcourt aussi licitement le *synéménon*.

Le CINQUIÈME MODE compte trois tétracordes, six distinctions ; il lui est aussi permis de parcourir le *synéménon*.

Le SIXIÈME MODE compte cinq tétracordes, une seule distinction solide pour les repos (sur l'*ut*), et trois autres moins solides ou suspensions. Il lui est permis de parcourir le *synéménon*.

Le SEPTIÈME MODE compte trois tétracordes, cinq distinctions ; on lui accorde très-rarement le *synéménon*.

Le HUITIÈME MODE a quatre tétracordes, trois distinctions : il ne prend point le *synéménon*.

Aux pages 130 et suiv., Hucbald donne une autre explication des modes plus détaillée et appliquée aux antiphones du chant Grégorien. Cette application nous prouve que ces chants étaient alors les mêmes que ceux de nos manuscrits, soit pour les modes, soit pour la mélodie. Car les détails qu'il donne sur chacun d'eux sont conformes à ce qu'on trouve dans ces mêmes manuscrits. Ainsi comme exemple du premier mode, il cite l'introït de l'Épiphanie : *Ecce advenit*; au troisième, il donne l'introït *Confessio et pulchritudo*; au quatrième, le *Resurrexit* de Pâques; au cinquième, *Domine, refugium*; au sixième, *Os justi*. Pour le septième mode, il donne comme modèle, l'introït *Puer natus est nobis*; et pour le huitième, *In virtute tua*.

Il est à remarquer, pour l'intelligence du traité d'Hucbald, qu'il désigne les notes par les lettres grecques, et qu'il

adopte toujours la notation Lydienne, comme la plus connue. Ceux qui voudraient avoir une intelligence plus complète de ces lettres et de leurs rapports, la trouveront dans
le traité de Boëce et dans Meybomius (1). On voit dans les
tableaux dressés par ces auteurs, tous les signes de notation
grecque appliqués à chaque mode : il y faudra remarquer
que ces modes montent par degré, que la position, par exemple, de la corde *proslambanoménos*, quoique la plus basse,
dans chaque échelle, monte d'un degré à chaque mode,
sans rien cependant changer au système diatonique. C'est
à défaut de cette remarque que plusieurs personnes ont
jugé ce système obscur, et que M. de Coussemaker lui-même
trouve Hucbald difficile à suivre dans cet endroit.

Nous remarquons encore que notre auteur ne dit pas un
mot du triton pour le rejeter. Au contraire, il nous donne ce
tétracorde *fa, sol, la, si*, comme propre au *tritus*, c'est-à-
dire aux cinquième et sixième modes. Il nous semble que si
cette série de quatre notes eût été défendue de son temps,
il en eût fait la remarque. Ce silence équivaut, pour
nous, à la preuve qu'il était alors permis d'aller du *fa* au
si par les intermédiaires *sol, la*, mais qu'il était défendu
d'y aller sans intermédiaire; car Hucbald ne comprend pas
cet intervalle parmi les neuf qu'il désigne comme seuls permis (2). Cette doctrine, du reste, sera clairement commen-
tée et expliquée par les écrivains postérieurs.

Suivent des règles rhythmiques exposées sous la forme
d'un dialogue, dont voici quelques passages (3).

« Maintenant poursuivons, avec le secours de Dieu, ce
» qui nous reste à dire sur la perfection de la musique sa-

(1) Antiquæ mus. auctor. septem. Meybom. interprete. (Amsterd. Elze-
vir. 1652.) Voyez surtout dans cet auteur, aux pages 3, 23 et 44 les tables
lydiennes d'Alypius, dans les trois genres.
(2) Pag. 105.
(3) Pag. 182.

» crée : *Nunc deinde quæ pro exornatione melodiæ, do-*
» *nante Deo. dicenda sunt prosequemur.* Et , avant tout ,
» voyons si toute mélodie doit s'exécuter en mesure. » Ici
l'auteur explique, avec une clarté admirable, ce que c'est
que chanter en mesure , *numerose canere.* « C'est, dit-il ,
» observer rigoureusement les repos longs et les repos brefs,
» ainsi que les notes longues et les notes brèves, de manière
» que la mesure puisse se frapper pendant la mélodie, *Et*
» *reluti metricis pedibus cantilena plaudatur.* »

Cette doctrine est si importante que nous avons voulu
l'exposer tout entière dans la partie pratique de cet ouvrage. Voici comment, en finissant, Hucbald exhorte ses
frères en religion à chanter les louanges divines.

« Le devoir de notre charge, à nous qui nous sommes
» dévoués à la célébration du culte de Dieu, doit être rempli
» non-seulement dans son entier, mais aussi d'une manière
» qui puisse le rendre agréable, sans blesser les conve-
» nances. Aussi devons-nous chercher à nous rendre habiles
» dans l'exercice de notre ministère , afin de pouvoir pro-
» clamer le saint nom de Dieu et le glorifier dans nos chants;
» afin que nos mélodies parviennent à Dieu plus agréables
» et plus dignes de lui, et qu'en les écoutant, les fidèles
» redoublent pour lui de ferveur et de respect. Car , quoi-
» que Dieu préfère l'expression du cœur à celle de la
» voix , il résultera un double effet de leur ensemble , si au
» doux accent du cœur se joint cette suave harmonie de la
» voix, qui agite d'un pieux sentiment l'âme des fidèles.
» Bien que Dieu soit également satisfait de la dévotion de
» tous ceux qui ne peuvent prendre part à la psalmodie,
» cependant la piété de celui qui n'offre pas au Seigneur
» le mieux et le plus respectueusement possible tout ce
» qu'il peut lui offrir, n'est pas entière. »

» Les joueurs de flûte, de cithare et d'autres instruments,

» voire même les chanteurs et les chanteuses profanes,
» font tous leurs efforts, dans leurs concerts, pour char-
» mer par les ressources de l'art, les oreilles de ceux qui les
» écoutent ; mais nous, à qui a été accordé l'honneur d'être
» les interprètes de la parole divine, pouvons-nous chanter
» sans art et négligemment les saints cantiques, et ne de-
» vons-nous pas employer pour le chant sacré toutes ces
» richesses que ceux-là dépensent à des frivolités? Rece-
» vez donc ces courtes notions destinées par moi à vos exer-
» cices, afin que la science des petites choses vous rende
» capables des plus grandes. »

Après Hucbald de Saint-Amand se présente un autre auteur dont Gerbert nous a aussi conservé les écrits, c'est
Reginon, abbé de Prum, au diocèse de Trèves. Son traité est
une lettre à son archevêque, dans laquelle il expose les raisons qu'il a eues d'écrire un TONAIRE, c'est-à-dire un tableau
déterminant à quel mode appartiennent les différentes
pièces de chant Grégorien. Dans cette lettre, Reginon ne
signale rien qui ne soit déjà contenu dans les auteurs précédents, si ce n'est l'existence des antiphones qu'on appelait
alors *dégénérées*. ou non légitimes, parce qu'elles commençaient dans un mode, au milieu passaient à un autre, et se
terminaient dans un troisième (1). Il cite, dans cette catégo-
rie, l'introït, *Deus in adjutorium*, du douzième dimanche
après la Pentecôte. Il ne blâme pas absolument ces mutations,
mais il recommande aux chantres de ne pas s'y tromper, et
les avertit de faire attention à la première note plutôt qu'à la
dernière dans les introïts, les communions ; de faire le

(1) Les auteurs grecs nous apprennent que dans leur musique diatonique on passait quelquefois d'un mode dans un autre, selon les passions
qu'on voulait exprimer. Ils appelaient cela, chant de *mutation*. Il ne faut
donc pas nous étonner que saint Grégoire ait aussi admis des chants de cette
espèce, dans son *Antiphonaire*, à cause de leur antique origine.

contraire dans les répons. C'est sans doute pour cela que dans son Tonaire, conservé à la Bibliothèque royale de Bruxelles, il donne les premières notes, dans ces cas embarrassants.

Nous ne nous arrêterons pas plus longtemps à cet auteur, pour en venir plus tôt à saint Oddon de Cluny, dont la doctrine était enseignée dans toutes les école au dixième siècle.

ODDON DE CLUNY.

IXe ET Xe SIÈCLES.

Oddon naquit dans le Maine, en l'année 879. Son père, nommé Abbon, riche seigneur de cette contrée, l'éleva dans la pratique des vertus chrétiennes. Le jeune Oddon se sentit de bonne heure appelé à la vie monastique : fidèle aux inspirations de la grâce, il se retira à l'âge de dix-neuf ans (898) dans le couvent de Saint-Martin, et fut admis au nombre des chanoines réguliers de cette célèbre abbaye. Comme il se fit bientôt remarquer par son aptitude pour les sciences, autant que par sa piété, ses supérieurs l'envoyèrent à Paris, pour y étudier les sept arts libéraux, sous la direction de Remi d'Auxerre, qui nous est déjà bien connu.

Cette circonstance n'est pas à négliger ; car Remi d'Auxerre avait eu pour maître Héric, moine de la même communauté, disciple lui-même de Loup de Ferrières et d'Halberstad, tous deux élèves de Raban ; celui-ci avait étudié sous Alcuin, c'est-à-dire dans l'école des chantres romains envoyés à Charlemagne par le pape Adrien Ier. On conçoit comment, par le moyen des maîtres célèbres que

nous avons cités, la sainte tradition et la véritable doctrine
de la musique sacrée arrivèrent pures et intactes jusqu'à
saint Oddon de Cluny.

Après son séjour à Paris, Oddon était revenu se fixer à
Tours. Ce fut alors que, poussé par le désir d'une vie plus
parfaite, il résolut devant Dieu, d'embrasser l'institut de
Saint-Benoît. Un jeune seigneur, son ami, nommé Adégrin,
ayant été reçu par l'abbé Bernon dans le monastère de
Beaune, en Bourgogne, s'empressa de lui écrire pour l'inviter à partager sa retraite ; le jeune chanoine de Tours partit
aussitôt, emportant avec lui cent vingt volumes qui composaient sa bibliothèque.

A Beaune, Oddon fut chargé de l'école établie au monastère pour former les jeunes gens aux lettres humaines (909).
Sans doute les ouvrages qu'il nous a laissés sur la musique
sont le fruit de la grande expérience qu'il avait acquise
durant les longues années de ses études privées et de son
enseignement public ; car, à cette époque, il fallait avoir
longtemps étudié, enseigné longtemps et avec succès, pour
oser livrer ses œuvres à la publicité.

Bernon, abbé de Beaune avait, sur son lit de mort, désigné Oddon comme celui qu'il désirait laisser pour père aux
nombreuses maisons confiées à sa sollicitude. Des obstacles
s'élevèrent, et Oddon ne fut préposé qu'aux trois monastères de Cluny, de Massai et du Bourg-Dieu. Ce fut à Cluny
que le nouvel abbé fixa le siége de son gouvernement. Dès
lors cette maison commença à jouir d'une renommée
toujours croissante. Partout se répandait le bruit de la
haute sagesse et de l'éminente sainteté d'Oddon ; un grand
nombre de monastères voulurent alors dépendre de Cluny
et de son abbé, afin de partager le bienfait d'une sage et
prudente réforme. Fleuri-sur-Loire, autrement dit Saint-
Benoît-sur-Loire, au diocèse d'Orléans ; Saint-Pierre-le-Vif,

de Sens ; Saint-Julien, de Tours ; Carlien, au diocèse de Mâ-
con ; Saint-Paul, de Rome, et Saint-Augustin, de Pavie, se
rangèrent avec bonheur sous l'autorité du savant et pieux
Oddon. Ce saint abbé mourut en 942, après avoir éclairé
la France et l'Italie de l'éclat de sa science et de ses vertus.

Ces quelques détails historiques sur saint Oddon de Cluny
suffisent pour le but que nous nous proposons : dans notre
dernier chapitre, nous pourrons faire ressortir quelques
circonstances que nous avons seulement indiquées en passant.

L'abbé de Saint-Blaise, Gerbert, possédait les traités manuscrits de saint Oddon, dans la riche bibliothèque de son
monastère, qui malheureusement fut consumée en 1768, par
l'incendie général du couvent. Les abbayes de Saint-Émé-
ram et d'Aumont en Styrie, ainsi que celle du Mont-Cassin,
les lui fournirent, ainsi que d'autres manuscrits d'époques
différentes. Avec le secours de ces précieux monuments, il
put se flatter de nous avoir transmis dans son intégrité le
texte primitif de saint Oddon.

Pour ce qui regarde l'authenticité de ces écrits, je ne
crois pas qu'il puisse y avoir désaccord sur ce point parmi
ceux qui étudient les œuvres artistiques du moyen âge.
Qu'on lise la préface de Gerbert, on y trouvera accumulées
toutes les preuves les plus solides. D'ailleurs quelqu'un voudrait contester à l'abbé de Cluny ses titres d'auteur, que
les traités, dont nous allons nous occuper, auraient encore
pour nous toute leur autorité ; ils demeurent avec leur mérite incontestable, et, de plus, on ne peut les disputer au
dixième siècle ; puique, dès le onzième, on les trouve généralement cités par tous les auteurs qui traitent de la musique sacrée, et particulièrement par Gui d'Arezzo, le maître
par excellence.

Nous pourrions ici, par de nombreux témoignages, éle-

ver saint Oddon au-dessus de tous les musiciens les plus re-
nommés du dixième siècle, et montrer que son célèbre dialogue est comme le chef-d'œuvre qui résume la science musicale, non-seulement de son époque, mais aussi des temps
antérieurs : ces autorités ne sont point nécessaires à notre
but. La traduction fidèle des parties les plus instructives
du Dialogue en dira plus que toutes les apologies.

DIALOGUE DE SAINT ODDON.

Le Dialogue de saint Oddon et le traité musical qui le suit
jettent une vive lumière sur l'état de l'art musical au
dixième siècle.

Voici le titre de l'ouvrage d'après le manuscrit de la Bibliothèque royale de Paris.

INCIPIT LIBER

*qui et Dialogus dicitur, a Domno Oddone compositus,
succinctim, decenter atque honeste ad utilitatem legentium
collectus.*

Et immédiatement après :

INCIPIT PROLOGUS.

C'est la préface ; elle est remarquable et importante :
nous allons la donner dans son intégrité.

« Vous m'avez instamment prié, mes très-chers frères, de
» vous donner quelques règles sur la musique, mais celles-
» là seulement que les simples, les enfants sont capables de
» comprendre, et qui peuvent les conduire rapidement,
» avec l'aide de Dieu, à une parfaite habileté dans l'art de

» chanter ; et vous m'avez fait cette demande, parce que
» vous avez appris que cela m'était possible ; vous l'avez vu
» de vos yeux et vous avez, pour le croire, des preuves in-
» dubitables. En effet, depuis que je suis parmi vous, j'ai
» pu, par la grâce de Dieu, instruire suivant cette méthode
» des enfants et des jeunes gens, et quelques-uns, après trois
» jours d'exercice, d'autres après quatre jours, quelques
» autres enfin, après une semaine, se trouvaient en état d'ap-
» prendre par eux-mêmes, sans les avoir entendues, et avec
» le seul secours d'une notation régulière, un très-grand
» nombre d'antiennes qu'ils pouvaient, après très-peu de
» temps, chanter sans la moindre hésitation. Quelques jours
» plus tard, ils lisaient à première vue sans préparation et
» sans se tromper, tout ce qui était écrit en musique : ce
» que les chantres ordinaires n'avaient jamais pu faire jus-
» qu'ici, après avoir consumé quelquefois cinquante années
» dans l'étude et la pratique du chant. »

Ces paroles sont claires et précises : évidemment il s'agit
ici d'une importante découverte. C'est une voie nouvelle,
mais sûre, pour se perfectionner promptement dans la
science de la musique sacrée ; nous verrons plus bas l'exposé de cette méthode, qui consiste surtout à noter les antiennes au moyen des sept premières lettres de l'alphabet :
A. B. C. D., et à les faire exécuter aux élèves, en se servant du monocorde. L'abbé de Cluny est-il vraiment l'auteur de cette précieuse invention, ou bien n'a-t-il fait que
donner tout son développement à une idée primitive d'Hucbald de Saint-Amand ? Il serait difficile de décider cette
question. Cependant la manière simple et naïve dont le
saint abbé raconte le fait, nous fait penser que tout ici est
de son invention.

« On nous a demandé, avec beaucoup de curiosité et
» d'empressement, si notre méthode pouvait s'appliquer à

» tous les chants ; j'ai donc pris un Frère, qui, comparé
» aux autres, était un chantre accompli, et nous avons par-
» couru ensemble, avec le plus grand soin, l'Antiphonaire de
» saint Grégoire ; j'ai trouvé que presque tout était demeuré
» conforme aux règles. Quant au petit nombre d'endroits
» que l'impéritie des chantres avait altérés, nous les avons
» corrigés à l'aide de quelques praticiens habiles et d'après
» l'autorité des règles. Cependant, mes très-chers frères,
» dans les chants prolixes, qui appartiennent aux modes
» élevés, nous avons trouvé des ascensions superflues et des
» descentes contraires aux règles. Mais comme l'usage uni-
» versel les autorisait, nous n'avons pas eu la présomption
» de les réformer ; nous avons seulement ajouté une re-
» marque à chacun de ces chants, pour ne pas jeter dans
» l'incertitude ceux qui cherchent la rigueur de la règle.

    » Ce travail ayant de plus en plus enflammé vos désirs,
» vous avez insisté avec des prières et des sollicitations
» très-pressantes, invoquant l'honneur de Dieu et de Marie,
» sa très-sainte Mère, pour qu'on fixât les règles, et en
» même temps, pour que tout l'Antiphonaire, avec les for-
» mules des tons, fût écrit dans une notation si utile [1].

---

[1] Nous trouvons dans ces paroles une preuve certaine que la méthode
de notation par les sept premières lettres de l'alphabet, et appliquée à tout
l'Antiphonaire, est une découverte qui ne peut être contestée à saint
Oddon. Aussi nous ne pouvons partager l'opinion, qui fait remonter
le manuscrit de Montpellier, avec ses lettres et ses neumes, au temps de
l'arrivée des chantres romains dans les Gaules, sous le règne de Charlemagne. La notation en lettres date du dixième siècle ; comment pourrions-
nous rapporter au neuvième un Antiphonaire noté suivant cette méthode ?
Il faut remarquer de plus, que le manuscrit de Montpellier ne peut pas être
l'Antiphonaire corrigé par l'abbé de Cluny ; car saint Oddon n'emploie jamais que les sept premières lettres. Pour les sons graves, il prend les majuscules, et les minuscules pour les sons aigus correspondants ; tandis que
le manuscrit en question emploie toutes les lettres depuis A jusqu'à P.
Ainsi, selon nous, le manuscrit de Montpellier ne peut revendiquer une
plus haute antiquité, que le milieu du dixième siècle, temps où l'on
trouve des traces de sa notation particulière dans les théoriciens du chant
liturgique ; je dis dans les *ouvrages théoriques*, mais jamais dans les livres
de chant.

» Ainsi plein de confiance en vos prières et encouragé
» par les ordres de notre Père commun, je ne puis ni ne
» veux plus différer ce travail. Parmi les sages de ce siècle,
» la science de la musique est immense et difficile à traiter;
» entreprendra qui voudra l'œuvre pénible de parcourir ce
» vaste champ. Pour celui qui a reçu du Seigneur une pe-
» tite part de ce don de Dieu, il se contentera d'en recueillir
» les plus humbles fruits. Mais pour que vous compreniez
» mieux ce que je vais dire, et afin que vous appreniez selon
» votre bonne volonté ce qui vous est nécessaire ; quelqu'un
» de vous va s'approcher pour m'interroger et s'entretenir
» avec moi, et je ne négligerai rien pour répondre comme
» le Seigneur va me l'inspirer. »

Tel est le prologue du saint abbé de Cluny : nous admirons ici le saint qui se livre aux études musicales, appuyé
sur le secours de la grâce divine et pour la gloire de Dieu,
et de sa très-sainte Mère ; mais, en même temps, se révèle,
sans paraître s'en douter, l'artiste que l'on vient entendre
de toutes parts, et dont la renommée a publié déjà les
découvertes utiles et admirables.

Le Dialogue suit immédiatement. Le manuscrit de saint
Éméram lui donne ce titre :

INCIPIT DIALOGUS.

*Quem composuit Dominus Oddo, Abbas, de arte musica, qui
Enchiridion dicitur.*

LE DISCIPLE.

« Qu'est-ce que la musique ?

LE MAITRE.

« C'est la science de bien chanter, et une voie facile pour
parvenir à la perfection de cet art.

LE DISCIPLE.

» Comment cela ?

LE MAITRE.

» De même que votre maître commença par vous ap-
» prendre toutes vos lettres sur un tableau, ainsi le musi-
» cien suggère, au moyen du monocorde, tous les sons de
» la cantilène qu'il veut faire exécuter.

LE DISCIPLE.

» Mais qu'est-ce donc que ce monocorde ?

LE MAITRE.

» C'est un morceau de bois, long, carré, en forme de cas-
» sette, et creusé à l'intérieur comme la guitare ; une corde
» posée dessus fait entendre des sons, et vous pouvez facile-
» ment, à ses vibrations, saisir la variété des notes.

LE DISCIPLE.

» Cette corde, comment la place-t-on ?

LE MAITRE.

» Par le milieu de l'instrument on mène une ligne droite,
» dans le sens de la longueur, et, laissant aux deux extrémi-
» tés l'espace d'un pouce, on marque un point de chaque
» côté sur cette ligne. Dans l'espace intermédiaire, on place
» deux chevalets, qui soutiennent la corde suspendue au-
» dessus de la ligne, de telle manière qu'entre les deux
» chevalets la corde soit aussi longue que la ligne menée
» par-dessous.

LE DISCIPLE.

» Comment se fait-il qu'une seule corde puisse rendre
» plusieurs sons différents?

LE MAITRE.

» Les lettres ou les notes dont se servent les musiciens ont
» été rangées par ordre sur la ligne parallèle à la corde, et
» pendant qu'on fait courir entre la ligne et la corde un che-
» valet mobile, qui, en s'arrêtant sur ces lettres, allonge ou
» raccourcit la corde, celle-ci exprime tous les sons d'une
» façon vraiment admirable. Et si, au moyen des mêmes
» lettres, on note une antienne pour les enfants, ils l'appren-
» nent de cette corde avec plus de facilité et de perfection,
» que s'ils l'entendaient de la bouche d'un homme. Qu'on
» enlève la corde après quelques mois d'exercice, et à la
» seule inspection des lettres, ils exécutent sans hésitation
» des chants qu'ils n'ont appris d'aucune voix humaine.

LE DISCIPLE.

» Ce que vous dites-là est vraiment admirable, et jamais
» nos chantres n'ont osé aspirer à une telle perfection.

LE MAITRE.

» Dites plutôt qu'ils se sont trompés, mon frère! ils n'ont
» pas cherché la bonne voie, c'est pourquoi ils ont travaillé
» sans fruit tout le temps de leur vie. »

On voit, dans le passage que nous venons de traduire, l'exposition claire et nette de la méthode de l'abbé
de Cluny pour la notation des antiennes et du procédé qu'il
employait pour les graver dans la mémoire, au moyen du
monocorde. Les dernières réflexions du Disciple et du Maître
nous disent hautement que la méthode était nouvelle au
dixième siècle.

Nous continuons l'étude du Dialogue, en donnant l'analyse exacte des pages les moins importantes, et en traduisant tout ce qui tient de plus près à la question d'esthétique
qui nous occupe.

A la suite des explications précédentes, le Disciple, étonné
de ce qu'une corde inanimée enseigne mieux qu'un homme,
et ne puisse jamais tromper, en demande les raisons à son
maître. Alors celui-ci lui apprend que la corde est bien
mesurée , et lui indique en même temps comment il
pourra déterminer les espaces entre les différentes lettres qu'il faut poser sur la tablette de l'instrument. L'é-
lève a écouté tous ces détails avec attention et lorsqu'ils
sont terminés : « *Deo gratias!* s'écrie-t-il ; je comprends
bien ; et je crois que je pourrais maintenant construire un
monocorde ! »

Mais pourquoi dans un monocorde bien mesuré des intervalles plus petits et des intervalles plus grands? Voilà
encore une question que le Maître va résoudre en donnant
la théorie de la gamme, et en faisant la distinction des tons
et des demi-tons. Or, les plus petits intervalles représentent les demi-tons, et les plus grands indiquent les tons
entiers.

Outre cette division par tons et par demi-tons, il en est
trois autres encore très-importantes : la division par
quartes, la division par quintes, et la division par octaves.
On appelle *diatessaron* les intervalles de quarte; *diapente.*
ceux de quinte, et parce que dans l'octave se trouvent tous
les tons A. B. C. D. E. F. G. *a,* on lui donne le nom de *diapason* (1). Il faut savoir encore pourquoi, dans les deux octaves, on emploie les mêmes lettres : la raison en est simple :
c'est que les deux octaves ont un tel rapport, que leurs intervalles, disposés dans le même ordre, sont absolument
semblables, et que leurs notes ne se distinguent que par une
différence de gravité; de manière que la seconde gamme
ne serait que la première chantée par des voix d'enfants.

_____

(1) En grec : διὰ πασῶν : *Qui passe par tous les tons.*

LE DISCIPLE.

« Maintenant, je désire avant tout savoir comment je
» pourrai noter un chant, et l'apprendre sans le secours
» d'un maître.

LE MAÎTRE.

» Mettez devant vos yeux les lettres du monocorde sui-
» vant la marche mélodique de la cantilène ; de cette ma-
» nière, si vous ne connaissez pas encore la valeur des let-
» tres, en frappant la corde de votre instrument comme
» l'indique la position de ces mêmes lettres, vous l'appren-
» drez avec perfection d'un maître inanimé et ignorant.

LE DISCIPLE.

» Vraiment vous m'avez donné là un guide admirable :
» fait de mes mains, il me donne des leçons ; il m'enseigne
» sans rien savoir lui-même. Je le reçois avec empressement,
» surtout à cause de sa patience et de sa soumission : il
» chantera devant moi quand je voudrai, et jamais irrité
» de la lenteur de mon intelligence, il ne m'accablera de
» coups ni d'injures.

LE MAÎTRE.

» C'est un bon maître ; mais il demande un auditeur dili-
» gent.

LE DISCIPLE.

» A quoi faut-il donner une attention spéciale ?

LE MAÎTRE.

» Aux *conjonctions* des notes qui constituent les *conson-*
» *nances*, afin de pouvoir émettre chacune d'elles, avec
» son intervalle particulier.

LE DISCIPLE.

» Apprenez-moi, je vous prie, et montrez-moi, par des
» exemples connus, combien il y a de différentes conjonc-
» tions (1).

LE MAITRE.

» Il y en a six, tant en descendant qu'en montant. La
» première conjonction a lieu lorsqu'on unit deux notes,
» entre lesquelles il n'y a qu'un demi-ton d'intervalle,
» comme la cinquième E. et la sixième F. (2). C'est, de toutes
» les consonnances, celle qui est reserrée dans les limites
» les plus étroites. Telle est la première élévation de voix
» dans cette antienne :

E   F   E   G ac c
Hæc est quæ nescivit (3).

» Et réciproquement en descendant.

F E D   E F
Vidimus stellam.

» La seconde conjonction se fait entre deux notes à un ton

---

(1) Par les mots *conjonctions*, *consonnances*, *différences*, l'auteur ne veut
exprimer ici qu'une seule et même chose ; les différentes manières dont les
notes peuvent s'unir ensemble en se succédant pour former une mélodie
agréable et conforme aux règles, ou les six manières dont la voix peut
passer d'une note à une autre : ce sont des relations d'intervalles.

(2) L'intelligence de cette notation est extrêmement facile : il suffit d'a-
vertir que la première note du système Grégorien est représentée par notre
la grave, *premier* son de la série, et que saint Oddon exprime ce son par
la lettre *A*.

(3) Nous ferons encore ici la remarque importante, que tous les auteurs
didactiques du dixième siècle prennent toujours leurs exemples dans les
chants de saint Grégoire. C'est qu'alors ces chants étaient connus de tout
le monde ; tout le monde les apprenait, comme on disait à cette époque,
par *l'usage*, *per usum* ; c'est-à-dire au moyen de la notation neumatique et
d'un long exercice présidé par des maitres déjà instruits.

» d'intervalle, comme de la troisième note C. à la quatrième
» D : en montant.

C   D   D F   D

Non vos relinquam, etc.

» En descendant :

D C E F   G E DD

An ge lus Domi ni.

» La troisième a lieu, lorsqu'entre deux notes, il y a une
» différence d'un ton et d'un demi-ton, comme entre la
» quatrième D et la sixième F : de cette manière, en mon-
» tant :

D D F

Joannes autem.

» En descendant :

E   F D

In lege.

» La quatrième, lorsqu'entre une note et une autre note,
» il y a deux tons; ainsi de la sixième note F à la hui-
» tième *a*, en montant :

D F   a a

Adhuc multa habeo.

» De cette manière en descendant :

a F ac c c

Ecce Maria.

» La cinquième se fait par l'intervalle de quarte; ainsi de
» la première note A à la quatrième D, de cette manière
» en montant :

A D

Valde honorandus.

» En descendant :

D A   C   D D

Secundum autem.

» La sixième est produite par l'intervalle de quinte,
» comme de la quatrième note D. à la huitième *a*, dans cette
» antienne :

Daba   a G G
Primum quœrite.

» Et en descendant de la septième G. à la troisième C.,
» de cette manière :

G C D
Canite tuba.

» On ne trouve nulle part d'autres conjonctions confor-
» mes aux règles. »

Après avoir donné ces notions sur les consonnances, le
maître s'élève avec vigueur contre ces chantres vulgaires
(*vulgares cantores*) qui ne tiennent aucun compte du ton,
du demi-ton , ni des autres différences : ils ne peuvent
manquer, dit-il, de jeter une grande confusion dans le
chant, en trompant les autres et se trompant eux-mêmes,
sur les modes auxquels appartiennent les *antiennes*, les *répons*, et autres morceaux.

Après cette invective, Oddon apprend à son disciple de
combien de sons le chant doit être composé. La substance
de sa réponse est que tout morceau de chant ne doit renfermer que huit, neuf ou dix sons différents. On peut aussi,
dans certains cas, n'en recevoir que quatre ou cinq, pourvu
toutefois que ceux-ci soient renfermés dans l'intervalle de
quinte, et les autres dans l'intervalle de quarte.

Une question du disciple amène une nouvelle et importante théorie.

LE DISCIPLE.

« ..... Expliquez-moi ce que c'est que le *ton* ou le *mode,*
» comme vous l'appelez plus souvent.

LE MAITRE.

» Le ton ou le mode est la règle qui fait reconnaître un
» chant quelconque par la note finale du morceau. Car, si
» vous ne connaissez la fin d'un chant, vous ne pourrez sa-
» voir ni par quelle note il doit commencer, ni jusqu'à quel
» degré il doit s'élever ou descendre (1).

LE DISCIPLE.

» Comment régler le commencement par la fin ?

LE MAITRE.

» Le commencement de tout morceau doit être d'accord
» avec la fin suivant une des six consonnances déjà citées,
» savoir : le demi-ton, le ton et le ton et demi, les deux
» tons, la quarte et la quinte. Aucun chant ne doit com-
» mencer par un son autre que le son final ou l'un de ceux
» qui s'accordent (2 avec le son final par quelqu'une des six
» consonnances. Mais toutes les notes qui, selon les six con-
» sonnances s'accordent avec une finale, peuvent commen-
» cer le chant qui a cette finale ; il faut excepter le chant
» qui finirait par le cinquième son E, le premier du demi-
» ton, dans le troisième mode : on le voit souvent commen-
» cer en c. dixième son, qui est éloigné du cinquième E.
» d'une quinte et d'un demi-ton.

» Il est clair aussi que les distinctions, c'est-à-dire les
» endroits où nous faisons des repos dans le chant, et où
» nous le divisons, doivent finir dans chaque mode par les
» mêmes sons qui peuvent commencer ce mode (1).

1. Cela ne s'applique qu'aux chants notés en neumes sans lignes ; depuis
Gui d'Arezzo il est plus facile de reconnaître les modes ; et le *tonarium*
n'est plus nécessaire.
2 Dans ce passage, ainsi que dans le reste du dialogue, il ne s'agit
point de l'accord harmonique, comme on le remarquera facilement, mais
de l'accord ou consonnance mélodique qui consistait dans la succession régulière des notes entre elles.

» Ordinairement il est plus convenable de commencer
» et de finir les distinctions par les notes qui commen-
» cent le mieux chacun des modes. Les maîtres ensei-
» gnent qu'on doit terminer plusieurs distinctions sur la
» note qui sert de finale au mode dans lequel on chante, de
» peur que, si l'on faisait plusieurs repos sur quelque note
» différente de la finale, on ne fût entraîné à finir tout le
» morceau sur cette note, et forcé de changer le mode dans
» lequel on était d'abord, car un chant appartient surtout
» au mode que ses distinctions semblent rechercher. Très-
» souvent même, et c'est ce qu'il y a de mieux, on voit
» les morceaux commencer par la note finale. Vous trou-
» verez un exemple de ce que je dis dans cette antienne [1].

Tribus miraculis — 1re distinction.
ornatum diem sanctum colimus. — 2e dist.
Hodie stella magos ducit ad præsepium; — 3^e dist.
hodie vinum ex aqua factum est ad nuptias; — 4^e dist.
hodie a Joanne Christus baptizari voluit. — 5^e dist.

Traduisons, pour rendre la chose palpable.

IN EPIPHANIA DOMINI.

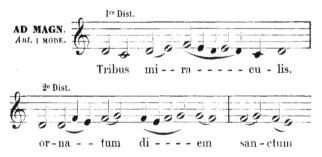

AD MAGN.
Ant. I MODE.

Ire Dist.

Tribus   mi - - ra - - - - - - cu - lis.

2e Dist.

or - na - - - tum   di - - - - em   san - ctum

---

1 Nous verrons un siècle plus tard les mêmes règles données par Gui
d'Arezzo.

co - - - - - limus :   ho - - di - e stella magos
du - - xit   ad præ-se - - pi - um;
ho - di - e vinum ex a- qua   factum est
ad   nu - pti - as;   ho - di - e in Jordane
a Jo - anne   Chri - stus bapti-za - ri vo - - lu-
it,   ut salva - - ret   nos,   al-
le - - lu - ia.

» Vous voyez donc, reprend saint Oddon, comment >
» dans un chant régulier, plusieurs distinctions commen-
» cent et finissent comme leur mode, et comment certains
» morceaux commencent et finissent par la même note,

LE DISCIPLE.

» Que la chose soit comme vous l'avancez, nous en avons
» pour garant l'autorité des maîtres de tous les pays. Mais
» comment déterminer par la finale, de combien un chant
» doit s'élever ou descendre? Continuez, je vous prie.

LE MAITRE.

» Dans les tons élevés ou aigus, tels que le premier,
» le troisième, le cinquième et le septième, aucun son ne
» doit monter plus haut que l'octave de la finale, où l'on
» retrouve la même lettre qu'à cette finale; mais on
» peut descendre une note au-dessous, pour conserver
» l'étendue de l'échelle principale, qu'on appelle *dia-*
» *pason*. Dans les modes graves, tels que le second,
» le quatrième, le sixième et le huitième, on ne doit
» trouver au-dessous de la finale aucun son, qui ne puisse
» s'unir à elle par une des six consonnances dont nous
» avons parlé. Quant à l'élévation, ces chants pourront
» partir de la finale et, suivant les mêmes consonnances,
» monter jusqu'à la quinte, et même quelquefois arriver à
» la sixte. Maintenant par quelles notes commencent le
» plus ordinairement, selon nos usages actuels, le chant de
» tous les modes? Vous le verrez dans leurs formules.

LE DISCIPLE.

» Puisque vous venez de prouver que dans tous les modes
» le chant se règle d'après la finale, il est temps de me dire
» combien il y a de modes ou de tons.

LE MAITRE.

» Quatre, suivant une opinion reçue.

LE DISCIPLE.

» Pourquoi?

LE MAITRE.

» Parce qu'il y a quatre notes du monocorde, sur lesquelles
» un chant régulier peut finir.

LE DISCIPLE.

» Quelles sont ces notes?

LE MAITRE.

» La quatrième D, sur laquelle se termine le mode qu'on
» appelle le premier authentique, *authentus primus*, c'est-
» à-dire l'auteur, le principe premier.

» La cinquième E, sur laquelle se termine le mode ap-
» pelé deuxième authentique, *authentus deuterus*.

» La sixième F, qui finit le troisième authentique, *au-
» thentus tritus*.

» Et la septième G, finale du quatrième authentique, *au-
» thentus tetrardus*.

» Ces quatre modes se divisent de manière à en former
» huit.

LE DISCIPLE.

» Pourquoi?

LE MAITRE.

» Parce qu'il y a des chants graves et des chants élevés :
» or, lorsqu'un chant est aigu dans le premier authenti-
» que, il conserve le nom de *premier authentique*. Si c'est
» un chant grave du même mode, on l'appelle *plagal*
» *du premier*, *plaga proti* [1]. De même pour les autres :
» *plaga deuteri*, *plaga triti*, *plaga tetrardi*.

[1]. Cette dénomination des modes est grecque : *authentique* vient de
αὐθέντης, auteur, principe, maître; *plagal*, de πλάγιος, latéral, oblique,
dérivé : parce que les tons authentiques sont considérés comme ceux d'où
naissent les tons plagaux, par une certaine dérivation.

L'usage a prévalu de dire, au lieu de : premier *authen-*
tique, premier *plagal; second math., etc.; premier mode,*
second, troisième mode, etc.

» Il y a donc huit modes, selon lesquels la mélodie du
» chant peut prendre huit caractères tout différents.

LE DISCIPLE.

» Comment pourrais-je reconnaître en quoi ces modes
» diffèrent, et ce qu'ils ont de commun ?

LE MAITRE.

» Par la position des tons et des demi-tons. Ainsi le pre-
» mier ton finit sur la quatrième note D , et s'élève jusqu'à
» la onzième , où se trouve la même lettre *d ,* par les in-
» tervalles suivants : après la finale, c'est d'abord un ton ,
» ensuite un demi-ton, puis deux tons et encore un demi-
» ton , et enfin deux tons. Il peut descendre de sa finale à la
» troisième note , c'est-à-dire d'un ton (1 : en voici la
» forme :

FORME DU 1ᵉʳ MODE.	C. ton.	D. t.	E. sem.	F. t.	G. t.	a. sem.	b.	♭ sem.	c. t.	d.
	ut	ré	mi	fa	sol	la	si ♭	si ♮	ut	ré

» Quelques-uns , pour avoir le décacorde complet, lui
» ajoutent la note B ; mais cependant il n'est pas d'usage
» de le faire descendre jusque-là. Les chants du premier
» mode commencent en C. comme, *O beatum pontificem ;*

1) Saint Oddon appelle ton, la note, ou la lettre qui est séparée d'un ton
de la suivante, en montant diatoniquement : ainsi *D. t.* est un ton, comme
l'indique le *t.* qui le suit, parce que *D.* est séparé de *E.* par un ton; *E.* sem.
indique un demi-ton, pour la même raison.

» plus souvent en D., quand le commencement s'accorde
» avec la fin,·par exemple : *Ecce nomen Domini*. Quelque-
» fois aussi, mais rarement, en E., exemple : *Gaudete in
» Domino* ; en F., ex. : *Ipsi soli* ; en G. : *Canite tuba* ; enfin
» en *a*, comme *Veniet Dominus* ou, *Exi cito* (1). »

Voici maintenant la forme du deuxième ton :

FORME DU 2e MODE.	Γ ton.	A. t.	B. sem.	C. t.	D. t.	E. s.	F. t.	G. t.	a. t	b.
	sol	la	etc...							si ɔ

« Ainsi le deuxième ton a les notes Γ, A et B, que n'a pas
» le premier ; de son côté le premier a les notes *c* et *d*, que
» n'a pas le second. Mais il se rencontre des chants du deuxième
» mode, qui ne descendent même pas jusqu'à la note B, et
» il s'en trouve du premier mode qui ne s'élèvent pas jus-
» qu'au *d*. Comment distinguer celui des deux modes aux-
» quels ils appartiennent ? S'ils ne montent pas à la hui-
» tième, ni à la neuvième note *(la, si,)* ils sont très-certai-
» nement du second ; mais si le chant demeure longtemps
» dans ces cordes ; si elles sont répétées trois ou quatre fois
» de suite, ou bien si le morceau commence en *a*, alors
» vous êtes évidemment dans le premier mode. »

» Les notes qui peuvent commencer le deuxième ton sont :
» Γ, exemple : *Educ de carcere* ; A, ex. : *Omnes patriarchæ* ;
» C, ex. : *Nonne cor nostrum* ; D, ex. : *Ecce in nubibus* ;
» E, ex. : *Animalia — Ecce Maria* ; F, ex. : *Quem vidistis*.
» L'emploi du Γ, du B, de l'E ou du G se trouve à peine dans
» de très-rares exemples.

FORME DU 3e MODE.	D. t.	E. s.	F. t.	G. t.	a. t.	♮ s.	c. t.	d. t.	e.
	ré	mi	fa .						mi

(1) Oddon de Cluny s'accorde ici de tout point avec Hucbald de Saint-
Amand. Voyez le tableau des initiales, ci-dessus, pag. 114.

» Le troisième ton aime certainement la seconde neu-
» vième (si ♮,) parce qu'elle forme une quinte avec la finale,
» mais surtout parce qu'elle forme une quarte avec le *mi*,
» la note la plus aiguë du mode. De plus, comme à partir de la
» finale, il se présente de suite trois tons pleins; afin d'évi-
» ter le *triton* direct, soit en montant, soit en descendant, il
» procède plutôt par sauts qu'en suivant une marche régu-
» lière (c'est-à-dire plutôt par intervalle disjoints que par
» intervalles conjoints).

» Les notes en usage pour commencer un chant dans ce
» troisième mode sont : E, exemple : *Quando natus es*; F,
» *Nunc scio*; G, ex. : *Multa quidem*; a, ex. : *Quis Deus
» magnus*; c, ex. : *Tertia dies est.*

FORME DU 4e MODE.	A. t.	B. s.	C. t.	D. t.	E. s.	F. t	G. t.	a. t.	b s.	♮ s	c.
	la	si	ut	ré	etc.						

» On commence les chants du quatrième mode en *c.*,
» exemple : *Hodie nata est*, ex. : D, ex. : *Benedicta tu*;
» en E, ex. : *Gaude, Maria*; en F, ex. : *Anxiatus est*; en G,
» ex. : *O mors*; en a, ex. : *Rectos decet.* »

» Quelques-uns veulent donner au quatrième mode,
» comme au troisième, la seconde neuvième ♯, parce qu'elle
» forme une quinte avec sa finale; tandis que la première
» ne forme avec elle aucune consonnance. Pour nous, nous
» avons suivi de préférence l'usage communément adopté. »

Nous voyons par ces lignes que l'usage général au dixième
siècle était d'admettre le ♭ dans le quatrième mode. Cette remarque peut amener la solution d'une difficulté. Le quatrième mode doit-il, pour l'emploi du ♭, suivre les règles
du troisième? Dans ses *principes de chant Grégorien*.
M. Janssen nous dit que le *si* du « troisième ton est essen-

tiellement naturel , mais qu'il peut y avoir des cas où l'on
doive employer le *si* ♮, » et quelques lignes plus bas, il ajoute :
relativement à l'emploi du *si* ♭, « le quatrième ton est parfaitement semblable au troisième (1). » Mais saint Oddon écrivait au dixième siècle que le troisième ton prend toujours le
♮, et que, pour suivre l'usage généralement adopté, on
doit quelquefois recevoir le ♭ dans le quatrième. Tel est
l'enseignement des auteurs primitifs et la pure doctrine du
moyen âge.

FORME
DU
5ᵉ MODE.

| E. s. | F. t. | G. t. | a. t. | b. | ♮ s. | d. t. | e. s. | f. |

mi   fa   sol   la ..

Les notes en usage pour commencer les chants du cinquième mode sont : F, exemple : *Haurietis* ; G, ex. : *Non
vos relinquam* ; *a*, ex. : *Quinque prudentes* ; *c*, ex. : *Ecce
Dominus veniet* ; G ne s'emploie que rarement.

FORME
DU
6ᵉ MODE.

| C. t | D. t. | E. s. | F. t. | G. t. | a. t. | b. | ♮ s. | c. t. | d. |

ut   ré   mi   fa.....

Le sixième mode commence par sa note finale F, exemple :
Verbum caro factum est ; ou bien encore par *a*, ex. :
Vidi Dominum ; par la cinquième note E, exemple : *Domine,
in auxilium* ; par la quatrième D, exemple : *Si ego verus
Christus*, et par la troisième C : *Decantabat populus*.

FORME
DU
7ᵉ MODE.

| F. t. | G. t. | a. t. | b. | ♮ s. | c. t. | d. t. | e. s. | f. t. | g. t. | a. |

fa   sol   la   si♭   si♮.....

1, Janssen. *Les vrais principes du chant Grégorien*, pages 78, 79.

La finale du septième mode est G; il prend la seconde neuvième (*si* ♭) et ne descend que d'une note au-dessous de sa finale.

« Il faut remarquer, dit saint Oddon, que si on lui laisse » la première neuvième (*si* ♭), il ne peut y avoir entre la » sixième note *fa* et cette neuvième, qu'un intervalle de » quarte (1), et alors le septième mode se confondrait abso- » lument avec le premier; car il aurait d'abord un ton, un »demi-ton, puis deux tons, un demi-ton et encore deux tons; » de plus il descend, comme le premier, d'un ton au-des- » sous de sa finale. Ainsi il ne serait donc plus le septième, » mais le premier mode (2). Nous savons, en effet, qu'un » mode ne diffère pas d'un autre, comme le pensent des » chantres ignorants, par la gravité ou l'élévation des » chants, car rien ne vous empêche de chanter sur un ton » aigu ou sur un ton grave, tel mode qu'il vous plaira ; mais » ce qui constitue les modes distincts et différents les uns » des autres, ce sont les positions diverses des tons et des » demi-tons. »

Le septième mode peut commencer en F, mais rarement, c'est à peine si l'on en trouve quelques exemples, comme *Qui regni claves* et *Memento mei*; en G, exemple : *Assumpta est Maria*; en *a*, rarement, comme : la communion, *Domus mea*; en ♭, exemple : *Dixit Dominus*; en *c* : *Benedicta filia*; en *d* : *Sit nomen Domini*.

FORME DU 8e MODE.	C. t.	D. t.	E. s.	F. t.	G. t.	a. t.	b .	♯ s.	c. t.	d. t.	e.
	ut	ré	mi	fa	etc.						

1. Il s'agit de la *quarte juste* : l'auteur emploie le mot *diatessaron*, et non *tritonium*, qui désigne la *quarte majeure* ou triton.

(2) L'assertion est parfaitement claire : dans le système diatonique, un bémol ajouté au troisième degré de la gamme de *sol*, la rend exactement semblable, quant aux intervalles, à celle de *ré*.

« Il est évident que le huitième mode dans les notes qui sont
» au-dessous de la finale est entièrement semblable au se-
» cond. Si donc vous lui donnez la première neuvième ♭, de
» sorte qu'en montant vous ayez, à partir de la finale, un
» ton, un demi-ton, puis deux tons, vous aurez encore en
» tout point le deuxième ton. »

Ainsi donc la première neuvième ou *si* ♭, n'entre pas
dans le huitième ton, non plus que dans le septième, au
moins dans le très-grand nombre de morceaux; car l'auteur
en la marquant encore dans la formule, suppose quelques
exceptions.

« Voici les notes qui commencent le huitième ton : C.
» exemple : *Stabunt justi* ; D : *Angeli Domini* ; F : *Zachee* ;
» G : *Judœa* et *Jerusalem* ; a : *Apertum est* ; C : *Ecce ancilla*.

LE DISCIPLE.

» C'est à peine si je trouve quelques chants qui contredi-
» sent ces règles, aussi je ne doute pas que leur petit nom-
» bre, et pour ainsi parler, leur anomalie clandestine (*furti-*
» *vam singularitatem*) ne soit l'œuvre de chantres ignorants
» et présomptueux.

LE MAITRE.

» En effet, dans un art quelconque, une règle est un pré-
» cepte général : de telles inégalités ne peuvent donc pas
» s'expliquer d'après les règles de l'art. »

Le Maître ajoute encore, à la demande de l'élève, quelques détails sur la position des différents sons dans l'échelle
diatonique, et termine en ces termes :

« Après tout ce que nous avons dit, un travailleur assidu
» *scrutator assiduus*, aidé de la grâce de Dieu, pourra dé-

» couvrir sur les modes, et sur les autres règles de
» musique, beaucoup de choses intéressantes; mais s'il tra-
» vaille avec négligence ou avec la présomption de tout
» comprendre par la pénétration de son intelligence, sans
» le secours d'une lumière céleste, il n'apprendra rien,
» ou s'il apprend quelque chose, il n'en rendra point grâce
» à l'auteur de ce don, deviendra l'esclave de la vanité et
» sera moins soumis au Créateur, qui est béni dans les siè-
» cles des siècles. Amen. »

Ici finit le dialogue sur la musique. Saint Oddon, en commençant, s'appuyait sur les prières de ses frères et sur le
secours d'en haut ; heureusement arrivé au terme de son
entreprise, il avertit ceux qui voudraient suivre ses traces
de n'avoir en vue que la gloire du souverain Maître, et de
ne pas se confier uniquement aux faibles lumières de leur
intelligence. Il élève, en même temps, les sciences musicales
à la hauteur du génie chrétien, et fait voir qu'elles ne sont
pas indignes des plus saints personnages, puisqu'elles
peuvent être utiles à la cause de Dieu et de son Église.

Après les dernières paroles que nous venons de traduire,
on lit dans le manuscrit d'Aumont : *Explicit musica En-
chiridionis*. Le manuscrit de Saint-Blaise répète, on ne peut
savoir dans quel but, cette interrogation qui précède la
formule du premier mode : *Age, obsecro, et de modis quæ
sequuntur edicito*. Puis il ajoute aussitôt : *Hic desinit Dialogus*.

Voilà donc, en résumé, ce qu'on enseignait au dixième
siècle sur le chant sacré. Il est facile de voir que, depuis cette
époque, on n'a pas fait, en cette matière, un seul pas en
avant. Plût à Dieu que l'on n'eût pas reculé !

SECOND TRAITÉ DE SAINT ODDON SUR LE CHANT GRÉGORIEN.

Le traité que nous allons étudier commence par ces mots : *Musica artis disciplina, summo studio appetenda est.* Dans le manuscrit de Saint-Blaise, il se trouvait inscrit tout entier, immédiatement après le *Dialogue* : c'est qu'en effet ce travail peut être regardé comme le complément de celui qui précède. Nous y retrouvons la même doctrine exprimée, presque dans les mêmes termes, mais avec de nouvelles explications et de précieux commentaires. Ce même traité se trouve dans un manuscrit de Leipsick, qui le donne sous le nom de Bernon. Mais je crois qu'il y a là une erreur de copiste; car il est impossible, à tout homme attentif qui lira le *Dialogue sur la musique* et le traité qui suit, de ne pas reconnaître, dans l'un et dans l'autre, la même pensée, la même âme et la même plume. Et comme le dialogue est unanimement proclamé le chef-d'œuvre d'Oddon de Cluny, nous croyons devoir, nous aussi, accepter et analyser le second travail comme le fruit naturel du génie et de l'expérience du célèbre abbé.

Nous ne voulons pas donner ici une reproduction intégrale de l'opuscule : ce serait inutile, après nos études sur le *Dialogue*. Cependant il est, dans ces pages, des points de doctrine que la science ne peut négliger, des observations de la plus haute importance pour l'esthétique des chants sacrés. Nous allons donc parcourir l'ouvrage de l'abbé de Cluny, recueillir çà et là les enseignements nouveaux qu'il nous y donne et les mettre dans leur intégrité sous les yeux du lecteur. Nous compléterons ainsi, et nous pourrons plus facilement présenter dans leur ensemble les théories musicales du dixième siècle.

Comme dans son Dialogue, l'auteur commence par exposer la théorie de la gamme et du monocorde. Ici un passage important sur l'emploi du demi-ton mérite une attention spéciale, car il peut servir à décider une question débattue de nos jours, savoir : jusqu'à quel point le *si* bémol et le *si* naturel s'excluent dans une même phrase mélodique.

Voici la traduction de ce passage (1) :

« Il faut faire une remarque sur les tons et les demi-tons.
» Le demi-ton ne souffre jamais que les tons s'unissent en
» désordre; il se place au milieu d'eux. Si l'on excepte le
» premier demi-ton, qui n'a que le premier ton au-dessous
» de lui, partout il se présente après deux tons, comme pour
» tempérer les intervalles, de peur que des répétitions trop
» nombreuses n'engendrent le dégoût, ou que des sons et des
» extensions de voix toujours égales ne fassent naître des dis-
» sonances. Par la même raison, on ne trouve nulle part deux
» demi-tons de suite. Ils ont été inventés pour régulariser le
» chant et lui donner de l'agrément; si on les emploie sans
» discrétion et plus qu'il ne convient, c'est un sel prodigué
» d'où résulte l'amertume. Quant aux deux demi-tons que
» vous trouvez de la huitième corde à la dixième, ne les
» unissez jamais immédiatement.

» Voilà les signes qui composent cet intervalle :

a	La	8ᵉ son.
b	si ♭	9ᵉ son.
	si ♮	10ᵉ son.
c	ut	11ᵉ son.

» Or, on doit les employer de la manière suivante : Quand *b*
» s'unit à *a* par un demi-ton (2), ne doutez point qu'il ne
» doive y avoir un ton de *b* à *c*. Quand *b* s'unit à *c* par un

1 Gerbert. *Script. de Mus.* t. I, p. 267 et suiv.
2 C'est-à-dire quand le si est ♭.

» demi-ton 1 , il doit toujours y avoir un ton de *a* à ♮. Le
» premier de ces demi-tons s'emploie pour éviter les trois
» tons qui se trouveraient de suite du sixième son F. au
» neuvième *si* ♮ . Par la même raison, on emploie le
» second *si* ♮ , afin d'éviter le même triton du *si* ♮ au
» *mi*. »

Voilà donc la doctrine de saint Oddon sur l'usage du demi-
ton; nous y trouvons d'abord la condamnation des *tritons*,
et en même temps la manière de les éviter. Elle renferme
aussi l'explication d'une règle que Gui d'Arezzo donnera au
siècle suivant. Cette règle a été mal comprise par les éditeurs de Malines. Sans doute, ils avaient lu cette décision du
célèbre musicien : *b* et ♮ *in eadem neuma nunquam jungas*;
ils en ont conclu que les deux notes *si* ♭ et *si* ♮ ne pouvaient
jamais se rencontrer dans une même phrase mélodique.
D'après cela, ils ont condamné la phrase musicale que nous
avons donnée page 110, et que tous les anciens manuscrits
nous ont transmise.

Mais si nous rapprochons les expressions de l'abbé de Cluny
de celles de Gui, les paroles de celui-ci : *b* et ♮ *in eadem
neuma nunquam jungas*, ne présenteront pas l'ombre d'am-
biguïté : elles signifient simplement que le *si* ♭ et le *si* ♮ ne
doivent jamais être unis immédiatement, comme dit saint
Oddon : *Nunquam continuatim jungere debes*. Avec cette
explication toute naturelle, l'introït que nous avons cité ne
nous offre plus aucun défaut, et sa phrase musicale, autorisée par tous les monuments anciens, se trouve entièrement
conforme aux préceptes des auteurs les plus célèbres et les
plus rapprochés des sources primitives.

Après avoir traité de l'intervalle le plus simple, du ton,
notre saint auteur, suivant le même plan que dans son Dia-

---

1 C'est-à-dire quand le si est ♮.

logue, s'étend assez au long sur les intervalles de quarte et
de quinte.

Il nous a laissé, comme exemple remarquable de ces derniers, une antique mélodie, composée sur ces vers de
Boëce :

> Bella bis quinis operatus annis,
> Ultor Atrides, Phrygiæ ruinis
> Fratris amissos thalamos piavit.

Cette mélodie remontant au moins à l'époque de saint
Oddon, son antiquité la rend intéressante ; on nous saurait
mauvais gré de ne pas la publier : elle est notée en lettres,
nous donnons en même temps la traduction en notation
moderne.

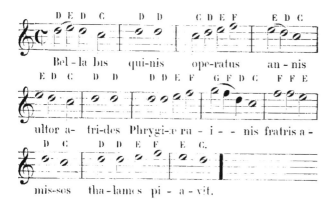

Saint Oddon a tracé les règles à suivre dans l'emploi des
divers intervalles, ce sont celles que nous avons déjà vues,
expliquées dans le Dialogue, et qu'il répète ici. Il part de là
pour s'élever contre les abus introduits surtout dans l'usage
des demi-tons. Dans l'échelle diatonique, deux tons doivent

toujours être suivis d'un demi-ton, et le demi-ton de deux tons : « Or, dit-il, il est une harmonie trop délicate, *nimis* » *delicata*, vicieuse, *vitiosa*, et lascive à l'excès, *maxime las-* » *civiens*, qui admet un plus grand nombre de demi-tons et » qui rejette ceux dont nous avons parlé ; mais c'est un dé- » faut qu'il vaut mieux corriger qu'imiter. » *Quod magis corrigi quam imitari oportet.*

Un peu plus bas, nous rencontrons un hommage rendu à l'œuvre de saint Grégoire le Grand, et un bel éloge de cet illustre Pontife, considéré comme restaurateur et comme législateur de la musique sacrée. « Il existe encore, dit l'abbé » de Cluny, d'autres genres de musique adaptés à d'autres » mesures ; mais celui que nous venons d'expliquer est, au » témoignage des musiciens les plus habiles et des plus » saints personnages, composé d'une modulation à la fois » plus suave, plus vraie et plus naturelle. Saint Grégoire, » dont la sainte Église suit en tout les préceptes avec le plus » grand soin *Cujus præcepta in omnibus studiosissime* » *sancta observat Ecclesia,* saint Grégoire donna à l'Église » un Antiphonaire, composé dans ce genre d'une façon ad- » mirable : *Hoc genere compositum mirabiliter Antiphona-* » *rium Ecclesiæ tradidit,* et il prit la peine de l'apprendre » et de l'inculquer lui-même à ses disciples. On ne lit nulle » part qu'il ait acquis la connaissance de cet art en suivant » les principes de la science humaine, il avait reçu d'en » haut toute la plénitude de la science. Une chose est donc » certaine, c'est que ce genre de musique, envoyé du ciel à » saint Grégoire, s'appuie non-seulement sur l'autorité hu- » maine, mais encore sur l'autorité de Dieu même : *Unicum* » *constat, quod hoc genus musicæ, dum divinitus sancto* » *Gregorio doctum, non solum humana, sed etiam divina* » *auctoritate fulcitur.* »

Ainsi, au temps de saint Oddon, l'œuvre de saint Gré-

goire était regardée comme une œuvre d'inspiration, et la
musique sacrée se glorifiait d'une origine céleste.

En traitant des notes et de leurs intervalles, notre célèbre
auteur nous a donné les premiers éléments de la mélodie. Il
va maintenant nous enseigner comment l'art sait, à l'aide
de ces éléments, former des syllabes et des phrases, par quel
artifice ces phrases se groupent en périodes, et comment les
périodes s'enchaînent pour former un discours musical, c'est-
à-dire un beau morceau de musique 1.

« Pour acquérir la science du chant, il est souverainement
» utile de connaître de quelle manière les sons peuvent s'u-
» nir ensemble. Ordinairement deux, trois ou quatre lettres
» s'ajoutent pour former une seule syllabe grammaticale :
» *a-mo, tem-plum* Il en est de même en musique; tantôt on
» fait entendre une note seule et distincte, tantôt deux, trois
» ou quatre notes étroitement liées, formant une seule con-
» sonnance, et c'est ce que nous pouvons appeler d'une cer-
» taine manière une syllabe musicale. *Quod juxta aliquem*
» *modum musicam syllabam nominare possumus.* »

» Une, deux ou plusieurs syllabes forment un nombre de
» phrases qui expriment une pensée, exemple : *Mors et vita;*
» *gloria; benignitas; beatitudo* : de même une, deux ou plu-
» sieurs syllabes musicales unissent les consonnances de
» quarte à celles de quinte. Sensibles à cette mélodie et com-
» prenant la régularité de leur mesure, nous avons très-
» bien nommé ces divisions de syllabes qui ont un sens,
» membres de phrase musicale. *Una vel duæ, vel plures mu-*
» *sicæ syllabæ tonum, diatessaron, diapente jungunt, qua-*
» *rum dum melodium sentimus et mensuram intelligentes*
» *miramur, musicæ partes, quæ aliquid significant, non*
» *incongrue nominarimus.* Nous appelons *distinctions* en

» musique les parties d'un chant continu, après lesquelles la
» voix fait une pause.

» Un , deux ou plusieurs membres de phrases forment un
» sens et renferment une pensée complète , comme par
» exemple, lorsque je dis : Que faites-vous ? et que vous ré-
» pondez : « Je lis , ou je prépare ma leçon, ou je cherche
» quelque pensée. » De même en musique, une, deux ou
» plusieurs distinctions ou phrases mélodiques forment
» un verset, un antiphone ou un répons , dans lesquels
» chaque membre conserve sa signification propre. »

» Enfin plusieurs pensées différentes se réunissent pour
» former un volume; de même aussi plusieurs cantilènes
» différentes, jointes ensemble, forment un antiphonaire. »

» Il résulte de tout cela, que le saint pape Grégoire, as-
» sisté de la grâce divine, a possédé la connaissance de cet
» art à un degré plus élevé que tous les autres. Si , en effet,
» vous examinez soigneusement ses ouvrages, vous verrez
» avec admiration , que dans les répons des nocturnes , son
» chant énergique et coupé semble fait pour réveiller des
» hommes assoupis : *Valde mirabile est, quod in responsoriis*
» *nocturnis, somnolentorum more graviter et dissolute ad*
» *vigilandum nos exhortare videtur.* Dans les antiphones, le
» chant Grégorien est égal et suave; mais dans les introïts, il
» semble prendre la voix du hérault pour appeler à l'office
» divin. Dans l'*alleluia*, il se réjouit avec suavité. Dans les
» traits et dans les graduels, il s'avance d'une manière égale
» et prolongée en prenant un ton suppliant. Dans les offer-
» toires et leurs versets, mais surtout dans les communions,
» le saint Pontife a déployé tout son génie. »

Après cet aperçu général sur la mélodie et sur la phrase
musicale, saint Oddon revient plus spécialement aux *syllabes*.

« La syllabe musicale, composée d'un seul son, n'a pas

» besoin de longues explications : ce qui est un est assez dis-
» tinct par soi-même : *Quod unum est, satis patet.* Il faut
» cependant remarquer qu'une même note répétée une, ou
» deux ou trois fois, peut produire une syllabe ; on en trouve
» quelquefois deux, trois, quatre de suite, toutes formées
» ainsi par le même son répété. Mais il en est de cela comme
» de beaucoup d'autres choses, qui, employées modérément,
» font plaisir, et dégoûtent quand on en abuse. Toute con-
» sonnance musicale en est là.

« Omne nocet nimium, prodest satis omne modestum. »

Toujours, en abusant, on nuit, loin d'être utile.

Dans ce passage de saint Oddon, il est évidemment question des notes répétées que les anciens auteurs appelaient
notæ repercussæ. Elles prenaient encore d'autres noms,
comme *distrophæ, tristrophæ,* ou encore *pressus major,
pressus minor :*

Saint Oddon continue :

« La syllabe de deux sons peut se produire de quatre ma-
» nières; car chaque son peut former consonnance avec le
» suivant, par un intervalle de seconde, de tierce, de quarte
» ou de quinte, en montant ou en descendant. Il y a deux
» manières de monter et de descendre à la seconde, le ton
» et le demi-ton : le demi-ton est l'intervalle le plus re-
» serré, etc.

» La syllabe musicale d'un demi-ton est tantôt simple et
» tantôt composée, elle est simple quand chacune des deux
» cordes ne sonne qu'une fois, soit en montant, soit en des-
» cendant; exemple : *mi, fa; fa, mi.* Dans ce cas, elle a
» seulement deux sons et deux mouvements (1). Elle est com-

1 Par mouvement l'auteur entend la simple percussion d'un son; si un
même son est répété deux fois de suite, on a deux mouvements, bien qu'il

» posée lorsque, n'ayant que deux sons, elle contient néan-
» moins trois mouvements, parce que l'une de ces notes
» sonne deux fois, et l'autre une fois. Cela se fait de six
» manières. »

Indiquons ces six manières par des exemples.

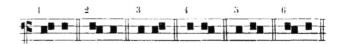

« Si, dans chacune de ces six manières, vous répétez la
» note finale, ou si vous remontez à l'autre, vous aurez une
» syllabe composée de deux sons et de quatre mouvements.
» Lorsque vous serez là, si vous répétez encore l'une ou
» l'autre des deux notes, vous aurez cinq mouvements, et
» l'on pourrait en ajouter encore. »

Nous donnons des exemples.

Syllabes à 2 notes et 4 mouvements.

Syllabes de 2 notes et 5 mouvements. — 2 notes, 6 mouvements.

Après avoir remarqué que la syllabe peut se composer de
de quatre, de cinq notes et même d'un plus grand nombre,
saint Oddon ajoute :

« Pour moi, j'aime mieux que les mouvements soient dis-
» tribués en syllabes, de manière que ces syllabes soient
» toutes renfermées dans les limites d'un, de deux et de

n'y ait qu'un seul son. De même les quatre notes, *mi fa*, *fa mi*, contiennent
quatre mouvements, quatre percussions, mais elles ne présentent que deux
sons, *mi* et *fa*.

» trois mouvements, cela me paraît plus conforme à la rai-
» son et plus utile aux commençants. Toutes les fois qu'on
» rencontre des syllabes prolongées, on doit plutôt les re-
» garder comme des multiplications de syllabes. Car il ar-
» rive souvent que les mêmes soient répétées deux ou
» trois fois, et que celles de deux sons se présentent sous
» plusieurs formes. Ces multiplications de syllabes, qui se
» chantent d'un trait, produisent des membres de phrase
» musicale qui ont comme leurs incises.

» Quant à la manière de partager cette suite de mouve-
» ments en syllabes, je laisse au goût et à l'expérience des
» chantres le soin de ne pas fatiguer les fidèles par des ré-
» pétitions monotones, lorsqu'ils rencontrent de ces phrases
» dans lesquelles chacune des deux cordes doit sonner *plu-
» sieurs fois*. Tantôt ils prendront le premier mouvement
» pour une syllabe, et les trois suivants pour une autre ;
» tantôt les deux premiers mouvements forment une syl-
» labe, et les deux derniers une autre ; enfin on peut
» mettre les trois premiers d'une part, et faire une syllabe
» du quatrième.

» En faisant les syllabes, les parties de phrases et les dis-
» tinctions symétriques, on rend le chant moins difficile,
» et on lui ajoute de la douceur (1. Mais, de peur que des
» envieux ne pensent que nous avons eu la présomption de
» parler ainsi de notre propre autorité, nos amis pourront
» leur opposer l'Antiphonaire de saint Grégoire, dans le-
» quel nous pouvons trouver mille preuves à l'appui de
» cette doctrine. »

Après cela, l'abbé de Cluny remarque que tout ce qu'il

1) Ce que dit ici Saint-Oddon sur la symétrie et ressemblance des syllabes, et des phrases musicales, nous sera expliqué par Gui d'Arezzo, dans
les chapitres XV et XVI de son *Micrologue*. Il s'agit là d'une des plus
grandes beautés du chant Grégorien, et dont l'usage est entièrement perdu
aujourd'hui.

vient de dire des syllabes musicales, formées avec le demi-ton, peut se dire également de celles formées avec le ton, de sorte que si l'on a bien compris ce qui a été dit précédemment, il est inutile de rien ajouter de particulier sur le ton : *Unde si superiora de semi-tonio retineas, necessarium de tono amplius non requiras.* Il faut appliquer les mêmes principes aux syllabes formées avec l'intervalle de tierce majeure ou mineure, avec cette seule différence que celles de tierce doivent être et sont moins fréquentes. Enfin « ce que nous avons dit de la tierce, » nous le disons aussi de la quarte : nous ne devons pas » répéter souvent les syllabes formées de quarte sans en » introduire d'autres intermédiaires. *Hujusmodi enim* » *syllabam. sæpius repetere absque alterius interpositione* » *minime debes.* » Saint Oddon condamne ensuite la quarte composée de trois tons : « Elle n'est autorisée, dit-il, ni » par l'agrément de sa résonnance, ni par l'autorité des » règles, *nec sonoritate. nec auctoritate regulæ fulcitur.* Et » il est très-rare de la trouver formée de deux tons et de » deux demi-tons : *ut duobus tonis et duobus semi-tonis id* » *fiat. rarissime invenitur.* » Il veut parler ici du renverse- ment de cette quarte, ou quinte mineure, qui, en effet, contient les deux demi-tons dont il parle, c'est-à-dire *si* et *mi.*

Dans le graduel de Noël : *Viderunt.* nous en avons un exemple sur le mot *Dei :*

De - i   no - stri.

On voit que saint Oddon ne condamne pas ces traits, mais il les regarde comme des exceptions.

Il n'a encore parlé jusqu'ici que de la syllabe composée de deux sons : il va traiter maintenant de la syllabe de trois sons.

« La syllabe composée de trois sons, ayant chacun un
» seul mouvement, est *conjointe* ou *disjointe*.

» Elle est conjointe lorsque les trois sons se placent comme
» ils sont sur le monocorde, sans laisser de note intermé-
» diaire. Ainsi, dans une telle syllabe, les intervalles sont
» occupés par deux tons, ou par un ton et un demi-ton :
» elle a, par conséquent, deux espèces différentes, qui peu-
» vent l'une et l'autre se produire de six manières. »

Vient l'explication de ces six manières, dont nous ne pré-
senterons que la figure.

« Si l'on ajoute un mouvement à l'une ou à l'autre de ces
» syllabes, on a deux syllabes, chacune de deux mouve-
» ments ; ou, comme d'autres le veulent, une syllabe musi-
» cale de quatre mouvements, mais de trois sons. Ajoutez
» encore un mouvement, vous aurez cinq percussions ; on
» les partagera en deux syllabes, dont l'une aura deux et
» l'autre trois mouvements. Vous pourrez ainsi aller en
» augmentant jusqu'à former deux ou trois syllabes ou
» même un plus grand nombre.

» La syllabe de trois sons est dite disjointe lorsqu'on dis-
» pose les trois sons de telle manière que du grave à l'aigu,
» il y ait une ou deux notes omises, c'est-à-dire lorsque
» de la note la plus grave à la plus élevée, il y a un in-
» tervalle de quarte ou de quinte.

» Pour ne rien dire de superflu sur la position des syl-
» labes, il vous suffit de savoir que toute syllabe, composée
» de deux ou de trois tons, ne doit jamais excéder l'intervalle

» de quarte ou de quinte. Si une syllabe est composée de deux
» sons, et qu'elle en néglige deux dans l'espace qui les sé-
» pare, elle demeure dans l'intervalle de quarte : si elle en
» néglige trois, elle renfermera une quinte ; car les deux
» qui sonnent et les trois qu'on néglige font évidemment
» cinq. Si la syllabe contient trois sons, elle en passera
» un pour arriver à la quarte, et deux pour arriver à la
» quinte.

» Ces règles, pour unir les sons qui forment les syllabes et
» joindre quelque son que ce soit à sa seconde, à sa tierce,
» à sa quarte ou à sa quinte, soit en montant, soit en des-
» cendant ; servent aussi pour unir ensemble les parties de
» phrase et les phrases musicales, et la fin de l'une doit se
» lier au commencement de l'autre, selon la manière expli-
» quée pour les syllabes.

» Nous avons fait ces quelques réflexions, pour laisser en-
» trevoir combien de mélodies variées on peut composer
» avec un petit nombre de sons, et pour apprendre à celui
» qui doit noter l'antiphonaire, au moyen des lettres du
» monocorde, comment il doit les distribuer. Ensuite, nous
» savions, que tout ce qui est bien divisé se comprend
» aisément et se réduit facilement en pratique ; tandis que
» tout ce qui n'est pas divisé, est toujours confus, jette le
» désordre dans l'esprit et environne l'âme des ténèbres de
» l'ignorance au lieu de l'orner de science, et de la tirer de
» l'obscurité en l'éclairant des lumières d'une saine doctrine.

» Telle est la raison pour laquelle on a introduit les syl-
» labes, les parties de phrases et les phrases musicales dans
» la musique. »

Après ces longs détails, saint Oddon, pour mieux faire
comprendre sa théorie, nous met sous les yeux, dans plusieurs tableaux, les conjonctions différentes du demi-ton,
du ton, de la tierce mineure et de la tierce majeure, de la

quarte, de la quinte, dans la formation des différentes syllabes.

Il ne faut pas s'étonner si nous avons développé cette doctrine avec une certaine étendue : elle doit nous être grandement utile dans l'art si difficile de la composition, et de plus, elle servira beaucoup pour la lecture des notations antiques : car il y avait des signes particuliers pour les différentes espèces de syllabes. Ainsi la syllabe musicale, composée d'un ton simple, était représentée par le *punctum* et la *virgula* : le *podatus* ou *pedatus* représentait la syllabe de deux sons ascendants ; la *clivis* ou *clinis*, celle de deux sons descendants, etc. Ces valeurs sont confirmées par toutes les traductions neumatiques des différents pays et des différentes époques, et par un passage remarquable de Jean de Muris, célèbre théoricien du treizième siècle.

Plus tard, Gui d'Arezzo nous apprendra que toutes ces syllabes doivent, dans le chant, être distinctes les unes des autres ; qu'on doit s'arrêter plus ou moins de temps sur chacune d'elles, selon leur plus ou moins d'étendue, et que ces repos bien ménagés donnent beaucoup de grâce aux chants antiques.

Tels sont les principaux enseignements que saint Oddon nous a laissés sur la musique Grégorienne. Ses théories abrégées sur la symphonie, la rhythmique, la métrique, outre qu'elles sont peu importantes, paraissent avoir été ajoutées à la fin de son livre par des scholiastes postérieurs.

Saint Oddon ne fut pas seulement un savant théoricien, mais aussi un compositeur plein d'élégance et remarquable par la suavité de ses mélodies. Il mit en musique les louanges de saint Martin, et composa, dit Trithème, « des hymnes et » autres chants en l'honneur des saints, avec une mélo- » die pleine de régularité et de douceur. »

Jean, auteur de la vie de notre saint abbé, raconte par

quelles circonstances il fut amené à composer l'office de
Saint-Martin. Ses moines durent employer les plus pressantes sollicitations, et le forcer, en quelque façon, de
mettre la main à l'œuvre. On vit quel était son talent pour
la musique sacrée : rien ne se pouvait entendre de plus suave
que les mélodies qu'il composa, surtout pour les trois hymnes :
Rex Christe. — Martini decus — Hic laus tua.

Wion et Muratori parlent d'une hymne de saint Oddon,
pour l'office du Saint-Sacrement, et le P. Possevin fait mention d'une autre encore, dédiée à sainte Magdeleine, et qui
longtemps fut en usage dans l'église romaine. Ces œuvres
se trouvent dans la collection de Dom Marin et Duchesne.
Les hymnes et antiennes en l'honneur de saint Martin
sont conservées dans les diverses bibliothèques des moines
de Cluny 1. Lebeuf et les auteurs de l'*Histoire littéraire de
France*, en rendent témoignage; mais il paraît, d'après
les auteurs de ce dernier ouvrage, que les éditions modernes ont seulement conservé le texte et non le chant.

Les ouvrages de saint Oddon sur la musique étaient très-
répandus aux dixième et onzième siècles. Guï d'Arezzo, dont
les écrits vont bientôt nous occuper, les recommande comme
les plus parfaits et les plus méthodiques.

» Si quelqu'un, dit-il, veut étudier à fond la question des
» modes et des neumes, qu'il ait recours à mon petit ou-
» vrage, intitulé : *Micrologue*; mais qu'il lise en entier le
» livre didactique, si admirablement composé par le véné-
» rable Oddon, abbé de Cluny, et dont je ne me suis écarté
» que pour la notation, dans le but de faciliter la musique
» aux jeunes gens 2. »

---

1. Gerbert, *De musica*, t. II, p. 34.
2. Qui autem curiosus fuerit, libellum nostrum cui nomen *Micrologus*
est, quærat; librum quoque enchiridion, quem Reverendissimus Oddo abbas
luculentissime composuit, perlegat, cujus exemplum in solis figuris sonorum dimisi, quia parvulis condescendi. (*Script. Apud. Gerb.* t. II, p. 30.)

En terminant les études sur le traité de saint Oddon, nous remarquerons que, jusqu'à présent, aucun de nos auteurs, en parlant du chant Grégorien, ne l'appelle *plain chant*, *planus cantus*, mais bien musique Grégorienne, ou chant Grégorien, ou simplement musique. En effet, c'était la seule musique qui leur fût connue, la seule de leur temps qui fût un art. Il en sera de même jusqu'au douzième siècle [1].

Quant à l'expression *cantilena*, cantilène, ces auteurs l'appliquent toujours aux mélodies Grégoriennes, telles que introïts, antiphones, etc., etc. (Voyez Hucbald, t. i, p. 139, 124, 128. *Script. Gerb. et passim.*) « Et id *fas est expe-* » *riri in gradalibus antiphonis, in responsoriis nocturnis* » *vel diurnis, seu quibuslibet ecclesiasticis cantilenis.* » (Hucbald, *Gerb. Script.* I, 139.)

GUI D'AREZZO.

XI° SIÈCLE.

Parmi les hommes qui se sont occupés du chant Grégorien depuis son origine, il n'en est point qui ait acquis une célébrité comparable à celle de Gui d'Arezzo. Son nom domine tout le moyen âge ; c'est à lui que l'art musical doit une notation claire, facile, qui a traversé les siècles ; c'est à lui que l'Église romaine doit une restauration de ses chants liturgiques, admirée par les souverains pontifes et devenue le meilleur et le plus sûr modèle que l'on puisse suivre encore aujourd'hui : c'est de tous les savants celui qui a le mieux pénétré dans ses écrits l'esthétique du chant sacré ; aussi tous les auteurs, venus immédiatement

[1] Si ces auteurs primitifs se servent quelquefois du mot *plane* joint au mot musique : *musique plane*, cette expression chez eux signifie les *chants graves*, c'est-à-dire les chants des modes plagaux. Voyez *Script. Gerb.* t. II, p. 12.) *Ad comparationem finis tum sunt graves et plani, tum acuti et alti.*

après lui, ne font que commenter les ouvrages de cet
homme célèbre. C'est donc à lui aussi que nous allons
recourir pour obtenir la connaissance approfondie du chant
Grégorien, des beautés de son exécution. Nous ne ferons ici
que traduire et commenter ses écrits, tels que nous les a
conservés le docte abbé de Saint-Blaise dans ses *Scriptores
de musica*, et dont nous avons collationné nous-même le texte
avec le manuscrit de la Bibliothèque impériale n°. 1017,.
Mais auparavant, il faut dire un mot sur la vie de ce savant religieux.

Né en Toscane, vers la fin du dixième siècle, dans la ville
dont il porte le nom, Gui d'Arezzo entra, jeune encore, dans
le monastère de Pompose, où il se distingua bientôt par
ses succès dans les lettres et ses connaissances dans la
musique ecclésiastique; frappé des inconvénients de la
notation musicale usitée de son temps, et qu'on appelait
USUELLE, il entreprit d'y remédier, afin de rendre l'étude
de la musique moins pénible et moins longue. Il inventa
donc une méthode plus sûre et plus commode, au moyen
de laquelle on apprenait en un mois ce qu'on aurait à peine
appris en dix ans par l'ancienne notation. Les succès étonnants qu'il obtint dans l'école qu'il avait fondée au monastère de Pompose, prouvèrent bientôt l'excellence de son
innovation, et le rendirent célèbre dans toute l'Italie. Mais
l'envie, rivale inséparable du succès, l'assaillit bientôt de
toutes parts. Quelques moines, ses confrères, possédés
d'une basse jalousie, lui suscitèrent les plus cruelles vexations,
et parvinrent à lui attirer la malveillance de son abbé.
Fatigué de ces continuelles persécutions, il quitta son monastère, et chercha dans l'exil une retraite plus tranquille,
ainsi qu'il l'écrit lui-même au moine Michel, son ami. Il se
retira enfin chez les Bénédictins d'Arezzo, où il écrivit les
ouvrages que nous allons faire connaître.

On nous saura gré de publier ici, en entier, cette lettre au moine Michel : elle révèle la haute piété de Gui d'Arezzo et son profond savoir, et réfute en même temps une foule d'erreurs accumulées sur cet homme célèbre [1]. On voit dans cette lettre, dit l'abbé Rohrbacher [2], de quels sentiments de foi, de charité, de piété, d'humilité profonde, était animé le bon Gui d'Arezzo, ainsi que les artistes des siècles que nous nommons barbares ; avec quelle fidélité ils rapportaient à Dieu seul la gloire de leurs découvertes et de leurs chefs-d'œuvre, avec quelle charité expansive ils communiquaient leurs secrets à tout le monde, afin que tout le monde en bénît Dieu avec plus de ferveur et de joie. Les pieux désirs de l'humble moine de Pompose sont accomplis et bien au delà : depuis neuf siècles, sa précieuse découverte, répandue par tout l'univers, apprend aux peuples de toutes langues à chanter les louanges du Seigneur avec une ravissante harmonie.

LETTRE

de Guido au moine Michel, sur un chant inconnu [3].

« Au bienheureux et très-doux frère Michel, Guido que
» beaucoup de vicissitudes ont humilié et grandi.

» Les temps sont malheureux, ou les décrets de la Pro-
» vidence bien obscurs, puisque souvent la vérité est fou-
» lée aux pieds par le mensonge et la charité par l'envie.

» L'envie est devenue la plaie inséparable de notre ordre,
» afin, sans doute, que par la conjuration des Philistins,
» Dieu châtie les fautes d'Israël, de peur que, si tout
» arrivait au temps et de la manière qui nous agrée, notre

---

1 Et en particulier les erreurs de M. Fétis, dans sa *Biographie* à l'article *Guido*.

2 *Histoire universelle de l'Église*, t. XIII, p. 630.

3 Ou, sur une manière inconnue d'apprendre le chant : *De ignoto cantu*. Gerb. II, 43.

» âme, trop confiante en elle-même, ne tombât et ne pé-
» rît : car nos œuvres ne sont véritablement bonnes, que
» lorsque nous attribuons à notre créateur tout ce que
» nous avons de puissance.

» De là vient que tu me vois exilé si loin de la patrie, et
» que toi-même tu peux à peine respirer sous les étreintes de
» l'envie. Nous ressemblons, l'un et l'autre, à cet artiste qui,
» offrant à César-Auguste un trésor incomparable et in-
» connu à tous les siècles précédents, l'art d'amollir et de
» façonner le verre, s'attendait à voir son industrie, si supé-
» rieure à celle des autres hommes, élever sa fortune bien
» au-dessus de la leur; mais il eut un sort déplorable : il fut
» mis à mort : on craignit que si le verre, avec son éclat,
» pouvait recevoir et conserver des formes durables, les or-
» nements de métal, qui composaient le trésor du palais, ne
» fussent éclipsés par le premier venu 1. C'est ainsi que,
» dès ce temps, la maudite envie, qui jadis nous chassa du pa-
» radis, enleva aussi aux mortels ce précieux avantage. En
» effet, l'envie de l'artiste ne voulut instruire personne du se-
» cret, et l'envie du prince put anéantir l'artiste avec son art.

» Aussi, Dieu m'inspirant la charité, ai-je mis tout l'em-
» pressement et tout le zèle dont je suis capable à communi-
» quer, non-seulement à toi, mais aux autres, quels qu'ils
» soient, envers qui il m'a été possible de le faire, la faveur
» que j'ai reçue du Seigneur, malgré toute mon indignité.
» J'ai voulu que ces chants ecclésiastiques, que mes prédé-
» cesseurs et moi avons appris avec une extrême difficulté,
» nos descendants les apprissent avec une facilité extrême,
» et demandassent pour moi, pour toi et mes autres frères,
» le salut éternel, en sorte que par la miséricorde de Dieu

---

1 Ce passage, à partir de : *on craignit que.....* me paraît notablement
altéré, et les différentes leçons qu'on en donne ne satisfont en aucune manière. Je donne ici le sens qui m'a paru le plus probable. Au reste ce membre de phrase n'a rien d'essentiel.

» nous obtenions la rémission de nos péchés, ou du moins
» la charité d'une petite prière, parmi tant de personnes qui
» profiteront de nos travaux. Car si ceux-là prient très-dé-
» votement Dieu pour leurs maîtres, qui, à peine en dix ans,
» ont pu acquérir à leur école une science imparfaite du
» chant, que fera-t-on, penses-tu, pour nous et nos aides, qui,
» en un an, en deux ans au plus, formons un chanteur ac-
» compli? Ou si la misère accoutumée des hommes se montre
» ingrate pour de si grands bienfaits, est-ce que la justice
» de Dieu ne récompensera pas notre labeur? et parce que sa
» puissance fait tout cela, que nous ne pouvons rien sans lui,
» est-ce que nous ne recueillerons rien? Loin de nous cette
» pensée : car l'Apôtre, tout en reconnaissant qu'il doit tout
» à la grâce de Dieu, ne laisse pas de chanter : « J'ai com-
» battu un bon combat, j'ai accompli ma course, j'ai
» gardé la foi, maintenant Dieu me tient en réserve une cou-
» ronne de justice.

» Ainsi donc, bien assurés de la récompense que nous
» espérons, persistons dans une œuvre de si grande utilité,
» et voguons heureusement, puisque le calme succède à la
» tempête.

» Mais puisque dans ta captivité tu comptes peu sur la dé-
» livrance, je t'exposerai la suite de l'affaire. Jean, qui
» occupe maintenant le siége suprême de Pierre et gouverne
» l'église de Rome 1, apprenant quel bruit faisait notre
» école, et comment, grâce à nos Antiphonaires, des en-
» fants apprenaient sans peine des chants qu'ils n'avaient
» point entendus, a été frappé d'étonnement, et m'a ren-
» voyé trois messagers pour m'appeler auprès de sa per-

(1 Ce n'est donc point à Benoît VIII que Gui présenta son *Antiphonaire*,
comme le disent plusieurs historiens, entre autres M. Henrion.—Le moine
de Pompose donne lui-même le nom du pontife : *Summæ sedis apostolicæ
Joannes, qui modo romanam gubernat Ecclesiam.*

» sonne. J'ai donc été à Rome avec le seigneur Grandvald,
» notre révérendissime abbé, et le seigneur Pierre, pré-
» posé du chapitre de de l'église d'Arezzo, homme fort ins-
» truit pour notre époque. Le pontife s'est beaucoup ap-
» plaudi de notre arrivée, m'a souvent entretenu et m'a
» fait beaucoup de questions. Il s'est mis à parcourir notre
» Antiphonaire, qui lui a paru une espèce de prodige, puis
» à ruminer les règles qui le précèdent. Il n'a été content,
» il n'a quitté le lieu où il était assis, qu'au moment où,
» suivant son désir, il a eu appris un verset qu'il n'avait pas
» entendu chanter, et constaté en sa personne par une si
» prompte expérience, ce qu'il croyait à peine dans les au-
» tres. Enfin, comme ma santé m'interdisait absolument
» le séjour de Rome, parce que les ardeurs de l'été en ces
» lieux maritimes et marécageux menaçaient de me faire
» mourir, nous sommes convenus que bientôt, au retour
» de l'hiver, j'y reviendrais pour expliquer parfaitement
» notre œuvre au clergé romain et à son pontife, qui en a
» pris un avant-goût.

» Peu de jours après, j'ai voulu rendre visite à Don
» Guido, abbé de Pompose, ton père et le mien, une moi-
» tié de mon âme, personnage également cher à Dieu et
» aux hommes pour sa vertu et sa sagesse. Ce religieux,
» dont l'esprit est si pénétrant, n'eut pas plutôt vu notre
» Antiphonaire qu'il l'approuva, et fut désolé d'avoir fait
» autrefois cause commune avec nos envieux. Il me pria
» de venir me fixer à Pompose. « Puisque vous êtes moine,
» me disait-il, il vous faut préférer les monastères aux évê-
» chés, et surtout Pompose, qui est jusqu'ici le seul en-
» droit de l'Italie, où, par la grâce de Dieu et les soins de
» Guido, on témoigne du zèle pour votre méthode. »

» Touché par les prières d'un père illustre, j'obéis à ses
» intentions : je veux, avec le secours divin, que ce glorieux

» monastère soit le premier endroit qu'illustrera mon œu-
» vre ; je veux montrer aux moines que je suis un des leurs :
» d'autant plus que beaucoup d'évêques viennent d'être con-
» damnés comme simoniaques, et que je crains de commu-
» niquer avec quelqu'un de ceux qui ont été atteints par la
» sentence.

» Comme pour le moment je ne puis t'aller voir, je t'en-
» voie un moyen excellent pour apprendre un chant qu'on
» n'a pas encore entendu : Dieu me l'a dernièrement com-
» muniqué, et l'expérience a prouvé qu'il est très-utile. —
» Du reste, je salue de tout mon cœur Dom Martin, prieur
» de la sacrée congrégation et notre plus grand aide ; et je
» me recommande très-instamment, moi misérable, à ses
» prières. Je rappelle également au souvenir d'un ami qui ne
» l'oublie pas, frère Pierre, qui nourri jadis de notre lait,
» ne mange plus maintenant qu'au prix d'un pénible travail
» l'orge agreste, et qui, au lieu des coupes d'un vin déli-
» cieux, ne boit qu'un mélange de vinaigre.

» Pour apprendre donc un chant qu'on ne connaît pas,
» ô bienheureux frère, voici la première règle, la règle vul-
» gaire (suivie jusqu'ici : faire sonner le monocorde aux let-
» tres posées sur chaque neume ou note), et écoutant cette
» note du monocorde, l'apprendre comme si on l'entendait
» de la bouche d'un maître; mais cette règle est puérile,
» bonne pour les commençants, très-mauvaise pour les plus
» avancés. Car j'ai vu des philosophes très-subtils, possédant
» les traités de musique, latins, gaulois, allemands et même
» grecs, mais qui s'en étant tenus à cette règle seule, ne sont
» jamais devenus, je ne dis pas musiciens, mais pas même
» chanteurs, de manière à pouvoir imiter nos plus jeunes
» psalmistes 1 .

1 Tout ce que Gui d'Arezzo dit ici prouve encore évidemment que la
notation USUELLE, ou en neumes sans lignes, n'était bonne que pour ap-

» Nous ne devons pas toujours nous servir de la voix d'un
» homme ou du son d'un instrument pour apprendre un chant
» inconnu, comme les aveugles qui ne peuvent jamais mar-
» cher sans guide, mais nous devons confier à la mémoire
» toutes les diversités et propriétés des différents sons.

» Tu trouveras un moyen très-facile et très-pratique d'ap-
» prendre à lire un chant inconnu dans notre méthode,
» qui, non-seulement peut être enseignée par écrit, mais
» aussi par une conversation familière, selon notre usage :
» car, après que j'eus enseigné ce moyen à nos enfants,
» avant trois jours ils purent chanter des chants à première
» vue ; ce qu'ils n'avaient pu faire auparavant en plusieurs
» semaines, par d'autres moyens.

» Si donc tu veux retenir de mémoire une note de ma-
» nière à pouvoir la chanter quand tu voudras, en quelque
» chant que ce soit, connu ou non, il faut choisir une phrase
» musicale qui te soit familière et en tête de laquelle cette
» note se trouve, et quand tu voudras te rappeler la note,
» tu auras recours à la phrase en question. Soit, par exemple,
» cette mélodie dont je me sers pour les plus jeunes et même
» pour les plus avancés.

C   D F   DE D   D D C D   E E
Ut queant laxis resonare fibris,
EFG E D EC D   F   G a GFE DD
Mira gestorum famuli tuorum,
Ga G FEFG D   a Ga   F Ga a
Solve polluti labii reatum,
GF ED   E C D
Sancte Joannes. »

prendre des chants par routine, avec les secours d'un maître, mais que ces
anciens signes n'avaient point par eux-mêmes une VALEUR TONALE, fixe et
déterminée.

En notation moderne :

Ut que-ant la - xis re - so-na - re fi-bris,

mi - ra ge-sto - rum famu - li tu - o - - rum

sol- ve pol - - lu - - ti la - bi - i re - a - tum

san - cte Jo - annes.

« Tu vois que cette mélodie, dans six de ses hémistiches ou
» incises, commence par six sons différents ; si donc quel-
» qu'un parvient, par l'exercice, à connaître tellement bien
» le son de la première syllabe de chaque incise, qu'il puisse
» à première vue les chanter toutes, sans hésiter, il pourra
» reproduire les mêmes notes avec la même facilité partout
» où il les verra. Si tu entends un neume ou un air qui ne
» soit point écrit, examine quelle est celle de tes particules
» typiques qui convient le mieux à la note finale, de sorte que
» cette note et la première de l'incise soient à l'unisson, et
» tu seras certain que le neume finit par le son initial du mo-
» dèle. Si, au contraire, tu commences à chanter une mélo-
» die écrite qui te soit inconnue, il faut faire attention à
» mettre la finale de chaque neume d'accord avec l'initiale
» de l'hémistiche, correspondant à la note marquée. Cette

» règle te servira parfaitement à énoncer d'une manière cer-
» taine des chants inconnus aussitôt que tu les verras écrits,
» et elle t'aidera à discerner, pour les écrire aussitôt, les
» chants que tu entendras. »

Il s'agit donc ici d'un moyen de chanter un air inconnu,
écrit ou non, sans le secours d'un maître ou du monocorde,
ou même d'écrire un morceau après l'avoir entendu chanter.
Le procédé que nous donne Gui consiste à retenir les six syllabes *ut, ré, mi, fa, sol, la,* prises dans l'hymne de saint
Jean, avec les sons qui leur correspondent, afin qu'en voyant
ou entendant un air, ou quelque groupe de notes, on puisse
distinguer aussitôt à laquelle de ces syllabes ce chant peut
s'adapter, quant à la note initiale ou à la finale.

Quoique Gui n'ait point eu l'intention de faire de ces syllabes les noms des notes de notre gamme moderne, on les a
trouvées si commodes et si propres à faciliter l'enseignement du chant, que la postérité les a admises, et aujour-
d'hui encore, nous distinguons les différents sons par leur
moyen. Il résulte de tout cela que Gui est l'inventeur d'une
méthode de solmisation chez les Occidentaux, qui n'en
avaient aucune. De là vient que plusieurs lui ont attribué
l'invention de la gamme ; il serait plus juste de dire qu'il a
donné des noms aux six premières notes de la gamme moderne, comme moyen plus facile d'apprendre à lire et à
retenir la différence des sons. Du reste, on pouvait aussi bien
choisir, à cet effet, tout autre signe, par exemple, les lettres de l'alphabet, comme font encore les Allemands ; mais
ce moyen n'était pas venu à la pensée de nos pères, qui,
avant Gui, ne pouvaient apprendre un chant, qu'avec le secours du monocorde ou d'un maître. D'ailleurs, la prononciation latine des lettres de l'alphabet était peut-être un obstacle à leur emploi.

Gui ne nous dit pas quel nom il donna à la septième

note. Comme cette note, que nous appelons *si*, est mobile, c'est-à-dire tantôt haussée, tantôt baissée d'un demi-ton, il la désigne dans ses écrits par un *b* rond, quand elle est altérée, et par un *b* carré, quand elle est naturelle ; du reste, dans l'explication théorique, Gui employa toujours les anciennes dénominations A B C D E F G a ♭ ♯ c d e f g ♭ ♯ ♮. De même, dit-il, qu'il y a sept jours dans la semaine, de même aussi il y a sept notes dans la musique : preuve évidente qu'il reconnaissait les sept degrés de la gamme.

À la fin de sa lettre, Gui donne la manière de construire le monocorde. C'est la même que saint Oddon, abbé de Cluny nous a déjà exposée : nous ne répéterons donc pas ce qu'il en dit. Il parle ensuite de six mouvements de voix, *sex motus vocum*, c'est-à-dire des six principaux intervalles usités dans le chant ; c'étaient le ton, le demi-ton, les deux tons ou tierce majeure, la tierce mineure, la quarte et la quinte. Il donne ensuite la constitution des quatre principaux modes se divisant chacun en deux. On les peut chanter, dit-il, par transposition : *Quod cantatur in* a, ♭, c, *et in* D, E, F, *potest cantari* [1]. Mais il est mieux, ajoute-t-il, de les chanter dans leur notation naturelle.

« Qui ne comprend, dit-il en terminant, que des sons,
» on fait des *parties de phrase*, des *parties de phrase*, des
» *phrases*, et des *phrases*, des *versets*, tous ces éléments
» s'accordent entre eux avec une merveilleuse suavité ; et
» plus ils ont de symétrie, plus le rhythme a de grâce et de
» beauté. » Suit, à la louange du livre d'Oddon de Cluny, la phrase que nous avons déjà citée.

Tel est le résumé de la lettre de Gui au moine Michel, dans laquelle le pieux auteur s'attribue deux choses : l'une nouvelle manière de noter l'antiphonaire qui a excité l'ad-

---

1 C'est la transposition de *la* mineur en *ré* mineur, etc.

miration du pape Jean XIX et de l'abbé de Pompose ; 2° une manière de retenir les sons de mémoire au moyen des six syllabes, *ut, ré, mi, fa, sol, la,* ou autres semblables ; méthode qui permet d'apprendre facilement des chants inconnus, et même de les écrire après les avoir entendus, sans le secours d'un maître ou du monocorde.

Pour avoir une idée de sa manière de noter l'Antiphonaire, nous aurons recours au prologue de cet ouvrage. S'il ne dit rien sur cet article, dans sa lettre au moine Michel, c'est, sans doute, qu'il lui en avait donné connaissance lorsqu'ils demeuraient ensemble à Pompose, unis intimement par la communauté de sentiments et la participation aux mêmes disgrâces.

Gui annonce solennellement son invention dans ces vers placés en tête de l'Antiphonaire :

> Feci regulas apertas, et Antiphonarium
> Regulariter perfectum contuli cantoribus,
> Quale nunquam habuerunt reliquis temporibus.

« J'ai donné des règles faciles, et j'ai livré aux chantres » un Antiphonaire régulièrement ordonné, et tel qu'ils n'en » ont jamais eu dans les temps antérieurs. » Il s'agit évidemment là d'une invention nouvelle de Gui d'Arezzo.

« Et c'est en vue de cette grande œuvre, ajoute-t-il, que » je vous prie, frères bienheureux, de prier pour moi et de » me rendre le Dieu de bonté propice, à moi, pauvre Gui, » et à mes coopérateurs. »

> Precor vos, beati fratres, pro tantis laboribus,
> Pro me, misero Guidone, meisque adjutoribus
> Pium Deum exorate, nobis sit propitius.
> Operis quoque scriptorem adjuvate precibus :
> Pro magistro exorate cujus adjutorio
> Auctor indiget et scriptor. Gloria sit Domino.
> Amen. [1]

1 Gerbert. *Script.* II, 33.

Puis il explique, dans une seconde préface écrite en prose, le motif qui lui fit entreprendre cette nouvelle notation de l'Antiphonaire, et la méthode qu'il y employa.

« De notre temps, dit-il, les chanteurs sont les plus
» incapables des hommes. Dans tous les arts, en effet,
» on apprend beaucoup plus de choses par ses propres
» moyens que par les leçons du maître. Les enfants, par
» exemple, peuvent, quand ils ont lu le psautier, lire d'au-
» tres livres; les habitants des campagnes comprennent
» bientôt toute la science de l'agriculture, et il leur suffit
» d'avoir vu une seule fois tailler la vigne, planter un arbre
» ou charger un âne, pour savoir désormais répéter les
» mêmes opérations avec une facilité toujours croissante.
» Quant à nos admirables chanteurs et à leurs disciples,
» eussent-ils passé tout un siècle à chanter chaque jour,
» jamais ils ne pourront, par eux-mêmes, déchiffrer la plus
» petite antienne, sans le secours d'un maître; et ils perdent
» ainsi en chantant un temps qui leur suffirait pour ap-
» prendre parfaitement les lettres divines et humaines. »

On voit ici la preuve expresse qu'avant Gui on ne connaissait pas une notation assez claire par elle-même pour qu'on pût apprendre à chanter, sans le secours d'un maître, l'antienne la plus facile.

« Mais, continue-t-il, ce qu'il y a de plus déplorable,
» c'est que beaucoup de *moines* et de *clercs réguliers* aban-
» donnent la récitation des psaumes, les saintes lectures et
» les pieuses veilles et tant d'autres exercices de piété, qui
» leur feraient procurer la gloire de Dieu, pour tâcher
» d'acquérir par un travail assidu, mais insensé, la science
» du chant qu'ils n'obtiendront jamais.

» Et qui ne gémirait encore de voir, dans la sainte Église,
» des erreurs si graves, de si pernicieuses discordes, que,
» lorsque nous célébrons le divin office, nous avons l'air de

» nous disputer plutôt que de louer Dieu ; à peine en est-il
» un qui s'accorde avec l'autre, le disciple est en contradic-
» tion avec son maître et ses condisciples. Et que résulte-t-il
» de là ? au lieu d'avoir un seul Antiphonaire, nous en avons
» autant qu'il y a de maîtres dans chaque église ; de sorte
» que déjà on ne dit plus l'Antiphonaire de Grégoire, mais
» l'Antiphonaire de Léon, d'Albert ou de tout autre, et
» s'il est très-difficile d'en apprendre un seul, comment
» douter qu'il ne soit impossible d'en apprendre plusieurs [1] ?

» C'est pourquoi, comme ils y font une multitude de
» changements arbitraires, ils ne doivent que peu et même
» pas du tout s'indigner contre moi, si je m'écarte un tant
» soit peu de l'usage commun, afin que tout le chant soit
» ramené uniformément à une règle commune. Comme
» tous ces maux et plusieurs autres ne sont arrivés que par
» la faute de ceux qui notent des antiphonaires, j'avertis
» instamment et avec prière, que personne désormais ne se
» flatte de pouvoir en noter à l'avenir, à moins de se sou-
» mettre aux règles ci-jointes, et de connaître parfaitement
» la science du chant ; car autrement, celui-là, quel qu'il
» soit, enseignera l'erreur, n'ayant pas puisé la science aux
» sources de la vérité.

» Avec l'aide de Dieu, j'ai noté cet Antiphonaire de telle

---

1 Tout ce que l'auteur dit ici sur les *Antiphonaires* tombe sur la différence de la notation, et non pas sur le chant lui-même. Nous en avons une
preuve *de fait* dans les manuscrits de cette époque, où la même mélodie,
intacte pour le fond, se trouve signalée et notée comme appartenant soit au
premier, soit au dixième, soit au quatorzième mode : Le *Pange lingua glo-
riosi prælium certaminis* est dans ce cas. Ces transpositions nécessitant parfois l'emploi du ♭ ou du ♮, suffisaient bien pour désaccorder un peu des
chantres passionnés pour leur art, et cauteleux de leur nature. Quelques
copistes notaient sur une seule ligne, d'autres sur deux, d'autres sur trois ;
enfin certains ornements tels que le *quilisma*, la *plique*, etc., n'étaient pas
au point de vue rhythmique, rendus par tout le monde absolument de
même : c'était affaire de goût. Mais dans un nombreux ensemble on conçoit
que ces différences devinssent des *casus belli*. Voyez le *Micrologue* de
Gui d'Arezzo : ci-après, ch. VIII.

» sorte que désormais tout homme pourra y puiser la
» science du chant , pour peu qu'il soit sensé et studieux ,
» et après en avoir appris quelques passages avec le
» secours d'un maître, il pourra apprendre le reste par
» lui-même d'une manière certaine. Si quelqu'un me
» soupçonne de mensonge, qu'il vienne et fasse lui-même
» l'expérience : il verra nos enfants, ceux-là même qui,
» pour leur ignorance des psaumes et des lettres vulgaires,
» reçoivent sans cesse la férule, il les verra, dis-je, réaliser
» ma promesse, et chanter exactement, sans le secours d'un
» maître, des antiennes dont ils ne savent pas prononcer
» les syllabes.

» Les notes sont donc disposées de manière que chaque
» son se trouve toujours à la même place toutes les fois
» qu'il est répété dans le chant, et afin qu'on puisse
» mieux discerner ces places fixes, on trace des lignes rap-
» prochées : on place quelques notes sur ces lignes, et d'au-
» tres dans les interlignes, c'est-à-dire les espaces qu'elles
» comprennent.

» Quel que soit le nombre des notes écrites sur la même
» ligne ou sur le même interligne , elles ont toujours le
» même son. Afin que l'on comprenne bien quelle ligne
» et quel interligne portent les mêmes sons, on a placé
» en tête certaines lettres du monocorde, et tracé les lignes
» de différentes couleurs : il est ainsi très-facile de com-
» prendre que dans tout l'Antiphonaire ou dans toute es-
» pèce de chant, les mêmes sons occupent partout les
» mêmes places, parce que de même que la ligne signifie
» l'identité des sons, de même la couleur ou la lettre indique
» partout celle des lignes. Si , par exemple , on considère
» partout le second rang, à partir de la lettre ou de la ligne
» coloriée, on le reconnaîtra clairement, parce que dans tous
» les seconds rangs on trouve la même unité de son et de

» neumes. Il en est de même pour les troisième et quatrième
» rangs, supérieur ou inférieur.

» Il est donc constaté que tous les neumes placés de la
» même manière sur des lignes ayant même lettre et même
» couleur, ou bien également éloignés d'une même ligne
» ou d'une même lettre, ont partout le même son. Mais les
» neumes placés sur des lignes ou des interlignes différents
» n'ont pas du tout le même son. Donc, quoique la position
» des neumes soit exacte, elle est tout à fait aveugle, et ne
» sert de rien sans l'adjonction des lettres ou des couleurs.

» Nous plaçons donc deux couleurs, une jaune et une
» rouge, au moyen desquelles on connaîtra parfaitement à
» quelle lettre et à quel ton du monocorde appartient tel
» neume ou telle note, pourvu cependant qu'on soit fami-
» liarisé avec le monocorde et les formules des tons.

» Il y a sept lettres sur le monocorde, comme je le dirai
» bientôt plus amplement. Partout donc où vous verrez la
» couleur jaune, là est la troisième lettre C., et partout où
» vous verrez la couleur rouge, là est la lettre F., que
» les couleurs soient tracées sur les lignes ou sur les interli-
» gnes. Donc, au troisième rang, sous le jaune est la pre-
» mière lettre A., finale du premier ton et du second. Au-
» dessus de celle-ci, près de la ligne jaune, on place la se-
» conde lettre B., finale du troisième et du quatrième ton.
» Ensuite sur la ligne jaune elle-même est la note F ou la
» lettre C., finale des cinquième et sixième tons. La ligne
» placée immédiatement au-dessus de la jaune, et la troi-
» sième, au-dessous de la rouge, porte la quatrième note D.,
» finale du premier et du second ton (1). La plus proche de
» la rouge est la cinquième E., sur laquelle se terminent
» le troisième et le quatrième ton. Sur la rouge elle-même

---

1 On remarquera que Gui indique deux fois les mêmes modes, parce
qu'il tient compte de leurs transpositions.

NOTATION GUIDONNIENNE.

» est la sixième lettre F., finale du cinquième et du sixième
» ton. Immédiatement au-dessus du rouge se trouve la
» septième G., finale des septième et huitième tons. Enfin
» on répète la première lettre *a* minuscule, finale du premier
» ton, au troisième rang au-dessus de la ligne rouge, et au
» troisième en dessous de la jaune, et ainsi de suite. »

Telle est la notation de Gui d'Arezzo; le tableau ci-dessous fera mieux comprendre son système. Remarquons seulement qu'au lieu de notes carrées, il plaçait des *points, des
virgules,* des *podatus,* des *clivis,* etc.

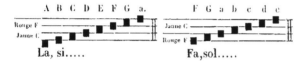

Dans le paragraphe qui précède l'*Épilogue*, Gui donne
d'excellents avis à ceux qui veulent user de sa nouvelle notation, et apprendre à chanter correctement les mélodies
écrites.

« Si l'on veut, dit-il, faire des progrès avec cette méthode,
» il est nécessaire d'apprendre quelques chants de mé-
» moire; de telle sorte qu'on puisse discerner de tète, par
» leur nature et leurs propriétés, chaque mode ou chaque
» son. Or, c'est bien autre chose de discerner ainsi les
» modes que de chanter de mémoire. La première faculté
» n'est le propre que des savants, et l'on voit des ignorants
» qui peuvent arriver à l'autre.

» Ce que nous venons de dire suffira aux personnes peu
» instruites pour connaître simplement les notes ou neu-
» mes. Mais comment doivent s'allier les notes? Quand sont-
» elles unies ou détachées, longues, trémulantes, brèves
» ou rapides? Comment la cantilène se divise-t-elle en dis-
» tinctions ? La note suivante est-elle plus grave ou plus

» aiguë que la précédente ou équisonnante avec elle (1)?
» Cela se comprend aisément par la figure même des neumes,
» s'ils sont écrits avec le soin convenable. »

Il est donc constaté, par ce que Gui vient de nous dire
lui-même,

1° Qu'il a noté un Antiphonaire on appelait ainsi non-
seulement le livre qui contenait le chant des antiennes de
l'office du soir, des Matines et des Laudes, mais encore les
chants de la Messe, tels que les introïts, graduels, offertoires, communions, etc. ;

2° Que cet Antiphonaire excita l'admiration du souverain
Pontife à qui l'auteur le présenta lui-même, et de tous ceux
qui le virent.

3° La notation en était si aisée, que le pape put chanter une antienne à la première inspection, ce qui ne pouvait se faire auparavant sans le secours d'un maître, ou
d'un monocorde, quand les chants étaient écrits avec des
lettres, suivant la méthode de saint Oddon de Cluny.

4° Cette notation consistait à écrire les neumes sur
quatre lignes : en tête des lignes, on distinguait avec la
plus grande facilité la place des tons et demi-tons, et de
toute la série des tons, depuis A jusqu'à a et plus haut.

5° Il résulte encore des paroles de Gui que la position et
la forme de ces notes ou neumes désignaient les sons liés et
les sons détachés, les notes longues et les brèves, les ornements, les trilles, etc., etc. (Tel est le sens de ces expressions:
*Quomodo liquescant voces, vel adhærenter vel discrete so-
nent, voces morosæ, tremulæ, subitaneæ*), et comment les

_____

1) Remarquons ici et dans tout ce qui précède, qu'il est souvent question
des notes initiales et finales des neumes, comme les seules dont il importe
de préciser l'intonation. C'est que les neumes désignaient le plus souvent un
groupe de notes disposées suivant une gradation connue. Il suffisait, on le
conçoit, de bien saisir les points de départ et d'arrivée pour chanter exactement les sons intermédiaires. (Voyez la *clef des mélodies Grégoriennes*.)

phrases sont distinguées les unes des autres : *Quomodo cantilena distinctionibus dividatur.* Tout cela, dit-il, se reconnaît à la figure des neumes, c'est-à-dire des caractères anciens : *in ipsa neumarum figura monstratur.*

Un grand nombre de manuscrits, qui nous restent des onzième, douzième, et treizième siècles, sont notés de cette manière, et on en trouve dans toutes les grandes bibliothèques de l'Europe. Nous avons donné quelques spécimens de cette notation : ce sont les mêmes signes dont on se servait auparavant sans lignes, tels que le *podatus,* les *clivis, torculus,* etc. Gui, en les plaçant sur quatre lignes, leur donna une valeur tonale déterminée qu'ils n'avaient pas auparavant.

6° Gui d'Arezzo fut le premier qui nota l'Antiphonaire de cette façon, et c'est à lui qu'appartient l'honneur de cette découverte. En effet, si cette méthode de notation avait été connue avant lui, comment expliquer l'étonnement, l'admiration du pape Jean XIX, à la vue de son ouvrage? Comment les envieux de Gui d'Arezzo auraient-ils gardé le silence, s'ils pouvaient le dénoncer comme plagiaire? Comment expliquer les éloges que lui donna son abbé en voyant ce même Antiphonaire? Comment enfin aurait-il été tant vanté et tant célébré dans toute l'Europe pendant un siècle? Que d'invraisemblances réunies!

Il est vrai, Gui d'Arezzo semble donner à entendre que de son temps on se servait des lignes pour écrire la musique, il dit dans ses règles rhythmiques :

Quidam ponunt duas voces duas inter lineas,
Quidam ternas, quidam verò nullas habent lineas.
Quibus labor cum sit gravis error est gravissimus 1 .

---

(1) Au reste ce passage ne se trouvait pas dans le manuscrit que Gerbert a copié, et il est renfermé entre crochets dans ceux qui le donnent, comme pour indiquer une addition étrangère.

Mais personne, avant lui, n'avait écrit l'Antiphonaire sur quatre lignes, avec les clefs C et F sur lignes coloriées rouges et jaunes, où les valeurs tonales fussent si bien déterminées, les sons si clairement établis, que toute erreur devînt impossible; et c'est là précisément sa propre invention, par laquelle on pouvait apprendre aisément le chant sans maître et sans monocorde.

7° Il résulte enfin, de tout ce qui précède, que Gui a traduit fidèlement la phrase Grégorienne et aussi parfaitement qu'il était possible. Il dit lui-même qu'il a suivi le chant tel qu'on le chantait partout dans le principe, et s'il y a fait quelques légers changements, c'est que, dans quelques endroits, il y trouvait des défauts évidents. De plus, il est palpable que si le chant Grégorien eût été dénaturé dans la version que le savant moine donnait au public, il se fût trouvé des hommes qui l'eussent fait remarquer, et, au lieu de recevoir des éloges de Rome, il y eût été sévèrement blâmé, dans un temps surtout où les mélodies étaient populaires et déjà notées en lettres. Mais, au contraire, Gui est partout loué, exalté, pour le service qu'il vient de rendre à la religion, et le moyen âge n'a qu'une voix pour le combler d'éloges.

Nous avons insisté sur ce point, afin de faire ressortir l'immense service rendu par Gui à l'art et à la religion, et lui attribuer hautement le mérite que cherchent à lui ravir plusieurs auteurs modernes : par exemple, l'auteur de la *Bibliographie*, d'après lequel Gui n'a rien fait qui mérite es honneurs que les siècles lui ont décernés. Pour nous, nous sommes persuadé que si le musicographe lisait attentivement les écrits du moine de Pompose, il rétracterait ce qu'il a avancé à l'égard de ce grand homme.

L'Épilogue qui suit immédiatement ce chapitre, renferme des documents très-importants pour rétablir les

vrais principes du chant Grégorien, et en faire connaître
l'esthétique. Mais comme ils se trouvent plus amplement et
plus clairement développés dans le *Micrologue*, nous ne
donnerons ici qu'un sommaire de cet Épilogue, il a pour
titre : *Formules, modes et qualités des chants*. L'auteur y traite :

1° De l'émission des sons : de leur acuité et de leur
gravité ;

2° De leur intégrité et de leurs altérations ;

3° De la consonnance ou de la dissonance des sons entre eux (par rapport à la mélodie) (1) ;

4° Des affinités des sons différents, du son propre et
du son modifié accidentellement ;

5° Des quatre espèces de modes : de leur division et de
ce qu'ils ont de commun et de particulier ;

6° Des formules des différents tons, et de leurs propriétés.

Tous ces sujets sont traités beaucoup plus longuement, et
surtout plus clairement dans le *Micrologue*, que nous allons
étudier.

1) Ce point a été déjà exposé dans cet ouvrage d'après Hucbald, et le
sera bientôt dans le *Micrologue*, ch. IV.

MICROLOGUE

OU

PETIT TRAITÉ DE GUIDO (GUI D'AREZZO)

SUR LES RÈGLES DE L'ART MUSICAL.

râce au ciel, du plain-chant la routine est bannie :
n enfant en huit jours dépasse un vieux chanteur.
nitiés par nous aux lois de l'harmonie,
u démon de l'orgueil craignez la tyrannie.
u lit devant ces vers le nom de leur auteur (1).

LETTRE DE GUIDO,

MOINE ET MUSICIEN.

A THÉODALD. SON ÉVÊQUE.

SUR LES RÈGLES DE L'ART MUSICAL.

« Au très-doux et très-illustre Père et révérendissime seigneur Théodald, le plus digne des prêtres et des pontifes,
en qui brillent de tout leur éclat la prudence et la crainte

    I   ymnasio musas placuit revocare solutas,
    t pateant parvis, habitæ vix hactenus altis,
    nvidiæ telum perimat dilectio cæcum :
    ira quidem pestis tulit omnia commoda terris,
    rdine me scripsi primo qui carmina finxi.

Ce curieux acrostiche, espèce de signature fort en usage au temps où
Gui écrivait, rappelle ingénieusement sa belle innovation et les chagrins
que lui suscitèrent les envieux.

de Dieu, Guido, le dernier de ses religieux, son serviteur et
son fils.

» Tandis que je désirais m'occuper uniquement, selon mon
infirmité, aux exercices de la vie solitaire, Votre Bénignité
a daigné s'associer ma faiblesse, dans le ministère de
la parole sainte : ce n'est pas qu'elle manquât d'hommes
très-savants et très-spirituels, très-amplement confirmés
dans toutes les vertus, très-richement ornés des dons de la
sagesse, pour instruire convenablement avec elle le peuple
qui leur est confié, et pour vaquer assidûment et sans relâche à la divine contemplation ; mais c'était afin que la faiblesse et d'esprit et de corps de votre serviteur, dont vous
avez compassion, fût appuyée et soutenue du secours de
votre paternelle piété; en sorte que si, par un bienfait du
ciel, j'étais de quelque utilité, Dieu vous en attribuât le
mérite.

» Aussi, préoccupée des intérêts ecclésiastiques, votre
autorité m'a ordonné de mettre au jour un travail sur
l'art musical, pour lequel, avec la grâce de Dieu, je crois
n'avoir pas répandu des sueurs inutiles. Vous avez voulu
que l'Eglise du bienheureux Donat, évêque et martyr,
que vous administrez à sa place, par l'autorité de Dieu, et
que vous ornez d'une manière vraiment admirable, eût également des ministres distingués, entre tous les clercs répandus dans le monde, par un talent très-méritoire et tout à fait
convenable à des ecclésiastiques. En vérité, c'est déjà un
fait singulier et bien étonnant que les enfants de votre Eglise
l'emportent, dans le chant, sur les vieillards les plus habiles
de n'importe quel autre lieu : mais la hauteur de votre gloire
et de votre mérite sera au comble, puisque les études
ecclésiastiques reprennent par vous l'éclat si vif et si pur
qu'elles ont jeté sous nos illustres Pères.

» C'est pourquoi, ne voulant ni ne pouvant résister à un

ordre si grave, je présente à votre très-intelligente Pater-
nité les règles de l'art musical, exposées d'après les philosophes, de la manière la plus lucide, et la plus brève qu'il
m'a été possible. Cependant, je n'ai pas marché absolument
dans la voie et sur les traces des docteurs : je n'ai songé
qu'à me rendre utile à l'Eglise et à aider nos petits enfants.
Cette science en effet est demeurée obscure jusqu'à ce jour,
parce qu'étant réellement ardue, elle n'a trouvé personne qui l'expliquât simplement.

« A quelle occasion ai-je entrepris ce travail, dans quel but
pratique, avec quelle intention? Le voici en peu de mots : »

PROLOGUE.

« Poussé par la nature de mon état et l'exemple des bons à
m'efforcer d'être utile au bien public, j'ai joint à mes autres
travaux le soin d'enseigner la musique aux enfants. Enfin,
la divine grâce me vint en aide, et quelques-uns d'entre
eux, exercés d'après ma notation, adaptée aux lois du monocorde, parvinrent, avant un mois, à chanter à première
vue, et sans hésiter, des chants qu'ils n'avaient jamais entendus jusque-là. Ils furent un objet d'admiration pour
beaucoup de personnes : et cependant, quand un chantre
n'est pas capable d'en faire autant, je ne sais de quel
front il ose se dire musicien et s'asseoir au pupitre. Aussi,
ai-je toujours gémi de voir des choristes, qui, adonnés à
l'étude du chant depuis un temps infini, ne peuvent jamais entonner tout seuls la plus petite antienne, apprenant sans cesse, comme dit l'Apôtre, et n'arrivant jamais
à la science parfaite de leur art. Désirant donc faire tourner
au profit du public des études qui pouvaient lui être si utiles,
j'ai rédigé d'après les nombreuses recherches musicales
qu'avec l'aide de Dieu j'ai faites en divers temps, plusieurs

notions que j'ai crues bonnes pour les chantres, et je les ai
exposées le plus brièvement possible. Quant aux observations de pure théorie, ou qui faute de clarté, ne m'ont pas
semblé dignes d'être rapportées, je ne m'en suis nullement
mis en peine. Peu m'importe le blâme de ceux dont le cœur
est dévoré par l'envie, pourvu que d'autres profitent de
mes leçons. » — Suit une table des chapitres.

Nous allons donner le résumé exact de chaque chapitre ;
et quand les choses seront plus importantes, ou bien quand
elles établiront une doctrine propre à bien faire connaître
l'esthétique de l'art, au moyen âge, alors nous traduirons
exactement les propres paroles de Gui, car il doit être regardé, en cette matière, comme le maître par excellence.

CHAPITRE I.

Que doit faire celui qui veut apprendre la musique ?

« Celui qui veut étudier notre doctrine musicale, devra
» apprendre quelques chants notés selon notre méthode.
» Qu'il s'exerce la main sur le monocorde ; qu'il médite
» souvent les règles jusqu'à ce qu'ayant acquis la connais-
» sance de la valeur et de la nature des sons, il puisse
» chanter agréablement des chants inconnus comme s'il
» les connaissait (c'est-à-dire, toute espèce de chant à
» première vue). Mais comme nous comprenons mieux
» sur le monocorde la différence des sons, premiers élé-
» ments de cet art, examinons d'abord comment, à l'i-
» mitation de la nature, l'art musical les a classés. »

CHAPITRE II.

Des notes.

Dans ce chapitre, Gui parle des sept notes du monocorde : A, B, C, D, E, F, G, précédés du Γ γαμμα grec,

ajouté après coup. « Ces sept lettres, continue-t-il, sont suivies de sept autres, qui ne sont que les octaves, répétées
en petits caractères : *a*, ♮, *c*, *d*, *e*, *f*, *g*, et l'on y joint une
autre seconde note, le *b* rond, entre *a* et ♮ ; puis viennent cinq
notes aiguës que l'on note ainsi :

a b ♮ c d
a b ♮ c d

« Plusieurs disent que ces lettres sont superflues, mais
nous aimons mieux abonder que manquer. Nous comptons
donc en tout 21 notes, que voici :

Γ, A, B, C, D, E, F, G, a, ♮, b, c, d, e, f, g, a, b, c, d.
                                                 a, b, ♮ c, d.

Les voici en notation moderne :

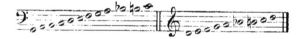

C'est sur ces 21 sons que repose toute la musique Grégorienne, et la musique diatonique des anciens.

CHAPITRE III.

Disposition des notes sur le monocorde.

Dans ce chapitre, Gui décrit la manière de disposer toutes
ces notes sur le monocorde, c'est-à-dire sur un instrument
de musique qui n'avait qu'une seule corde, tendue sur une
boîte résonnante. Cette corde donnait le ton Γ (*gamma* ou
sol grave), puis le son A (*la*), puis le son B, et ainsi de suite
jusqu'au son ♮ (*ré*). Ensuite par le moyen d'un chevalet
mobile, qu'on plaçait de la main gauche sous la corde,
à l'endroit où se trouvait la lettre représentant la note
cherchée, et en faisant vibrer la corde avec une plume

qu'on tenait de la main droite, on obtenait aussitôt le son voulu (1).

CHAPITRE IV.

De six manières dont se succèdent les notes, ou des intervalles reçus en musique.

Gui, dans ce chapitre, nous apprend de combien de manières on peut, dans la mélodie, passer d'une note à une autre régulièrement. Il n'en compte que six, qu'il nomme les *six consonnances*, ou mouvements de voix : *Sex motus vocum*. Ainsi, on peut passer d'une note à une autre : 1° par intervalle d'un ton ; 2° d'un demi-ton ; 3° de deux tons ; 4° d'un ton et demi ; 5° de quarte ; et 6° de quinte. Voici comment il désigne lui-même ces six intervalles par des lettres :

1° A à B, un ton. 2° B à C, un demi-ton. 3° C à E, deux tons.
4° D à F, un ton et demi. 5° A à D, quarte. 6° A à E, quinte (2).

Tels sont les six intervalles admis dans la musique Grégorienne. On les appelait consonnances, parce qu'ils se succédaient d'une manière agréable à l'oreille. De là, on voit que le mot *consonnance* avait alors un autre sens que celui que nous lui donnons aujourd'hui ; car nous appelons de ce nom deux sons ou plusieurs s'accordant ou sonnant simultanément.

(1) Voyez plus haut, pag. 131 et suiv., le *Dialogue* de saint Oddon de Cluny.
(2) Voilà donc les seuls intervalles pratiquement reçus dans le chant Grégorien. Tous les autres étaient prohibés. Il s'ensuit que les intervalles de sixte, de septième, de triton, de quinte diminuée, n'étaient point permis dans leur position directe et immédiate. Ainsi il était défendu de passer immédiatement de *fa* à *si*, ou de *si* à *fa*. Mais aller à ces intervalles par des notes interposées, cela n'était point prohibé chez les anciens, à moins que la fréquente répétition de ces deux sons *fa* et *si* ne vint frapper l'oreille désagréablement, comme il arrive dans les tons qui ont le *fa* pour finale : alors on pouvait bémoliser le *si* ou hausser le *fa*, mais préférablement baisser le *si*. *In eodem vero cantu maxime b molli utimur in quo F f amplius continuatur gravis vel acuta.* (Gui, ch. VIII.) Nous aurons l'occasion de revenir sur ce texte.

« Certains chantres, dit Gui, ajoutent à ces six conson-
» nances deux autres; savoir : la quinte et un demi-ton,
» comme de *E* à *c* (de *mi* à *ut* : intervalle de sixte mineure);
» de *C* à *a* (d'*ut* à *la* : sixte majeure). Mais, dit-il, comme ces
» intervalles se rencontrent rarement, nous ne les comptons
» point parmi les six. Quelques-uns y joignent encore l'oc-
» tave que nous appelons diapason. Mais dans aucun chant,
» une note ne peut succéder régulièrement à une autre que
» par un de ces six intervalles que nous avons donnés,
» soit en montant, soit en descendant. .....
    » Comme toute l'harmonie, au témoignage de Boëce,
» se compose d'un petit nombre de formules, il est très-utile
» de les fixer profondément dans la mémoire, et jusqu'à ce
» qu'on les sente, et qu'on les connaisse pleinement, de
» ne cesser jamais de s'y exercer en chantant, afin d'avoir
» par leur moyen la clef de la science du chant. »

CHAPITRE V.

De l'octave, et pourquoi il n'y a que sept notes.

« Si plusieurs voix chantent à l'octave les unes des autres,
» il en résulte, dit notre auteur, un effet merveilleux. » Quant
aux notes, il n'admet que sept lettres pour les représenter,
parce que les autres ne sont qu'une répétition de ces mêmes
notes. Il blâme quelques musiciens de son temps qui n'admettaient que quatre signes, et recommençaient leur série
sur la cinquième note. « Mais cela n'est pas bien imaginé,
» dit-il, parce que les quintes ne forment pas unisson.
» Aucun son ne s'accorde parfaitement avec un autre, si ce
» n'est avec son octave (1). »

_____

1 On comprend aisément la pensée de Gui d'Arezzo, et de quelle sorte
d'accord il veut parler.

CHAPITRE VI.

Des intervalles. — Définition du nom et de la chose.

L'auteur donne en ce chapitre la notion des intervalles d'*octave*, de *quarte*, de *quinte*. Il indique suivant quelles proportions on doit diviser le monocorde pour les obtenir, et touche en passant la question des accords, sur laquelle il reviendra plus loin *ex professo*.

CHAPITRE VII.

Des quatre modes et de certains rapports entre les notes.

Les faits que l'auteur énonce en ce chapitre, n'ont rien de nouveau pour nous. C'est la division du chant en quatre modes, subdivisés, eux-mêmes, chacun en deux autres.

Les *rapports* dont il est question dans cet endroit consistent, en ce que la quarte en montant devient, avec des notes de même nom, une quinte en descendant ; par exemple :

	Quarte.			Quinte.	
En montant :	A	D	En descendant :	a	D
	la	ré		la	ré

Et ainsi des autres. — Cette observation qui nous paraît aujourd'hui plus curieuse qu'utile, avait cependant son intérêt pour des hommes dont l'étude allait jusqu'au fond des choses, afin de dérober à la science quelques secrets nouveaux. Il ne faut pas mépriser leurs minutieuses recherches en des points qui nous sont familiers aujourd'hui, et dont nous nous occupons à peine. Nous sommes les héritiers, trop dédaigneux peut-être, des trésors amassés à la longue par nos laborieux devanciers. Au reste, nos meilleurs traités d'harmonie n'oublient point de faire la même remarque, à propos du *renversement* des intervalles.

CHAPITRE VIII.

Autres rapports entre les notes. — Du ♭ et du ♮.

L'auteur constate ici un nouveau rapport d'intervalles inverse du précédent, à savoir que dans une octave ou diapason deux notes séparées par une quinte en montant, ne le sont plus que par une quarte en descendant.

Quinte.   Quarte.
C   G   c   G
ut   sol   ut   sol

Puis après avoir fait observer qu'une disposition identique des intervalles, dans deux séries de notes, est la condition de toute transposition légitime, il traite du ♭ et du ♮.

« Quant au *b* rond, il sort des lois ordinaires : on l'appelle
» *ajouté* ou *bémol*; il s'emploie surtout en vue de F, parce
» que F, montant au ♮, produirait l'intervalle de triton. Il ne
» faut donc jamais unir ♭ et ♮ dans le même neume (1). Nous
» nous servons du *b* principalement dans les phrases où F
» et *f* résonnent plus fréquemment; cependant, il pourrait
» engendrer une certaine confusion et transformation de
» mode, puisque G, avec la tierce qui le suit, deviendrait
» semblable au premier mode (2); *a*, au troisième et qua-
» trième, et le *si* ♭, pourrait servir de finale aux cinquième
» et sixième modes. De là vient que plusieurs auteurs n'en
» ont point parlé : ils préfèrent en général se servir du *b*
» commun. »

1. Il ne faut pas les joindre, c'est-à-dire ils ne doivent jamais se succéder immédiatement dans le chant comme nous l'ont déjà expliqué Hucbald
de Saint-Amand (ci-dessus pag. 169), et saint Oddon, (n. 147.)
(2) Gui prend ici la *note du mode* pour la note qui peut lui servir de
finale ou de repos. Ainsi quand *si* est bémolisé, G ou *sol* devient comme
la finale du premier mode, et *la* comme la finale du troisième et quatrième
mode; *si* ♭ lui-même devient comme la note finale du cinquième ou sixième
mode.

« Si vous ne voulez point employer le ♭, transposez comme
» il suit les chants dans lesquels il se trouve. Au lieu de :
» **F, G, a, ♭**, prenez G, a, ♮, c; ou bien si la phrase est telle
» qu'après D, E, F, elle exige deux tons et un demi-ton en
» montant, (par exemple : *ré, mi, fa, sol, la, si ♭*); ou bien
» qu'après F, E, D, elle exige deux tons en descendant,
» (comme : *fa, mi, ré, ut, si ♭*); alors à la place de F, E, D,
» prenez les lettres *c.* ♮, *a*, qui font partie du même mode,
» et qui ont régulièrement les intervalles voulus. Vous évi-
» terez ainsi toute espèce de confusion. »

CHAPITRE IX.

**De la ressemblance des sons dans le chant (1). — Cette ressemblance n'est
parfaite qu'à l'octave.**

« Les sons ci-dessus mentionnés, en tant qu'ils offrent les
» mêmes intervalles, les uns en montant, comme C et G, D
» et *a*, les autres en descendant, comme *a* et E, G et D, les
» autres des deux manières, comme C et G, E et ♮, forment
» des neumes ou chants tellement semblables, que la con-
» naissance de l'un vous donne la connaissance de l'autre.
» Dans ceux, au contraire, où l'on ne voit aucune ressem-
» blance d'intervalles et qui appartiennent à des modes dif-
» rents, le chant de l'un ne peut s'appliquer sur la forme
» de l'autre. Si voulez l'y adapter, vous donnez une autre
» forme au chant, comme si quelqu'un chantait une *anti-*
» *phone* qui commencerait par D, en le commençant par E,
» ou par F, qui sont les bases d'un autre mode. Mais nous
» pourrons très-souvent commencer ou finir le même chant
» ou par le D, ou par l'*a*, indifféremment, parce qu'ils ap-
» partiennent à des modes analogues : j'ai dit, *très-souvent,*
» et non pas *toujours*, parce que la ressemblance de son

1) Autrement dit, des lois de la transposition.

» n'est parfaite qu'à l'octave : or là où existe une différence
» dans la position des tons et des demi-tons, il est nécessaire
» que cette différence se fasse sentir dans les neumes; mais
» dans les degrés mentionnés, qui cependant appartiennent
» au même mode, il y a des différences : ainsi *D*, descend par
» un ton et demi *(ré, ut, si)*; et , *a*, par deux tons *(la, sol, fa)*.»

CHAPITRE X.

Des modes. — De la connaissance et de la correction d'un chant falsifié.

« Tels sont les quatre modes ou *tropes*, qu'il est passé
» en usage d'appeler *tons*. Ils sont tellement différents les
» uns des autres par leur nature, que l'un ne peut cé-
» der sa finale à un autre, et sans altération de la mélo-
» die, recevoir le neume ou chant qui ne lui appartient
» pas. En effet, cela produirait désaccord dans le chœur,
» puisque les rapports des intervalles seraient changés. Au-
» tant vaudrait chanter faux que pervertir le chant en le
» changeant de mode. La même chose arrive aux mauvais
» chantres, quand ils commencent par une note qui ne con-
» vient pas, ou quand ils font certaines *subductions* appe-
» lées dièzes , dans le *tritus,* ce qu'on ne doit point admettre
» en général, mais seulement en certaines rencontres (**1**).

(1) Nous saisissons cette occasion (et ce ne sera pas la seule) de montrer par
des faits combien fausse et contraire à tout l'enseignement traditionnel, aussi
bien qu'à la nature, est la doctrine des modernes , qui veulent bannir du
chant Grégorien toutes les notes sensibles. Le chant de l'Église, déjà si mal-
traité par les prétendus réformateurs, n'avait pas besoin de cette note de barba-
rie pour donner prise aux critiques méprisantes des musiciens. — L'observation qu'ajoute Gui d'Arezzo confirme pleinement cette vérité, car il signale comme pouvant être altérées les deux seules notes qui forment *sensible* par position, sans en avoir naturellement la propriété : l'une dans le
protus, l'autre dans le *tetrardus.*

Protus.   Tetrardus.

Mater mise-ricor - - - - - di-æ.   In hymnis et can-ti-cis.

Les autres notes ne peuvent se trouver dans ce cas que par transposition.

» Sur aucune note, on ne peut faire le dièze, si ce n'est
» sur la troisième et sur la sixième *ut*, *fa*, et si on le ren-
» contre ailleurs, il faut l'enlever tout à fait, et de plus ré-
» former la modulation qui l'amène inutilement. »

Gui s'élève ensuite avec force contre ceux qui emploient
le demi-ton le dièze en dehors des conditions voulues, et
les détermine de nouveau. Il suit de tout ce passage que Gui
d'Arezzo admettait le demi-ton haussant en certaines circonstances, mais qu'il l'employait avec beaucoup de modéra-
tion. Quelles étaient ces circonstances, elles sont assez bien
déterminées par notre auteur. Il y en avait de deux espèces,
la *première* laissait le chanteur libre de faire ou de ne pas
faire *ce demi-ton*; la *seconde* lui ôtait cette liberté. Dans le
premier cas, le *demi-ton* était regardé simplement comme
euphonique; dans le second, comme *nécessaire*, quand le *fa*
et le *si* ♯ étaient mis l'un après l'autre, comme il arrive dans
les tons où le *fa* grave ou aigu se répète le plus souvent : IN
QUO F f AMPLIUS CONTINUATUR.

Nous allons donner des exemples de ces deux manières
d'employer le dièze accidentel, d'après la doctrine de notre
auteur.

1re Manière, où il est libre de faire le demi-ton ou de ne le pas faire.

EXEMPLES :

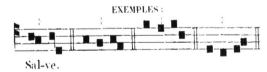

Sal-ve.

2e Manière, où le demi-ton haussant est nécessaire.

Le demi-ton haussant est, en quelque sorte, nécessaire
dans les passages ou traits mélodiques, où l'on doit éviter

13

l'intervalle de triton, ou trois tons pleins. En voici des
exemples :

In   hymnis   et   can - ti-cis.

cre-a-sti   pecto-ra (1).

J'ai rencontré une foule de manuscrits Guidoniens qui donnent ces sortes de passages avec le ♮ sur *fa*; cette doctrine
est confirmée d'ailleurs par le Traité de saint Bernard, et autres que nous aurons lieu de rapporter en leur temps. C'est
en de pareils traits que les anciens se servaient du système
des *muances*, qui consistait à changer les noms des notes,
ou à transposer quant à la solmisation. Ainsi, au lieu de
dire : *si, la, sol, fa, ♮*, ils disaient : *mi, ré, ut, si*. Ceci est
confirmé par Marchetti de Padoue et J. de Murs, dont voici
les paroles :

« Per *b* rotundum figuratur *fa*, et per *b* quadratum, figu-
» ratur *mi*. » — « Si fuerit *b* rotundum, in eo dicitur *fa*, si
» fuerit quadratum, in eo dicitur *mi*. » (*Scriptores apud
Gerb.* t. III, p. 206.)

Dom Jumilhac rapporte plusieurs exemples à l'appui de
cette théorie. (*Traité théorique et pratique*, p. 132 *et passim*.)

Ainsi l'on plaçait le ♮ sur le *fa* quand il devait être haussé

---

1 Tous ces morceaux peuvent être, au reste, transposés à la quinte inférieure ou à la quarte supérieure, c'est-à-dire dans le treizième ou quatorzième mode ; notre auteur en pareil cas en donne le conseil. Il dit qu'alors
les demi-tons se trouvent naturellement avoir les positions qui leur conviennent (*Microl.* ch. IX), et de plus le tétracorde *si la sol fa* appartient
tout autant au système antique que le tétracorde *mi, ré, ut, si* ♮.

d'un demi-ton, et cela était très-rationnel, puisqu'alors ce *fa* tenait lieu de *si* ♮, et en prenait le nom.

Si nous nous sommes étendu longuement sur cette doctrine du maître par excellence, c'est qu'elle a été méconnue dans une méthode publiée dernièrement en Belgique, par M. l'abbé Janssen. Ce livre au reste contient d'excellentes choses ; mais l'estimable auteur qui l'a mis au jour ne s'est pas assez tenu en garde contre l'esprit de système. Voulant remédier à un défaut devenu commun en Belgique, et qui consistait à mettre partout le demi-ton haussant, il est tombé dans le défaut contraire, en partant de ce principe : qu'il faut et qu'on doit retrancher partout cette altération. Ceci, comme on vient de le voir, est contraire à la doctrine des anciens, dont Gui d'Arezzo a toujours été regardé comme le fidèle interprète.

Du reste la doctrine de M. l'abbé Janssen est condamnée par la pratique et l'exemple général de tous les pays. En Italie, en Allemagne, en France, en Espagne, en Portugal, etc., etc., on fait le demi-ton haussant dans les circonstances que nous venons de mentionner. Ainsi l'autorité des anciens et des modernes se rencontre. Nous sommes heureux d'avoir trouvé cette occasion pour le prouver, car ces controverses ont déjà causé plusieurs fois du désordre et de la confusion dans nos églises.

« Il en est aussi, continue notre auteur, qui admettent
» le ton, là où devrait être le demi-ton. Par exemple, dans
» la communion *Diffusa est gratia*, plusieurs qui auraient
» dû la commencer sur F, descendent d'un degré, parce
» qu'avant F il n'y a point un ton. De là il arrive que par-
» tout où se trouve le demi-ton, ils placent un ton sous F,
» ce qui ne peut se faire en aucune manière, et c'est pour-
» quoi la finale de cette communion arrive là où il n'y a pas
» de note. *Ubi nulla vox est.* — La science du chantre doit

» donc consister à savoir en quel degré et comment il doit
» commencer le neume ou chant, afin de le restituer au mode
» qui lui convient, ou s'il a besoin de transposition, de la
» chercher dans les sons qui ont de l'affinité avec ce chant. »

CHAPITRE XI.

Quelle note est la principale, et pourquoi.

« Quoique toute espèce de mélodie puisse contenir toutes
» les notes comprises dans l'échelle de son mode, cependant
» celle qui la termine est considérée comme la principale,
» car elle sonne *plus souvent* et *plus lentement*; et les autres
» notes qui précèdent, familières seulement à ceux qui en
» ont l'usage, se rapportent tellement à la note finale, que
» c'est d'elle qu'elles reçoivent d'une manière admirable la
» couleur qui les distingue. Toutes les notes doivent arriver
» à la note finale, suivant l'un des six intervalles dont nous
» avons déjà parlé. La note principale d'un chant, les fi-
» nales de toutes les distinctions (ou phrases musicales) et
» les notes qui les commencent doivent aussi être d'accord
» avec la note qui termine; si ce n'est dans l'Antiphone
» *Tertia dies*, où le chant, quoique finissant en E, com-
» mence sur le C qui est à la distance d'une *quinte plus
» un demi-ton.*» Intervalle de sixte, exclu du système, sauf
cette exception.\[1\]
« Quand nous entendons chanter quelqu'un, nous igno-
» rons de quel mode est la première note qu'il chante, parce
» que nous ne savons pas si ce sont des tons, ou des demi-

(1) Le texte porte, *Tribus miraculis* (antienne que nous avons donnée plus
haut, p. 135), et l'exemple qui suit, *Tertia dies quo hæc facta sunt.* Il y a
là évidemment une distraction de copiste. L'antienne *Tribus miraculis*, citée
partout pour sa régularité de coupe et d'intonation, partout assignée au premier mode, dans les manuscrits comme dans les livres, n'a rien absolument
qui justifie une seule des observations de l'auteur en cet endroit : ni commencement en c, ni finale en E, ni intervalle de sixte mineure, etc.

» tons, ou d'autres intervalles qui vont suivre. Mais une fois
» qu'on a fini de chanter, nous connaissons parfaitement
» le mode dans les notes qui précèdent. En un mot, quand
» un chant commence, nous ne savons pas ce qui va venir,
» mais lorsqu'il est fini, nous connaissons tout ce qui a pré-
» cédé. C'est donc la note finale qu'il faut surtout considé-
» rer : ensuite, si vous voulez appliquer à ce chant un ver-
» set, ou un psaume, ou autre chose, il faut surtout l'a-
» dapter à la note finale, et ne point considérer seulement
» la première, ni celles qui suivent immédiatement.

» Nous ajoutons que les distinctions (ou notes qui termi-
» nent chaque trait mélodique) dans les chants réguliers,
» s'accordent parfaitement avec cette note finale, et il n'est
» point étonnant que les règles du chant la prennent pour
» base , puisqu'en grammaire c'est aussi par la termi-
» naison qu'on distingue la force du sens, dans les dernières
» lettres ou les dernières syllabes, au moyen des *cas*, des
» *nombres*, des *personnes* et des *temps*. Et de même que le
» mérite, en morale, est mesuré sur la fin de nos actions;
» de même nous disons que toute mélodie est caractérisée
» par cette note finale, et en reçoit la règle.

» Dans quelque chant que ce soit on peut descendre de
» cette note finale à la quinte inférieure, et l'on peut monter
» jusqu'au huitième degré, quoique souvent on aille contre
» cette règle, en montant jusqu'au neuvième, au dixième, et
» même jusqu'au onzième. On a donc constitué pour notes
» finales les suivantes : D. E. F. G, parce que la dimension
» du monocorde s'accordait mieux soit en montant , soit
» en descendant avec ces notes. En effet ces lettres ont
» toutes un tétracorde inférieur et deux supérieurs. »

CHAPITRE XII.

De la division des quatre modes en huit (1).

« Comme les chants d'un seul mode, par exemple, ceux
» du premier, sont, par rapport à leur finale, tantôt *graves*
» ou *planes*, tantôt *aigus* ou *élevés*, lorsqu'on voulait adapter
» à cette finale des versets et des psaumes, ou autre chose,
» et chanter tout cela sur un seul et même mode, on ne
» pouvait le faire indifféremment; car si la mélodie descen-
» dait aux sons graves, elle ne pouvait plus arriver aux sons
» aigus, et dans le cas contraire elle ne pouvait atteindre
» aux sons graves. On a donc résolu de diviser chaque
» mode en deux, le *grave* et l'*aigu*, et de donner des
» règles particulières à l'un et à l'autre. On convient que
» chaque mode *aigu* sera appelé *authentique*, c'est-à-dire
» *auteur* et *chef*, et que chaque mode grave sera appelé
» *plagal*, c'est-à-dire *latéral* et *inférieur*; car dire que
» quelqu'un se tient à côté de moi, c'est faire entendre qu'il
» est plus petit que moi; car s'il était plus grand, on dirait
» plus exactement que je suis à côté de lui. Maintenant que
» l'on dit : *authentus protus*, et *plagæ proti*, c'est-à-dire
» authentique et plagal du premier mode, et ainsi des au-
» tres; il s'ensuit que le chant, qui naturellement, par ses
» finales, est partagé en quatre modes, se trouve partagé en
» huit.

» Un abus de mots a fait dire aux Latins, au lieu d'au-
» thentique et plagal du premier mode : premier et deuxième
» ton; au lieu d'authentique et plagal du second, on a dit
» troisième et quatrième ton, et ainsi de suite. »

1 Voyez plus haut, p. 137.

CHAPITRE XIII.

De la connaissance des huit modes, de leur étendue soit en montant, soit en descendant.

« Il y a donc huit modes, comme il y a huit parties du
» discours et huit béatitudes. Ce sont eux qui caractérisent
» toute mélodie, en lui faisant parcourir huit sons et inter-
» valles différents. Pour les distinguer dans les chants, on
» a inventé certains *neumes* (traits mélodiques ou formules)
» dont la facture nous fait connaître le mode de la même
» manière que la forme du corps nous fait discerner à qui
» appartient la tunique. v. g.

Formule du 1er mode.

Pri-mum quæ-ri-te regnum De-i.

Dans les manuscrits les lettres remplacent
les notes (1).

» Aussitôt que nous voyons une antienne dont la fin s'a-
» dapte à cette formule, il n'y a pas à douter qu'elle n'ap-
» partienne au premier mode authentique. Il en est de
» même pour les autres.

» Pour arriver à cette connaissance, les versets des noc-
» turnes, des psaumes, et tout ce qui est prescrit dans
» la formule des modes, serviront beaucoup : il serait éton-
» nant que celui qui les ignore comprît quelque chose dans
» le chant. Par ces formules on apprend quelles notes,
» dans chaque mode, doit commencer la phrase ou plus
» rarement, ou plus fréquemment, et par quelles autres il

(1) Voyez plus loin le *Tonal* de saint Bernard, où toutes ces formules sont
écrites en détail.

» n'est pas permis de le faire. Ainsi dans les *plagaux*, la
» note qui commence ou qui finit les distinctions, ne doit
» point aller jusqu'à la quinte, et rarement à la quarte,
» et dans les modes *authentiques*, excepté le *deuterus* (troi-
» sième ton, les notes qui commencent ou finissent les
» distinctions, ne doivent pas s'élever à la sixième note.
» Mais les plagaux du premier, du troisième mode peuvent
» s'élever à la tierce, et ceux des quatrième et huitième,
» jusqu'à la quarte.

» Souvenez-vous de plus de ce qui est confirmé par les
» bons modèles du chant usuel; les authentiques descendent
» à peine d'une note au-dessous de leur finale, parmi les-
» quels même le cinquième mode le fait très-rarement, à
» cause de l'imperfection du demi-ton, qui est sous sa finale.
» Ils peuvent monter jusqu'à la huitième, neuvième, et
» même jusqu'à la dixième note; les plagaux vont jusqu'à
» la quinte, soit en descendant, soit en montant. L'autorité
» des grands maîtres leur permet de monter jusqu'à la
» sixième et septième, comme elle permet aux authentiques
» de monter jusqu'à la neuvième et dixième. Les plagaux
» du premier, du second et du troisième (second, quatrième
» et sixième ton) prennent pour finale quelquefois néces-
» sairement les notes aiguës *a*, ♯, c. (1).

» On doit surtout observer ces règles dans les antiphones
» et les répons; et afin que leur chant soit bien adapté aux
» psaumes et aux versets, il importe de les assujettir aux
» règles communes; sans quoi il se rencontrera des chants

1. C'est-à-dire, comme l'explique l'auteur dans un autre endroit, qu'on
doit quelquefois nécessairement, pour éviter de mauvaises relations, prendre
les finales *la*, *si*, *ut* pour le deuxième, le quatrième et le sixième mode; au
lieu de prendre les finales ordinaires *ré*, *mi*, *fa*. C'est pourquoi nous trouvons dans les anciens manuscrits des onzième, douzième et treizième siècles, une quantité d'antiphones ou répons-graduels écrits en *la* final au
lieu de *ré*. Par exemple, le répons-graduel *Attollite portas*, de la quatrième
férie d'Avent, et tous les graduels qui ont cette même mélodie pour type.

» où l'élévation et la gravité seront tellement confondues,
» qu'on ne pourra discerner s'ils appartiennent aux modes
» authentiques ou aux plagaux. — De plus pour déchiffrer
» des chants inconnus, nous sommes aidés par l'application
» des formules mentionnées et de leurs semblables , et
» par la facture de ces formules, nous saisissons la propriété
» de chaque son au moyen de la force *tropique*. Le trope est
» une propriété du chant qu'on a aussi appelé mode. Nous
» allons en parler. »

CHAPITRE XIV.

Des tropes et de la puissance musicale.

« Ceux qui sont exercés dans ces modes, en distinguent
» les propriétés et les physionomies aussi facilement qu'un
» voyageur exercé reconnaît les hommes de différentes na-
» tions, en examinant leur extérieur, et peut dire aussitôt :
» Celui-ci est Grec, celui-là Espagnol, cet autre Latin ; ce-
» lui-ci Allemand, celui-là Français. La diversité des modes
» est si bien appropriée à la diversité des caractères, que
» celui-ci sera enchanté des sauts brisés de l'authentique du
» *deuterus* (troisième ton) ; celui-là aimera la douceur du
» plagal du *tritus* (sixième ton) ; tel se plaira au doux mur-
» mure de l'authentique du *tetrardus* (septième ton) ; la
» suavité du plagal fera les délices d'un autre, et ainsi de
» suite. »

On voit que par cette *force tropique*, Gui d'Arezzo désigne
l'allure mélodique particulière à chaque mode, et que saint
Bernard, dans le *Tonal*, appellera *composition*.

Le reste du chapitre montre les effets prodigieux produits
par la musique ; nous ne nous y arrêterons pas.

CHAPITRE XV.

De la manière de composer une bonne mélodie.

« De même que dans l'art métrique il y a des lettres, des
» syllabes, des pieds, des hémistiches et des vers, de même
» dans la mélodie il y a des notes. Avec une, deux, ou trois
» notes on forme des syllabes et ces syllabes simples ou
» composées constituent un *neume*, ou trait mélodique;
» avec un trait mélodique ou plusieurs, on forme une
» *phrase* ou *distinction*, c'est-à-dire un repos où l'on
» peut respirer convenablement. Il faut ici remarquer que
» la phrase mélodique entière doit être notée et chantée
» tout d'un trait; que la syllabe doit être plus serrée en-
» core, et que la tenue *(tenor)* de la dernière note, qui doit
» être fort peu de chose à la fin de la syllabe, plus longue
» pour le neume, et très-longue pour la phrase, est
» comme le signe qui marque ces divisions; et ainsi il
» est nécessaire que, comme dans les vers lyriques, le chant
» puisse être frappé en mesure, *cantilena plaudatur*, et que
» les notes soient distinguées les unes des autres par une
» valeur deux fois plus longue ou deux fois plus petite, ou
» qu'elles aient un son tremblé, c'est-à-dire une *tenue tré-*
» *mulante*, qu'on indique souvent par une virgule inclinée
» ajoutée à la lettre.

» Que l'on fasse une très-grande attention à la division
» des *neumes*, et soit qu'ils se forment par la répercus-
» sion de la même note, soit par l'union de deux ou de plu-
» sieurs notes différentes, que toujours, et quant au nom-
» bre des sons, et quant à l'espèce, ils conservent des rap-
» ports et se répondent symétriquement : ici des neumes
» égaux à des neumes égaux; là un neume double ou triple à
» un neume simple; qu'ailleurs on ait des ressemblances de

» quarte ou de quinte. Que le musicien se propose celles de
» ces divisions qu'il veut adopter pour produire un chant,
» comme le poëte choisit le mètre qu'il veut pour faire un
» vers. Seulement le musicien ne s'astreint pas à cette loi
» dans toute sa rigueur, parce que l'art musical aime en tout
» une raisonnable variété. Quoique nous ne puissions pas
» précisément définir en quoi elle consiste, cependant on
» regarde comme rationnelle cette variété de sons qui affecte
» agréablement notre âme, ce siége de la raison. Mais ces
» choses s'apprennent mieux de vive voix que par écrit.

    » Il importe donc qu'à la manière des vers, les phrases
» mélodiques ou distinctions soient symétriques, que quel-
» quefois les mêmes phrases soient répétées avec une lé-
» gère variante; et quand plusieurs sont doublées, ayant
» des parties différentes, modulant même dans d'autres
» modes, il faut qu'elles soient semblables soit en montant,
» soit en descendant. Il faut aussi qu'un *neume réciproque*
» *ou une phrase réciproque* retourne par le même chemin
» qu'elle est venue, et qu'elle revienne *en suivant les mêmes*
» *traces*. De même, quand une syllabe en descendant des
» notes aiguës fait un circuit, ou suit une ligne, la note qui
» répond en partant des notes plus graves, doit représenter
» le même circuit dans un sens opposé, comme il arrive
» lorsque dans un puits nous regardons notre image.

    » Il faut encore qu'une seule syllabe (grammaticale) porte
» quelquefois un ou plusieurs neumes ou traits mélodiques;
» et quelquefois qu'un neume soit appliqué sur plusieurs syl-
» labes. Ces neumes ou phrases auront de la variété, quand
» les uns commençant par la même note, les autres com-
» menceront par des notes dissemblables, selon les différents
» degrés de hauteur ou d'abaissement 1 .

(1) Ce passage un peu obscur par lui-même s'éclaircira par un exemple.
Le sens nous paraît être : qu'une même syllabe grammaticale peut recevoir

» Il faut que presque toutes les distinctions tendent vers
» la note finale, ou vers celles qui ont avec elle de l'affinité,
» et que parfois la note qui termine plusieurs phrases
» serve aussi à les commencer. Un artiste intelligent re-
» marquera cela dans le chant Ambrosien. Mais il y a aussi
» des mélodies qu'on peut appeler *prosaïques* qui suivent
» moins exactement ces règles, et dans lesquelles on s'in-
» quiète peu de rencontrer çà et là des traits et des phrases
» ici plus longues, ici plus courtes, distribuées indistincte-
» ment comme dans la prose.

 » J'appelle celles dont je parle : chants *métriques*, parce
» que nous les chantons comme si nous scandions des vers.
» Dans ces chants, il faut prendre garde de continuer trop
» longtemps les neumes dissyllabes, sans les entremêler de
» neumes trisyllabes et quadrisyllabes, c'est-à-dire de traits
» mélodiques formés de deux, de trois ou quatre sons. Car
» de même que les poëtes lyriques emploient tantôt une es-
» pèce de pieds, tantôt une autre ; de même ceux qui com-
» posent un chant, emploient des neumes et des distinctions
» sagement diversifiés. Or on obtiendra cette judicieuse di-
» versité, si on règle les uns et les autres, de telle sorte
» que les neumes répondent aux neumes, les distinctions
» aux distinctions, par une certaine symétrie et un même
» dessin, c'est-à-dire qu'elles se ressemblent, mais avec

plusieurs syllabes ou neumes musicaux, et qu'une seule syllabe musicale
peut s'appliquer à plusieurs syllabes grammaticales dans l'intérêt de la variété.

» quelque différence, comme dans les compositions du très-
» doux saint Ambroise (1).

» L'analogie entre la poésie et le chant est très-réelle, car
» en musique les neumes et syllabes mélodiques sont les
» pieds, et les distinctions sont les vers; de sorte que tel
» neume formera un dactyle; tel autre un spondée, un troi-
» sième un iambe; de même vous trouverez ici une distinc-
» tion de quatre mesures ou tétramètre; là une distinction
» pentamètre; ailleurs une distinction hexamètre, et plu-
» sieurs autres espèces. L'élévation des notes est tantôt pré-
» posée, supposée, apposée, interposée à l'abaissement;
» tantôt on avance par mouvement semblable, tantôt par
» mouvement contraire, tantôt par notes conjointes, tantôt

(1) Tous les hommes accoutumés à la composition seront frappés des observations judicieuses de notre ancien auteur, et de ce qu'elles ont de merveilleusement applicable à nos phrases musicales. On le voit, les vrais principes de la composition ne datent pas d'hier, parce qu'ils sont fondés sur la
nature.

Cette symétrie de dessin que notre auteur appelle *ressemblance dissem-
blable* (similitudo dissimilis) est familière à nos grands maîtres comme à
saint Grégoire. Un exemple fera comprendre mieux notre pensée.

Ve–ni cre - a - tor spi - ri - tus.

Mentes tu - o-rum   vi - - si-ta.

Prenons cette phrase de la Création d'Haydn :

L'air tout entier nous offrirait le même caractère qui se rencontre d'ailleurs dans toute bonne mélodie. Plût à Dieu que ces principes si vulgaires
fussent mieux pratiqués par nos compositeurs modernes et nos organistes im-
provisateurs !

» disjointes, tantôt mélangées. Il faut aussi avoir soin que
» les syllabes et les distinctions se terminent avec les
» membres et les parties des phrases grammaticales; et
» qu'on ne fasse pas la tenue de la note longue sur quelque
» syllabe brève, et la brève sur des syllabes longues, ce
» qui serait ridicule. Mais ce point n'a qu'une importance
» accessoire.

   » Il faut encore avoir soin que les effets du chant soient
» en rapport avec les choses exprimées par le texte : de sorte
» que dans un sujet triste, les neumes soient graves, qu'a-
» vec des sentiments calmes et doux ils aient du charme.
» Si c'est le bonheur qu'il faut exprimer, le chant sera exalté;
» ainsi du reste. Souvent aussi nous plaçons sur les notes
» l'accent grave ou l'accent aigu pour indiquer le plus ou
» moins de force ou de douceur qu'il faut leur imprimer en
» chantant : cet accent diversement placé sur une même
» note qui se répète, produira l'effet d'une élevation ou d'un
» abaissement de voix. a͞a. e͞e. a͞a. e͞e. Il faut encore qu'à
» la manière des chevaux de course, les syllabes vers la fin
» des distinctions, deviennent toujours moins chargées de
» notes, en approchant du lieu où l'on doit respirer, comme
» si fatiguées par un lourd fardeau, elles arrivaient à une
» halte. Les notes serrées étroitement, ou conjointes, ou plus
» séparées les unes des autres, ou disjointes, pourront le
» plus souvent indiquer cette marche. Souvent encore les
» notes peuvent se fondre ensemble, comme il arrive pour
» les lettres, de manière que le son commencé passe avec
» tant de douceur et de limpidité à un autre son qu'il semble
» ne pas finir. Or nous plaçons un point sous la note qui
» doit ainsi se couler avec la suivante :

G D F G a a G (1,
ad   te le- va-vi.

1 Un grand nombre de manuscrits donnent pour première note à cet

» Si l'on préfère enlever cette liaison, rien ne le défend;
» pourtant il est souvent plus agréable de fondre ainsi les
» notes.

» Tous les moyens que nous venons d'indiquer n'auront
» de prix que si l'on en use avec discrétion, sans abuser des
» mêmes procédés et sans les négliger. »

CHAPITRE XVI.

De la multiplicité et variété des tons et des neumes.

« Il ne doit point paraître étonnant qu'un si grand nom-
» bre de chants soient composés avec si peu de notes, qui,
» comme nous l'avons dit, ne s'unissent que de six manières,
» tant en montant qu'en descendant, puisqu'avec peu de
» lettres on forme un certain nombre de syllabes, lesquelles
» cependant forment une infinité de phrases; de même
» en poésie, de quelques pieds on fait différents vers.....
» mais tout ceci regarde les grammairiens.

» Quant à nous, voyons, si nous pouvons, de combien de
» manières on compose des neumes (syllabes mélodiques)
» différents les uns des autres.

» La succession des notes, par les six intervalles, a lieu en
» montant et en descendant (*fit arsi et thesi*). Ce double
» mouvement forme tous les neumes. L'élévation et la *des-*
» *cente* se joignent ensemble de diverses manières; par
» exemple, l'élévation à l'élévation : *fa, sol, la, — la, si,*
» *ut*; la descente à la descente (*la, sol, fa.—fa, mi, ré*); ou
» l'un à l'autre, comme l'élévation à la descente *fa, sol, la,*
» *sol, fa*, ou la descente à l'élévation (*la, sol, fa, sol, la*.
» Ces différentes conjonctions de notes se forment ensuite
» de notes semblables ou dissemblables... Par exemple, il y

introït le *D* au lieu de *G*. Nous avons opté dans notre Graduel pour la
seconde version, plus autorisée que la première.

» aura dissemblance, si dans ces mouvements de notes que
» nous venons de donner, formés de *tons, demi-tons, ditons*
» et autres, l'un a plus ou moins de degrés que l'autre, ou
» s'il y a plus ou moins de similitude dans la jonction et la
« disjonction des notes ; exemples : *ré, fa, sol, la,* — *la, fa,*
» *mi ré,* — *ré, mi, fa,* – *mi, ré ut.* Si la conjonction se
» fait par les mêmes notes : il y a *préposition* quand la plus
» haute note est la première ; *supposition,* quand elle est la
» seconde ; *apposition,* lorsque la même note finit un mou-
» vement et commence l'autre ; *interposition,* lorsque le se-
» cond mouvement est moins grave que le premier, et moins
» aigu que le troisième ; enfin *commixtion,* dans le cas où
» la *préposition,* la *supposition,* etc., sont mélangées. De
» plus encore, les positions peuvent être diversifiées selon
» les divers degrés d'abaissement et d'élévation, et selon
« les qualités différentes des modes. Les neumes 'ou traits
» mélodiques, admettent les mêmes variétés, soit en montant,
» soit en descendant, et quelquefois aussi les distinctions. »

Tout ce passage, plus facile à concevoir qu'à exprimer,
donnerait lieu à de longs commentaires. Le *Dialogue* de
saint Oddon, que nous avons donné ci-dessus (p.153), nous
en a épargné le soin ; nous y renvoyons le lecteur.

CHAPITRE XVII.

Dans ce chapitre, Gui donne encore un moyen de retenir
les sons de mémoire, c'est de se servir des voyelles ap=
pliquées aux sons de la gamme : *ut, ré, mi, fa, sol ;*
a, e, i, o, u . Mais il n'insiste pas beaucoup sur ce procédé ;
il ne le donne que comme objet d'exercice et passe au
chapitre dix-huitième sur la *Diaphonie.* Celui-ci est impor=
tant, en ce qu'il nous faire connaître les faibles progrès de
la science des accords depuis Hucbald de Saint-Amand.

CHAPITRE XVIII.

De la diaphonie, c'est-à-dire des règles de l'organation.

« Diaphonie signifie disjonction des voix : nous l'ap-
» pelons organation, lorsque des voix ou sons disjoints
» les uns des autres, dissonnent en s'accordant, et s'accor-
» dent en dissonnant. On fait en sorte que la quatrième note
» surmonte le chant comme D sur A. Si l'on y joint l'*a* aigu,
» cela produit au-dessus de A une quarte, puis une quinte,
» en montant à l'octave ; et en partant de l'octave, une
» quinte et une quarte. Or ces trois intervalles se marient
» avec une telle suavité, que leur ressemblance forme une
» seule mélodie ; on les appelle, à juste titre, copulations de
» sons, comme on appelle symphonie toute espèce de chant. »
Voici un exemple de cette diaphonie :

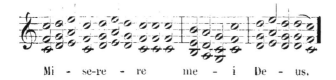

Mi - se-re - re   me - i   De - us.

Il y a ici l'organation par *quarte*, qu'on appelle, dit
Gui, *organum sub voce*; puis l'organation par *quinte*, qu'on
appelle *supra vocem*.

Selon lui la diaphonie supérieure, celle de la quinte, est
dure ; mais la diaphonie de la quarte, qu'il appelle celle
de son temps *noster modus*) est douce et harmonieuse. Il
n'admet point dans ses accords l'intervalle de demi-ton ni
de sixte ; mais il y reçoit le ton, la tierce majeure et la tierce
mineure avec la quarte : il regarde la tierce mineure comme
moins bonne, et la quarte comme excellente, *obtinet prin-
cipatum*.

14

Quant aux modes, les uns sont plus aptes que les autres,
à la diaphonie; Gui en distingue trois espèces : les aptes,
les plus aptes, et les très-aptes : *apti, aptiores, aptissimi.*
Les modes aptes sont le troisième et le quatrième; les plus
aptes le premier et le deuxième; les très-aptes les cinquième,
sixième, septième et huitième.—Après avoir tracé les règles
propres à chacune de ces diaphonies, il trace des exemples
dans ces différents modes; nous les transcrivons ici; ils
donneront une idée aux lecteurs du point où en était alors la
science harmonique. On a peine à croire qu'il pût y avoir
de l'agrément dans une telle combinaison : c'était l'enfance
de cet art. Nous citons textuellement.

CHAPITRE XIX.

Exemples de cette diaphonie.

am pruden-ti-æ.   Sexta   ho - ra   sedit super

pu-te-um. Vi-ctor a-scen-dit cœlos unde de-scen-

det. Ve-ni-te   a-do-re - - mus.

Telle était alors toute la science harmonique. Autant les
anciens attachaient d'importance à la mélodie, autant ils
en attachaient peu aux accords. Toutes leurs règles, toutes
leurs études, tous leurs soins étaient pour la mélodie. Aujourd'hui nous faisons tout le contraire; on ne s'occupe
presque plus de l'une; toute notre étude se porte vers les
autres : aussi la musique, qui est par excellence l'art
du sentiment, devient un art de combinaison, et ce qui
doit en être l'âme n'est plus considéré et traité que comme
accessoire. Aussi à mesure que nous verrons la science des
accords se perfectionner, nous verrons en même temps les
belles mélodies Grégoriennes se corrompre, se dépraver, et
perdre toutes leurs grâces primitives, parce qu'on voudra
les assujettir à la marche des accords, et à tous les capri-
ces de la musique figurée.

Après le Micrologue viennent des règles en prose rimée,
selon l'usage du temps; nous n'en traduirons ici que quel-

ques passages qui serviront à compléter la doctrine de Gui
d'Arezzo. Par exemple, à la page 30 : « Il a prouvé, dit-il,
» qu'il était excellent de noter par lettres : par ce moyen
» rien n'est si facile que d'apprendre le chant : trois mois
» suffisent en s'y exerçant assidûment ; mais pour abréger,
» on écrit le chant avec des neumes, c'est-à-dire avec les
» notes usuelles, et si on les emploie avec intelligence, elles
» sont comme des lettres, pourvu que celles-ci soient dispo-
» sées au commencement des lignes. Pour le faire avec
» soin, il faut qu'entre deux lignes on ne place qu'une seule
» note ; car la raison exige que pour faire distinguer des
» objets différents, on leur donne une différente position.
» Quelques-uns placent deux notes entre deux lignes;
» d'autres en placent trois; d'autres n'emploient aucune
» ligne, et de là il arrive des erreurs très-graves. Avec un
» usage fréquent des *neumes* et des *lettres*, la position de
» chaque son est facile à discerner, si une seule lettre est
» placée en tête d'une ligne. Mais afin que la propriété
» des notes se discerne plus facilement, nous employons
» différentes couleurs, afin que l'œil discerne à l'instant
» sur laquelle se trouve tel son. La couleur jaune brille
» sur la troisième note *ut*, sur la sixième *fa* éclate un
» beau rouge. — Mais si la *lettre* ou la *couleur* n'accompagne
» pas les *neumes*, la lecture de la musique est comme un
» puits sans corde, dont les eaux, quelques belles qu'elles
» soient, ne peuvent servir à personne 1. »
    Gui recommande ensuite de faire attention aux différentes
figures des *neumes*, et de considérer celles qui, étant d'une
figure semblable, produisent un tout autre chant, selon la
position où elles se trouvent, et le mode dans lequel on

---

1. La ligne coloriée était donc comme une clef; mais pour faire connaître
à quelle note s'appliquait cette clef, on y ajoutait la lettre c ou F qui l'indiquait parfaitement.

chante : ainsi un *torculus* placé sur la note *ut* produira un
tout autre chant que s'il était placé sur la note *mi*.

« Vous comprendrez aisément, dit-il encore, les avan-
» tages des neumes et la position des différents sons sur la
» portée, si vous êtes exercé aux formules modales. »

Aptitudinem neumarum facile intelligis,
Quo in loco quis sit sonus in diversis lineis,
Usus tibi si sit frequens in modorum formulis.

Il paraît donc, d'après tout ce que nous venons de dire,
qu'au témoignage de Gui lui-même on se servait des lignes
de son temps, et avant lui, mais que ces lignes n'étant pas
aptes à fixer la valeur tonale, ne servaient le plus souvent
qu'à engendrer des fautes graves dans le chant. Ce fut
lui qui fixa le nombre de ces lignes à quatre, et donna à
chacune une valeur fixe, déterminée par une couleur différente, ou par une lettre ou deux placées en tête d'une des
lignes. De plus, il régla qu'entre chaque ligne on ne place-
rait qu'une seule note, afin qu'il n'y eût plus d'incertitude
sur sa valeur tonale. Voilà quelle fut l'invention que Gui
d'Arezzo s'attribue lui-même dans ses ouvrages.

De plus, il est constant d'après les paroles même de notre
auteur, que les caractères dont il se servit pour noter le
chant dans ces lignes, étaient les *anciens neumes; tels que*
le *punctum*, *virgula*, *clivis*, *podatus*, *torculus*, etc., etc.

Solis litteris notare optimum putavimus.....
Causa vero breviandi neumæ solent fieri,
Quæ si curiosæ fiant, habentur pro litteris,
Hoc si modo disponantur litteræ cum lineis (1).
Dehinc studio crescente, inter duas lineas
Vox interponatur *una*; nempe quærit ratio
Variis ut sit in rebus varia positio.

C'est en un mot ce qui résulte de tout son ouvrage; ce

____

(1) C'est-à-dire si on place des lettres en tête des lignes : comme il est facile de le voir par l'exemple ajouté à cet endroit dans le manuscrit.

qui explique l'étonnement du Pape Jean XIX, en voyant l'*Antiphonaire* noté d'une manière si nouvelle, si claire, si facile pour apprendre le chant.

Qui ne sera étonné après cela de lire dans la *Biographie des musiciens*, par M. Fétis, (tome IV, page 458, 2ᵉ col.), les paroles suivantes :

« Ce que j'ai rapporté démontre qu'aucune notation n'a
» été considérée spécialement jusqu'au seizième siècle comme
» une invention de Guido ; et que, pour l'enseignement du
» plain-chant, l'usage des anciennes lettres Grégoriennes
» s'était conservé même jusqu'à cette époque. »

Il faut, ou que M. Fétis n'ait jamais lu les écrits de Gui, ou qu'il ait compté extraordinairement sur ses lecteurs pour avancer de telles propositions. « Ce que j'ai rapporté suf-
» fit pour le prouver, dit-il. » Or voyons ce qu'a rapporté M. Fétis. Nous lisons (*Ibid.*, pag. 461): «Guido, par l'invention
» d'une méthode d'enseignement, la première qui eût été
» imaginée, fit cesser cet état de choses... Cette méthode
» consistait à trouver les intonations au moyen du mono-
» corde, instrument de facile construction sur lequel les let-
» tres représentatives des notes étaient marquées. »

Voilà l'invention que M. Fétis attribue à Gui. Or si notre savant avait bien lu ou bien compris son auteur, il aurait vu que le bon moine de Pompose ne s'attribue pas cette invention ; il aurait vu qu'un siècle avant lui elle était connue et enseignée par saint Oddon de Cluny, dans son traité *de Musica*, dont Gui parle avec éloge, et conseille la lecture ; car dans ce livre qui existait près d'un siècle avant Gui, le monocorde, les lettres et l'*Antiphonaire* noté en lettres, tout enfin est parfaitement expliqué (1). Or Gui lui-même méprisait cette méthode, dont on veut lui attribuer l'inven-

---

(1) Voyez plus haut, p. 126 et suiv.

tion : « Ce système, dit-il, est puéril, bon, tout au plus
» pour les commençants, détestable pour les autres. *Prima*
» *et vulgaris regula hæc est, si litteras... in monochordo so-*
» *naveris... sed puerilis ista est regula, et bona quidem in-*
» *cipientibus, pessima autem perseverantibus.* » (*Lettre*
au moine Michel.)

Gui ajoute aussitôt, pour confirmer ce qu'il vient d'avancer : « J'ai vu des philosophes très-spirituels qui, pour con-
» naître cet art, ont cherché des maîtres non-seulement ita-
» liens, mais encore français, allemands et grecs; or parce
» qu'ils n'ont voulu suivre que cette seule règle, ils n'ont pu
» devenir, je ne dis pas musiciens, mais même des chantres
» passables, et n'ont pu imiter nos petits enfants choristes :
» *Vidi multos acutissimos philosophos... quia in hac sola*
» *regula confisi sunt, non dico musici, sed neque cantores*
» *unquam fieri, vel nostros psalmistas puerulos imitari po-*
» *tuerunt.* » (Id.)

Il semble que M. Fétis lui-même ait compris la fausse
route qu'il tenait, car bientôt il sent le besoin de se défendre
et de réfuter une objection qui se présente naturellement à
l'esprit. Cette objection la voici telle que nous l'eussions
posée nous-même. « Si Guido, dit-il, n'est l'auteur d'aucune
» des innovations qui lui ont été attribuées, que lui reste-t-il
» donc, et sur quelles bases s'est établie sa renommée depuis
» plus de huit cents ans? »

« Je répondrai qu'il a eu des titres incontestables à
» l'admiration de ses contemporains; mais que dans les
» temps postérieurs, personne n'a songé à ceux-là, et que,
» séduit par l'éclat de son nom, on a voulu le justifier par
» des inventions supposées, n'ayant pas compris ce qu'il
» avait fait en réalité. » Donc il a fallu que M. Fétis vînt pour
faire comprendre tout cela.

Nous avouons que cette réponse, loin de nous satisfaire,

nous semble renfermer plus d'une inexactitude, je dirai même
plus d'une contradiction, avec ce que l'auteur a dit en plusieurs autres endroits. Et d'abord, nous ne comprenons pas
« qu'un homme qui a des *titres incontestables* à l'admiration
» de ses contemporains » pag. 461, 1re col.), qui a trouvé
des choses, maintenant vulgaires, il est vrai, mais qui de-
mandaient de son temps *un effort de génie* pag. 461, 2e col.,
qui au mérite *de l'invention de sa méthode*, a joint celui
d'exposer avec lucidité ses principes pag. 461, 1re col., qui
a rendu un *service immense* dans l'enseignement de la musique, etc., etc., nous ne comprenons pas, disons-nous,
qu'un tel homme pag. 451, 1re col.) «doive moins sa grande
» célébrité aux choses dont il est réellement auteur, qu'à
» celles qui lui ont été attribuées sans raison. » Nous ne comprenons pas non plus comment *des titres incontestables* à
l'admiration des contemporains sont et doivent être oubliés
dans *les temps postérieurs*. Mais ce n'est pas tout. De l'aveu
même du savant critique, Gui a fait immensément pour son
siècle et sa postérité. Or nous demandons après cela à tout
lecteur impartial «s'il est nécessaire d'être séduit par l'éclat
» du nom de Gui, pour justifier sa réputation par des inven-
» tions supposées. » Non certes, nous disons que Gui a rendu
un service immense à la musique et à l'Église, et nous prétendons qu'il en a fait assez, pour qu'au dix-neuvième siècle
nous rendions justice à son génie, assez pour que sa belle
réputation puisse se soutenir par des *faits*, et non par des
exagérations chimériques.

Un dernier mot. Nous trouvons bien étrange, qu'il nous
soit permis de le dire en passant, qu'un homme, quel qu'il
soit, aussi savant que possible, jette publiquement un
blâme à une série de siècles qui ont vu briller tant de gé-
nies dans tous les genres, et qu'il ose dire à tant d'hommes,
qui se sont occupés de la chose en question « qu'ils n'ont

» pas *compris* ce qu'a fait Gui d'Arezzo en réalité. » Du reste la lecture des lettres de Gui et ses œuvres que nous venons de mettre sous les yeux des lecteurs leur apprendront assez que l'article de la Biographie de M. Fétis fait peu d'honneur à ce grand musicographe.

Maintenant avant de terminer ce qui concerne l'illustre moine de Pompose, revenons un instant sur nos pas, jetons un coup d'œil d'ensemble sur son siècle, et voyons ce qu'il a fait pour la postérité. La lecture sérieuse de ses œuvres prouve que :

1° De son temps il n'y avait aucune méthode facile pour apprendre le chant.

2° On avait besoin d'un maître, ou tout au moins du monocorde; le morceau qu'on voulait apprendre devait être noté en lettres, et il fallait longtemps pour le déchiffrer.

3° Gui d'Arezzo *inventa une méthode si extraordinaire*, qu'un simple enfant, en quelques mois seulement, pouvait chanter correctement et presque à la première vue, le morceau qu'on lui présentait, ce qui auparavant était impossible avec la notation *usuelle*.

4° Gui nota un Antiphonaire *d'après sa méthode;* cet Antiphonaire fut présenté par Gui lui-même au Pape Jean XIX, qui fut ravi de cette *notation*.

5° Gui fut bientôt un objet d'admiration pour l'Italie entière, à cause de la méthode qu'il avait inventée, et de l'Antiphonaire qu'il avait écrit en sa nouvelle notation.

6° Gui, par cette méthode, rendit un service immense à son siècle, à la postérité et à l'Eglise, car dès lors partout, tous les livres de chant furent notés selon·cette méthode, c'est ce que prouvent tous les manuscrits des onzième, douzième et treizième siècles tirés de tous les pays.

7° Et dès lors le chant liturgique fut mieux conservé; on

observa avec soin les prescriptions de Gui, qui suppliait de
ne plus abandonner ces mélodies sacrées à l'arbitraire des
copistes et des chantres, mais de n'employer à ce travail
que des hommes bien instruits de sa méthode et possédant toutes les règles de l'art. « Quoniam vero hæc omnia
» mala et multa alia eorum culpa eveniant qui antiphona-
» ria faciunt, valde moneo et *contestor*, ne aliquis am-
» plius præsumat antiphonarium neumare (notare) nisi qui
» secundum subjectas regulas bene potest et sapit ipsam
» artem perficere (1). » Aussi dès lors les manuscrits furent
écrits et notés avec plus de soin et d'uniformité, et cette
uniformité dans le chant liturgique se remarque dans tous
ceux qui nous viennent de cette époque. C'est pourquoi il
est si facile aujourd'hui de rétablir le chant Grégorien dans
son intégrité SUBSTANTIELLE, d'après l'accord universel de
ces manuscrits.

Quant à sa forme, c'est-à-dire à la manière de chanter,
c'est autre chose; il a subi, sous ce rapport, bientôt après
Gui, une grande transformation par son alliance avec la
musique figurée comme nous le dirons plus loin.

Il nous reste maintenant à donner le traité dit de saint
Bernard, mais qui réellement n'est point de l'illustre abbé
de Clairvaux; il n'y a de lui, dans ce traité, que la lettre qui
lui sert de prologue : le traité lui-même est l'œuvre des correcteurs ou auteurs de la réforme de l'*Antiphonaire* Bernardin, faite au douzième siècle, sous la direction de saint
Bernard lui-même. La traduction que nous donnons de ce
traité et du *tonal*, détruira plusieurs erreurs que l'on a avan-
cées dans ces derniers temps, sur la réforme musicale
chez les Bernardins.

1 *Gerbert. Script.* t. II, p. 35.

LETTRE DE SAINT BERNARD

ABBÉ DE CLAIRVAUX,

SUIVIE

D'UN TRAITÉ SUR LE CHANT,

SERVANT DE PRÉFACE

A L'ANTIPHONAIRE CISTERCIEN.

« Bernard, abbé de Clairvaux, à tous ceux qui transcri-
» ront cet Antiphonaire, ou qui s'en serviront pour chanter.

» Parmi les choses que nos pères, fondateurs de Cîteaux,
» prirent le plus à cœur, fut le soin religieux et empressé
» d'appliquer aux divines louanges les mélodies les *plus au-*
» *thentiques*. A cet effet ils envoyèrent des religieux à Metz
» (où le chant passait pour être Grégorien) (1) pour qu'ils y
» transcrivissent l'Antiphonaire de cette Église. Ceux-ci trou-
» vèrent un livre bien différent de ce qu'on en disait (2) :
» l'ayant examiné, ils en furent mécontents, parce qu'il
» était, quant à la note et quant aux paroles, vicié, contraire
» aux règles, et presque en tout méprisable. Mais comme ils
» avaient commencé à le transcrire ils l'achevèrent, et s'en
» servirent jusqu'à ce jour. Enfin, dégoûtés de ce chant, et
» ne pouvant plus le supporter, les abbés décidèrent qu'on
» y ferait des changements, des corrections, et me chargè-

---

(1) On voit par cette expression que les Cisterciens regardaient le chant
Grégorien comme le seul authentique.
(2) Nous montrerons plus loin comment en effet le chant de Metz était
alors dégénéré, et ce qu'il faut penser de ces altérations.

« rent de ce travail. M'étant donc adjoint quelques-uns de
» nos frères les plus exercés et les plus instruits dans la théo-
» rie et dans la pratique du chant, j'ai pu former le présent
» Antiphonaire d'après *plusieurs autres de différentes ori-*
» *gines* 1 , et le rendre, j'ose le dire, irréprochable, et pour
» la note et pour les paroles au jugement des chantres vrai-
» ment compétents. C'est pourquoi *nous voulons que désor-*
» *mais on le suive dans tous nos monastères, tant pour la*
» *note que pour le texte, avec les corrections contenues en ce*
» *volume ; et nous défendons, à qui que ce soit, d'y rien*
» *changer, de par l'autorité du chapitre général, où il a été*
» *reçu, approuvé et confirmé unanimement* (2). Si quelqu'un
» désire connaître la cause de ce changement, qu'il lise
» cette préface, que les réviseurs de l'ancien Antiphonaire
» ont mise en tête de cet ouvrage, afin de montrer claire-
» ment les défauts de chant et de texte qui ont motivé et
» rendu nécessaire une édition revue et corrigée (3). »

(1) On voit ici que c'est par la collation de plusieurs manuscrits tirés de
différentes sources que les Bernardins cherchèrent à remonter au chant primitif de saint Grégoire ; c'est aussi la marche que nous avons indiquée comme
la meilleure pour restaurer les mélodies Grégoriennes : où trouver ici une
utopie impraticable?

(2) On voit encore ici que les Bernardins, comme tous les ordres religieux, avaient des règles sévères pour l'observation de L'UNIFORMITÉ et de
L'UNITÉ dans le CHANT LITURGIQUE.

(3) Cette lettre est évidemment de saint Bernard, mais le traité qui suit
n'est pas son œuvre ; il en prévient lui-même, comme on va le voir.

PRÉFACE DE L'ANTIPHONAIRE CISTERCIEN,

ou

TRAITÉ SUR LE CHANT,

AU SUJET

DE LA CORRECTION DE CET ANTIPHONAIRE.

« Quoique le chant des églises de l'ordre Cistercien fût dé-
» testable à plusieurs titres, l'autorité de ceux qui s'en ser-
» virent longtemps le rendait recommandable; mais on a
» fini par trouver indigne que des religieux réguliers célé-
» brassent les louanges divines d'une manière si peu régu-
» lière. Grâce à leurs efforts réunis, vous trouverez leur
» chant si bien corrigé, les licences ineptes enlevées, les
» fautes grossières abolies, les règles observées, au point
» qu'il vous paraîtra plus commode à noter et à exécuter que
» les autres chants auxquels il était auparavant inférieur [1].
» Il était juste en effet que des religieux voués à la pureté de
» la règle et n'admettant point les dispenses, dont les au-
» tres font usage, eussent *la pure manière de chanter* sans
» aucune des licences de ceux qui, cherchant dans les mélo-
» dies une image de leurs propres travers et non les lois de
» la nature, séparent ce qui devrait être uni, rapprochent ce
» qui devrait être séparé, et par une étrange confusion,
» commencent et finissent, descendent et montent, compo-
» sent et coordonnent les phrases, non pas comme il con-
» vient, mais comme il leur plaît.

[1] Tout ce que disent ici les Bernardins n'est applicable qu'à leur nouvel
Antiphonaire, par comparaison avec leur ancien, copié à Metz, ou autres livres mal notés.

» Que personne donc ne soit étonné ni scandalisé de voir
» notre chant actuel différer notablement de l'ancien. Ici
» tantôt c'était une *progression* irrégulière, tantôt une
» phrase dont les incises n'offraient aucune symétrie dans
» l'intonation et le rhythme, ou bien des *oppositions* con-
» tradictoires 1).

» Tous ces défauts provenant d'une fausse application
» des règles, plus propre à éloigner la perfection qu'à la
» produire, doivent être rejetés par ceux qui préfèrent
» l'amendement aux dispenses. Enfin, comme la musi-
» que est la science du vrai chant, on doit en exclure
» toutes ces compositions irrégulières et mal ordonnées.
» Quant à la réforme du texte (si nous ne nous trompons
» pas) notre justification est facile ; car nous l'avons trouvée
» si pauvre et si peu soignée, que dans le même office, le
» même *verset* était répété trois ou quatre fois; comme si
» dans l'Ancien et le Nouveau Testament on n'avait pu rien
» trouver à mettre à la place de ces redites. Dans plusieurs
» autres, nous trouvions des *Postcommunions*, admises
» comme *Répons*, par ceux qui ignorent l'unité des chants
» liturgiques : on y avait adapté des versets d'une telle in-
» cohérence qu'on ne pouvait y appliquer le chant pres-
» crit 2).

» 2° Nous avons donc pris soin qu'en chaque office le
» même *verset* ne fût employé qu'une fois : bien plus, nous
» croyons pouvoir affirmer que l'on ne trouvera pas dans
» tout l'Antiphonaire trois versets deux fois répétés. Quant

---

(1) On trouvera l'explication de ces expressions techniques dans le *Tonal*
qui se trouve à la suite de ce traité.

(2) Tous ces passages offrent à la traduction des difficultés immenses : cependant nous serons aisément compris par ceux qui possèdent bien les notions liturgiques. Ce que les auteurs de la Préface en question disent ici des
versets de répons et du chant qu'on y adapte, sera, nous en convenons, plus
vite saisi par un chantre que par un artiste.

» aux *Postcommunions*, nous en avons rejeté quelques-unes,
» les remplaçant par des *répons* usités et *authentiques*; en
» d'autres nous avons conservé le *texte* comme sacré, et nous
» y avons appliqué un chant d'une composition belle et har-
» monieuse, mais chaste et modeste. Dans une multitude
» d'endroits nous avons trouvé le texte de l'antique Anti-
» phonaire si négligé, si décousu, si rempli de fautes et
» d'inepties apocryphes qu'il donnait non-seulement de
» l'ennui, mais de l'aversion à ceux qui s'en servaient : au
» point que les novices élevés dans la discipline ecclésiasti-
» que en venaient à prendre en dégoût la louange divine,
» fatigués par les fautes de notation et de paroles, dont leurs
» livres étaient remplis.

» Nous avertissons ceux qui transcriront ces livres de ne
» point désunir les notes liées, ni joindre les notes détachées,
» parce que ce changement produirait une grave difformité.
» On aura grand soin de donner à chaque morceau sa finale
» propre. Pour les avoir changées sans raison on a souvent
» produit un bouleversement déplorable ; de sorte que plu-
» sieurs chants appartenant à un mode ont été attribués à un
» autre.

» 3° On compte en effet quatre manières (1) ou diversités
» de chants, dans lesquelles tous les morceaux doivent se
» renfermer. On les appelle chez les Grecs : πρῶτος, δεύτερος,
» τρίτος, τέτρατος : premier , deuxième , troisième , qua-
» trième. Ils sont opposés entre eux, et diffèrent par cer-
» taines propriétés.

» La première *manière* :le premier mode monte à partir
» de la finale par un ton, puis un demi-ton, et descend par

_____

(1) En latin : *Maneria*. Par cette expression, les Bernardins entendent
les quatre grands modes, c'est-à-dire *l'authentique* et *le plagal* de chaque
mode, réunis et n'en formant qu'un seul.

» un ton *ré, mi, fa — ré, ut*. Elle a seulement deux finales :
» D et A *ré* et *la*, qui ont l'une et l'autre au-dessus d'elles un
» ton, puis un demi-ton *ré, mi, fa — la, si, ut*; et au-dessous
» un ton *ré, ut — la, sol*.

   » La seconde *manière* est celle qui de la note finale monte
» d'un demi-ton, puis d'un ton *mi, fa, sol*, et descend d'un
» ton *mi, ré*. Elle a aussi deux finales : E et B *mi, si* aux-
» quelles conviennent naturellement, en montant et en des-
» cendant, les intervalles ci-dessus.

   » La troisième *manière* est celle qui monte par deux tons
» *ut, ré, mi — fa, sol, la*, et descend par le demi-ton *ut,
» si — fa, mi*. Elle a pour finale les notes F et C *fa, ut* aux-
» quelles conviennent les susdites propriétés.

   » La quatrième *manière* monte par deux tons, et descend
» par un ton *sol, la, si — sol, fa*. Elle ne possède que la
» seule finale G *sol*.

   » La première *manière contient deux modes*, qu'on ap-
» pelle vulgairement *tons*, savoir : le *premier* et le *second*;
» la seconde comprend le troisième et le quatrième ton ; la
» troisième, le cinquième et le sixième; la quatrième, les
» septième et huitième. Or ces modes contenus deux à deux,
» dans chaque *manière*, ne se distinguent pas par la diver-
» sité des finales qui sont les mêmes, mais par la *progression*
» et la *composition* dont l'une détermine la *quantité* (l'éten-
» due, et l'autre la *qualité* (l'arrangement mélodique).

   » Si vous voulez noter des livres, imprimez ceci dans votre
» mémoire :

   » Tous les chants de la première *manière* faits ou à faire,
» doivent se terminer sur D ou sur A *ré* ou *la*; et tout chant
» qui se termine sur l'une ou l'autre de ces notes appartient à
» cette première *manière*, c'est-à-dire au premier ou au second
» ton. — Voilà deux erreurs, me direz-vous; parce que tous
» les chants de la première *manière* ne se terminent pas seu-

» lement en D ou en A, mais en G sol, par l'emploi du
» B mol (1); et tous ceux qui se terminent en ces notes, ré,
» la, ne sont point de la première *manière*; car l'Antiphone
» *Benedicta tu* (2), et *Petre, amas me*, et plusieurs autres
» se terminent seulement en A, et sont cependant de la se-
» conde *manière* (attribuées au quatrième ton.

    » —Voilà bien cette opinion qui a égaré tant de gens :
» la faute en revient à l'admission du ? par laquelle la pré-
» somption des ignorants a entaché la musique de plusieurs
» erreurs.

    » Il faut bien se garder de classer les finales d'après quel-
» que *signe accidentel* (3), mais on doit s'en rapporter à
» l'institution primitive et naturelle des degrés de la gamme :
» seule manière légitime d'en porter un bon jugement.

    » Or, dans cet ordre naturel, vous trouverez sept lettres
» ou notes appelées *graves*, qu'on a doublées à l'octave et
» triplées à l'aigu (4). Considérées dans les relations qu'elles
» peuvent avoir avec les notes voisines, vous n'en trouverez
» pas qui montent par un ton et un demi-ton, et descendent
» par un ton, si ce n'est D et A : d'où nous concluons que
» ces deux seules lettres sont les finales du *Protus* ou pre-

    (1) En effet, on trouve souvent dans les anciens manuscrits le premier et le
second modes se terminant sur *sol* ou G. C'est qu'effectivement si on donne
le *si* ? habituellement à cette finale, elle devient semblable en tout aux premier et second modes qui se terminent sur *ré* ou sur *la*. Les rapports des
tons et des demi-tons se trouvent être les mêmes dans les trois échelles.
    (2) Les Bernardins citent souvent cette Antiphone : *Benedicta tu in*. Comme
cette *mélodie* est caractéristique, et qu'elle est appliquée à un grand nombre
d'antiphones, nous en parlerons plus loin.
    (3) Ainsi le *b mol* ne doit point être compté quand il s'agit de discerner
un mode.
    (4) C'est la grande échelle qui nous a été donnée par Gui d'Arezzo :

            A B C D E F G, *a* ? *c d e f g*, etc.

« mière manière, dont le propre est de monter et de des-
» cendre de cette sorte, sans addition de signes. G est donc
» évidemment exclu, car dans l'ordre naturel des lettres ou
» notes, il ne monte jamais par un ton et un demi-ton, mais
» par deux tons directement ; puisque dans notre gamme
» modèle le ♭ n'est point compté. Il est évident en effet
» qu'il n'est pas parmi les notes graves, car on ne l'y trouve
» nulle part. Il n'est point non plus compté parmi les notes
» aiguës, car il ne se joint point au grave par la proportion
» doublée, ou octave.

» Le B mol a été inventé, non pour déterminer la pro-
» priété des finales, mais pour conserver, dans un grand
» nombre de chants, l'euphonie qui eût été blessée ou
» détruite par le *triton* (1), aboutissant au ♮ (*si* naturel) ;
» d'où nous concluons qu'en quelque mode que ce soit, où il
» est expédient d'employer ce B mol, on le fera, mais comme
» *furtivement et à la hâte*, de peur qu'il n'engendre une
» ressemblance avec un autre mode. C'est pourquoi on ne
» lui assigne aucune ligne, aucun espace dans les livres no-
» tés, on ne le place que là où il est nécessaire ; et si on l'a
» trouvé une fois, qu'on n'y pense plus ensuite, jusqu'à ce
» que la nécessité oblige de le placer de nouveau ; si donc
» vous terminiez en G avec le B mol, quelque chant du pre-
» mier ou du second mode, vous agiriez contrairement *à*
» *l'institution de cette note* et à celle des finales, qui seules
» doivent terminer les morceaux du mode qui leur appar-
» tient. Si vous dites que G est la finale du *premier ton*
» par le B mol, je réponds que cela n'est pas. Car encore une
» fois il serait nécessaire qu'il montât par un ton, puis un

(1) Les Bernardus ne déterminent point les cas où cette euphonie était
blessée ; il faut encore ici s'en rapporter à leurs *livres notés*, d'après lesquels
on peut se former une théorie sur l'usage du bémol. Or ces livres confirment
la théorie que nous avons donnée, et que nous donnerons encore dans notre
méthode.

» demi-ton dans la gamme naturelle : ce que votre accident
» ne peut pas lui donner. Ainsi quand même on permettrait
» de noter ou de chanter en G un répons du premier
» mode, par le moyen du *B* mol, il ne s'ensuivrait pas que G
» fût une finale du premier ou deuxième ton, pour les rai-
» sons alléguées.

» Après tout quel avantage, quel mérite voyez-vous à no-
» ter un chant sur une finale étrangère et accidentelle, quand
» vous pouvez lui conserver sa finale propre et naturelle, en
» demeurant plus correct, plus exact, plus vrai, et partant,
» plus irréprochable, plus excellent, plus agréable ?

» C'est pourquoi, afin d'éviter les fautes et les superféta-
» tions, ne vous servez de signe que par nécessité. Tout
» morceau qui peut être noté sans lui, ne doit point le rece-
» voir. Mais quels sont ceux où l'on ne peut s'en passer? Ceux
» où le degré B forme avec le suivant, tantôt un ton, tantôt
» un demi-ton. En pareil cas, comme les chantres novices
» sont moins familiarisés avec les notes aiguës et leurs voi-
» sines, l'usage s'accommodant à leur infirmité, a permis
» qu'on laissât dans un ton inférieur, avec le ? des mor-
» ceaux qui pourraient être notés plus haut, sans aucun signe
» d'altération. Quant à nous, voulant que les notes supé-
» rieures, aussi bien que les inférieures, soient familières
» aux choristes, nous notons avec celles d'en bas les chants
» que la nature leur assigne, et avec celles d'en haut les
» chants qui appartiennent aux finales élevées. Remarquons
» aussi que l'antiphone *Benedicta tu in*, et autres sembla-
» bles, qui ne peuvent se terminer que sur A, appartien-
» nent par cette disposition au premier mode ou *Protus*, et
» doivent être attribuées au deuxième ton (premier plagal)
» et non au quatrième. En effet l'antiphone *Benedicta tu in*
» prend, en certains endroits, au-dessus de sa finale, le ton,
» puis le demi-ton par le B carré (*la, si ♮, ut*); ailleurs elle a

» d'abord le demi-ton, puis le ton, par le *B* mol (*la, si*), *ut* .
» Quelle perspicacité il y a-t-il, je vous prie, à juger de ce
» chant, et à lui assigner son mode d'après une altération
» accidentelle, et non d'après la nature? et quand celle-ci
» accuse le premier mode, s'en rapporter à l'accident pour
» juger que le morceau appartient au second?

» Mais voilà de quoi mettre le comble à votre surprise et à
» votre indignation : voyez cette antiphone, *Petre, amas me,*
» et plusieurs autres semblables. Vous trouverez qu'elles ont
» naturellement, à partir de leur finale, un ton, et un demi-
» ton par le *B* carré, et nulle part un *demi-ton* et *un ton* par
» le *B* mol. Pourquoi donc les attribuer à la seconde *manière?*
» De même pour l'Antiphone, *Nos qui vivimus*, telle qu'on
» la chante partout, elle doit se terminer naturellement
» en D, parce qu'elle est du deuxième ton : or, d'iniques
» prévaricateurs (*iniqui prævaricatores*) osent la noter en
» G, avec le *B* mol, et jurer qu'elle appartient au huitième
» ton ; quoique, dans leur système, G avec *B* mol soit attri-
» bué plutôt à la première *manière* qu'à la quatrième. Où
» trouver, je le demande, un musicien assez patient pour
» endurer qu'un chant ayant D pour finale propre et natu-
» relle soit attribué au huitième ton, et qu'un autre, ayant
» A pour finale propre et naturelle, soit dévolu au qua-
» trième? (1).

» 5° Il était donc nécessaire de corriger ces chants en A
» dans lesquels la ressemblance artificielle étouffait la na-

---

(1) On voit dans tout ceci que la réforme des Bernardins n'avait point
pour but de changer les mélodies, mais de les noter d'une manière plus régulière, en les conservant le plus fidèlement possible, pour les chanter dans
leur état primitif. Ce but est le seul vrai, le seul digne d'éloges, jusqu'à ce
que l'Église en décide autrement.

Pour l'intelligence de tous ces passages, il ne faut pas oublier que, par
l'expression *maneria*, traduite ici tantôt par *manière*, tantôt par *mode*, l'auteur entend l'authentique et le plagal de la même finale; nous avons conservé le mot de *ton* lorsqu'il s'agit des huit divisions adoptées aujourd'hui.

» ture ; car détruits par des rapprochements qui corrom-
» paient leur tonalité, ils commençaient dans un mode et
» finissaient dans un autre.

    » Dans les antiques bibliothèques des grands monastères,
» on trouve un élégant résumé de l'art musical, commen-
» çant par ces mots : *Quoniam pauci sunt* (1) ; je l'ai lu en
» partie, mais le nom de l'auteur m'a échappé. Dans ce
» traité, si j'ai bonne mémoire, ces sortes de chants sont
» appelés *dégénérés* et *bâtards;* parce que, au dire de l'au-
» teur, ils commencent dans le septième ton, le suivent jus-
» qu'au milieu du morceau et dégénèrent vers la fin, les uns
» dans le premier, d'autres dans le quatrième : dans le pre-
» mier, comme l'Antiphone, *Ex quo facta est;* dans le qua-
» trième, comme *Benedicta tu.* Nous avons donc mis la fi-
» nale d'accord avec le commencement, et vous les trouve-
» rez notés dans le septième ton (2). Mais nous les rangeons
» en deux classes.

    » Les uns avec une allure joyeuse s'élèvent de la note ini-
» tiale à la quinte, et s'y reposent ; or si l'on ne trouve sous
» cette quinte les degrés disposés en cet ordre : un ton, un
» demi-ton, puis trois tons; dispositions qu'offrent seules les
» notes qui précèdent la quinte de la finale du septième mode
» (RÉ, *ut, si, la, sol fa*) ; on ne pourra noter la suite de la mé-
» lodie : tels sont l'Antiphone *Benedicta tu*, et autres sem-
» blables, qui débutent et se poursuivent suivant la même
» échelle, mais reçoivent vers la fin la forme du deuxième
» ton, et la ressemblance du quatrième par l'addition du

---

(1) Nous n'avons découvert aucune trace de cet ouvrage.
(2) En effet, dans le *Tonal* de saint Bernard, l'Antiphone *Benedicta tu* est
marquée du septième *ton.* Voilà une preuve de plus, que le *Tonal* et le *Traité*
sont réellement l'œuvre des Bernardins : car nulle autre part que dans leurs
manuscrits la chose ne se rencontre; et c'est encore à présent un excellent
indice pour reconnaître *leurs livres de chant.*

» demi-ton bémolisé. Il a donc fallu modifier ces sortes de
» finales (1).

» Les autres morceaux descendent aussitôt d'un ton sous
» la note qui les commence, et remontent sur la quarte où

(1) Cette légère correction ne porte que sur les dernières notes de l'antienne. Nous allons transcrire ici cette mélodie, telle que la donnent les
Bernardins, telle qu'elle était avant sa correction, et telle qu'elle est chantée
partout; on verra que les Bernardins lui ont fait subir une restauration arbitraire et mauvaise.

Chant de Metz au douzième siècle et des premiers Pères de Citeaux.

Bernardins. — Septième ton.

*Aujourd'hui dans la plupart de bonnes éditions, dans les manuscrits
des Chartreux et Prémontrés.* — Quatrième ton.

Cette Antiphone était évidemment mieux dans le quatrième mode que dans
le septième. La réforme des Bernardins l'a défigurée inutilement; et nous
pouvons dire qu'il en est à peu près de même pour tous les morceaux où ils
ont fait des changements mélodiques.

» ils se reposent : formule propre aux tons plagaux, tels
» que *Dominus regit me* et *Post partum*. Vous trouverez ces
» chants corrigés non-seulement vers la fin du morceau,
» mais au commencement, afin que partout ils sonnent le
» septième ton.

» Nous vous prévenons encore que dans les finales du *tri-*
» *tus* et du *tetrardus* (troisième et quatrième *manières*) règne
» une étrange confusion; car il est de misérables chants,
» sans caractères distinctifs, auxquels peuvent s'adapter les
» finales C et en G, appartenant à différents modes.

» Quelques maîtres disent avec raison que ces chants sont
» irréguliers, parce qu'il n'est point de moyen sûr de dis-
» tinguer à quel ton ils appartiennent; ils pensent qu'on
» peut augmenter leur *étendue* et accommoder leurs formes,
» de telle sorte qu'aucune finale d'aucun mode ne leur con-
» vienne plus.

» Dans ces chants nous avons levé, par de légères muta-
» tions, toute espèce d'incertitude; et vous ne serez nulle-
» ment embarrassés de savoir à quelles finales ils appartien-
» nent.

» Terminez donc tous les chants de la *première ma-*
» *nière* (premier et deuxième ton) en *D* et en *a*; tous ceux de
» la seconde en E ou en B carré. Cette dernière note peut
» servir de finale à l'authentique comme au plagal : cepen-
» dant vous ne trouverez dans cet Antiphonaire aucun au-
» thentique (troisième ton) qui se termine par elle. Car si
» c'était un répons, on n'y pourrait adapter le verset
» qui commence sur la sixième note *ut*, laquelle a au-des-
» sous d'elle un demi-ton (1); si c'était une Antiphone, le
» *Sæculorum amen* (e u o u a e) du ton ne lui conviendrait
» pas pour la même raison.

<hr/>

(1) Toute cette explication paraîtra fort simple à ceux qui ont quelque
pratique de la liturgie : ils savent que chaque ton a pour les répons, les in-

» 6° Vous ne pouvez terminer sur B un seul chant montant
» à la sixième note par la quinte et le demi-ton : parce que
» cette note B n'a pas la quinte juste au-dessus d'elle ; c'est
» pourquoi il est difficile de lui adapter le *verset*, le *neume*
» et le *sæcula sæculorum* du troisième ton. On a cependant
» voulu tirer parti des défauts et des avantages de cette fi-
» nale, de ses défauts, en lui accommodant le *verset*, le
» *neume* et le *sæcula sæculorum* propres à des modes finis-
» sant en E ; de ses avantages, en employant la *sixte* au lieu
» de la *quinte*, afin que, si quelque jour on trouvait moyen
» de suppléer à cette défectuosité, elle pût servir de base
» au troisième mode authentique 1 .

» Dans nos livres vous trouverez B carré terminant le troi-
» sième ton : par exemple, dans le répons *Euntibus*, qu'on
» ne saurait terminer autrement. Ce chant n'a point de
» verset commun, et ne peut en avoir, mais il en a un
» propre.

» Tous les chants de la *troisième manière* (cinquième et
» sixième tons) se terminent en C et en F : la plupart des
» authentiques en F ; les plagaux en C. Quant aux chants de

troits, etc., des formules spéciales de versets, et que le verset des répons du
troisième ton commence par cette phrase :

La transposition dont parlent les Bernardins, et qu'ils rejettent, nécessite-
rait en effet l'emploi du dièze pour que cette phrase fût rendue :

(1) Tous ces passages sont d'une difficile interprétation, et demandent une
étude sérieuse. Cependant nous jugeons inutile de multiplier des exemples
qui seraient d'un faible secours à ceux qui n'ont pas une idée nette des transpositions dans le système diatonique, et seraient inutiles à ceux qui les possèdent bien.

» la *quatrième manière*, c'est-à-dire des septième et hui-
» tième modes, on les termine en G seulement. Ces sept
» lettres ont toutes également les propriétés convenables
» aux finales des tons authentiques et plagaux, quant à leurs
» degrés supérieurs et inférieurs.

» Les *modes* ont donc leurs finales, à partir du *D* grave
» jusqu'au *c* aigu; et vous n'en trouverez aucune ni au-des-
» sus d'elles, ni au-dessous d'elles, auxquelles il ne man-
» que quelque perfection pour satisfaire à la tonalité de
» chaque mode. Cependant afin d'avoir une quantité de sons
» suffisante, les musiciens ont disposé les lettres depuis le
» *gamma* grec jusqu'à la double lettre *mi* aigu, évitant
» ainsi une stérile abondance, et une pauvreté fatale à la
» **mélodie. Pourquoi vouloir y ajouter, puisque cette dispo-**
» **sition suffit pleinement? Pourquoi la restreindre, puisque**
» **certains morceaux y perdraient de leur plénitude?**

» 7° Il existait encore un grand nombre de chants qui dé-
» passaient leur octave d'une quinte en montant ou d'une
» quarte en descendant. Vous ne les trouverez plus ainsi :
» c'étaient par exemple les répons, *Cornelius*, *Sancte Paule*
» et plusieurs autres. Tous ces morceaux sont mixtes et irré-
» guliers : mixtes, parce qu'ils sont moitié authentiques,
» moitié plagaux ; quant à leur irrégularité, elle est avouée
» par les auteurs mêmes de cette fausse doctrine. Ils ont
» usé d'une licence, disent-ils; c'est-à-dire qu'ils ont mé-
» connu la règle pour maintenir des défauts, au lieu de cor-
» riger les défauts pour maintenir la règle. Etrange licence,
» qui courant après l'inconnu et l'inouï, arrive à la confusion,
» à l'incertitude : licence, mère et refuge de la présomp-
» tion! licence coupable, dis-je, qui confond les choses op-
» posées, trangresse les limites naturelles, fait de mons-
» trueux assemblages, et outrage le sens commun! N'est-il
» pas plus clair que le jour, que ces chants sont mal coor-

» donnés, mal composés? Ils descendent tellement, qu'on
» ne peut les entendre : ils montent si haut, que l'on ne
» peut les chanter.

   » On devrait cependant faire en sorte que dans le grave
» toute mélodie puisse être entendue, et que dans l'aigu elle
» puisse être chantée. Cette juste proportion est renfermée,
» selon les uns, dans huit sons; selon d'autres, en neuf, d'a-
» près la capacité des voix ordinaires, et non des voix
» criardes. D'après une opinion que nous préférons, le chant
» pourrait s'étendre jusqu'à dix sons, à l'exemple du psal-
» térion qui a dix cordes; car afin que tous les sons de l'oc-
» tave aient une égale dignité, que les sons éloignés comme
» ceux du milieu aient la même faculté de descendre et de
» monter, on ajoute de chaque côté une note : une dans le
» haut, une dans le bas de l'échelle, quoique ces chants ne
» doivent régulièrement parcourir que huit sons, et pas da-
» vantage. L'octave suffit à une régulière progression du
» chant. En effet quoiqu'on ajoute de part et d'autre une
» note, comme nous l'avons dit, ce qui fait dix notes, la mé-
» lodie se tient d'ordinaire dans le médium; elle peut avan-
» cer jusqu'aux notes ajoutées, mais comme en passant et
» sans y revenir; et, chose remarquable, d'après la dispo-
» sition des tons et des demi-tons admise par les musiciens
» qui placent la première lettre A ou *la*, la quatrième
» *D* ou *ré*, la septième G ou *sol* entre deux tons pleins;
» la seconde *B* ou *si*, la cinquième *E* ou *mi*, entre un ton
» inférieur et un demi-ton supérieur ; la troisième lettre
» *C* ou *ut*, et la sixième *F* ou *fa*, entre un demi-ton infé-
» rieur et un ton supérieur, sans compter le ♭ admis pour
» enlever la dureté du triton; d'après, dis-je, cette disposi-
» tion il n'est aucun chant renfermé en dix notes qui ne se
» puisse noter; mais il peut y avoir des chants d'une éten-
» due de onze sons, dont la notation devient impossible.

» Supposez une mélodie qui soit dans l'authentique de la
» troisième *manière* (cinquième ton), et qui prenne tantôt
» un ton, tantôt un demi-ton; donnez à ce chant onze notes
» d'étendue, et vous verrez qu'il ne pourra se noter; car
» avec une terminaison inférieure au *c* aigu, il ne pourra
» exprimer le ton entier qu'il doit avoir quelquefois au-des-
» sous de sa finale; et si on lui donne le *c* aigu pour termi-
» naison il dépassera la note extrême ".

   » 8° Il y a donc trois raisons, pour lesquelles on ne donne
» que l'étendue de dix notes aux chants : l'autorité du psal-
» térion, la dignité des sons (1), et la nécessité de la no-
» tation. Les musiciens ont donc renfermé toute la pléni-
» tude des *progressions* modales, qu'ils assignent à chaque
» finale, dans une échelle qui part du *gamma* grec, et va
» jusqu'à " sur-aigu. »

   Suit une exposition de la division si souvent mentionnée
dans notre ouvrage et dans cette préface, de la division des
quatre grands modes en authentiques et en plagaux. Nous
l'omettons pour ne pas fatiguer le lecteur.

   « Ils sont donc insensés ceux qui veulent donner aux pla-
» gaux une octave au-dessus de leur finale, et une quarte et
» même une quinte inférieure aux authentiques. Pourquoi
» donc recevoir ou composer des chants difficiles à noter,
» plus difficiles encore à chanter, qui changent de lignes,
» fatiguent les voix, étendent leurs progressions indéfini-
» ment; qui tantôt montent jusqu'au ciel, tantôt descendent
» jusqu'aux abîmes. C'est pour éviter ces sortes de chants,

---

(1) *Dignitatis æqualitas.* Cette expression prêterait à plus d'un commentaire et à plus d'une interprétation, si le sens n'en était déterminé par le
passage de la page précédente, où l'auteur réclame, pour la dignité des notes
dernières de l'octave assignée à chaque mode, qu'elles ne soient pas relé-
guées seules à cette extrémité, et qu'on leur donne une note adjointe pour
les couvrir au besoin.

» nous dit Gui d'Arrezzo (1) qu'on a partagé chacun des
» quatre grands modes : Protus, Deuterus, Tritus et Te-
» trardus) en deux : l'authentique et le plagal, et qu'on
» a fait des règles pour donner aux graves et aux aigus
» l'étendue convenable. Car comme ces modes sont, d'un
» côté, graves ou planes de l'autre, aigus et élevés : les
» chants des versets et des psaumes ne peuvent être indiffé-
» remment appliqués à chacun d'eux; car si la phrase ajou-
» tée est grave, elle ne s'adaptera pas à la partie aiguë du
» mode ; si elle est aiguë, elle ne répondra pas à la partie
» grave. — Le même Gui d'Arezzo défend ces extensions exa-
» gérées dans les antiphones et les répons, auxquels on doit
» appliquer le chant des psaumes et des versets. Car ces mé-
» lodies étant mixtes et doubles, tandis que les versets, les
» sæculorum sont seulement en mode authentique, ou seu-
» lement en mode plagal ; on ne sait comment adapter aux
» répons un verset convenable, lorsque la gravité est telle-
» ment mêlée avec l'acuité, qu'il est difficile de discerner si
» c'est le verset authentique ou le plagal qui leur appartient.

» 9° Ainsi le veulent les lois de la nature; il est impossible
» de trouver plus de quatre manières qui, se partageant en
» tons graves et aigus, forment les tons plagaux et les au-
» thentiques : huit en tout. Ceux-ci diffèrent dans leur
» marche; les uns sont gais, les autres graves. La gaieté
» convient aux authentiques, et la gravité aux plagaux.

» 10° Pour les distinguer entre eux on a inventé des neumes
» que quelques-uns appellent stives : on les applique aux

(1) Les Bernardins écrivent Wuido simplement, ce qui ferait douter s'il est
question ici du moine de Pompose, mais comme ils citent les propres paroles
du Micrologue (Voy. ci-dessus, p. 198.), il est clair qu'il s'agit en cet endroit
de Gui d'Arezzo; de plus, on écrivait à cet époque tantôt Wuido, tantôt Guido.
— On voit donc par ce passage, que dès le commencement du douzième
siècle les ouvrages de Gui d'Arezzo étaient connus en France. Nous verrons
plus loin que le chapitre général de l'ordre des Cisterciens, avait défendu de
faire aucun changement à son Antiphonaire.

» antiphones. LesGrecslesdésignent par *noeane, noeais.* etc.,
» mots insignifiants, mais qui servent à rappeler à l'oreille
» et à la mémoire l'admirable variété des modes, et les fait
» discerner (1). Ces neumes ou formules doivent si bien ex-
» primer la forme ordinaire des modes, qu'après se les être
» imprimées dans la mémoire, et avoir acquis une certaine
» habitude du chant, on puisse facilement discerner à la
» seule audition, laquelle convient au morceau qui s'exé-
» cute. Chaque formule doit, par rapport à son mode, être
» *légitime* et *spéciale* : *légitime,* c'est-à-dire capable de s'a-
» juster à chaque finale du mode ; *spéciale.* c'est-à-dire faite
» pour lui seul. A quoi pourraient-elles servir si elles étaient
» fausses ou commutables ? »

Après quelques détails sans intérêt sur les neumes en
question, l'auteur conclut en ces termes :

« 11° Pour ces raisons et autres semblables, nous nous
» sommes vus forcés de corriger l'Antiphonaire, nonobstant
» l'usage de toutes les Eglises, obéissant à la nature plutôt
» qu'à l'usage 2 . Ce travail n'a point été inspiré par la pré-
» somption, mais enjoint par l'obéissance. Si l'on nous ac-
» cuse d'avoir fait un Antiphonaire différent de tous les au-
» tres, nous nous consolerons en pensant que nos réformes
» sont commandées par la raison, tandis que les différences
» entre les autres sont l'effet du hasard , ou d'autres causes
» qui ne valent pas mieux. Ils s'accordent, il est vrai, dans

---

1) On trouvera plus loin ces *formules* dans le *Tonal* de saint Bernard,
telles qu'elles ont été réformées par les Bernardins.

(2) Cette conclusion nous montre que la réforme de l'*Antiphonaire Bernardin* tombait plutôt sur la manière de noter les mélodies sacrées, que sur
leur changement substantiel ; et si la notation réformée entraînait quelques
modifications de ce genre, elles étaient légères, et faites dans le but de se
rapprocher du chant primitif, et d'épargner aux chantres les fautes d'exécution. Telle était aussi la raison des divergences que l'on rencontrait alors
dans les Antiphonaires d'*Amiens,* de *Reims,* de *Beauvais,* de *Soissons,* que
les Bernardins désignent ici.

» les défauts ; mais dans les choses où l'accord devenait lé-
» gitime, ils sont tellement divisés qu'il n'existe pas deux
» provinces chantant le même Antiphonaire. Il serait éton-
» nant que le faux l'emportât sur le vrai, et le mauvais sur
» le bon ; car pour ne parler que des églises de notre pro-
» vince, prenez l'Antiphonaire de Reims, comparez-le à ce-
» lui de Beauvais ou d'Amiens, ou de Soissons, qui sont à
» notre porte ; si vous les trouvez identiques, rendez grâce
» à Dieu. Du reste, nous ne voulons pas laisser ignorer que,
» déférant aux avis de nos Abbés et de nos Pères, nous avons
» conservé beaucoup de choses de l'ancien Antiphonaire,
» qui, à la vérité, sont tolérables, mais qui pourraient être
» beaucoup meilleures. Cependant nous en avons laissé deux
» imparfaites, qui ont grand besoin de correction, savoir,
» le mètre le chant psalmodique, du quatrième mode et
» celui du septième. Toutefois nous l'avons corrigé dans le
» Graduel au psaume de l'Introït ; mais à cause de l'anti-
» que usage nous n'avons pu en faire autant dans l'Antipho-
» naire, sans exciter les réclamations de tous les Pères qui
» nous avaient donné leur assentiment et leur bénédiction
» pour mener à bonne fin le reste de notre œuvre. La raison
» pour laquelle ces mélodies psalmodiques sont mauvaises
» est facile à comprendre ; car le chant des psaumes du
» quatrième mode, par la seule position des degrés, ne peut
» s'appliquer à aucune antiphone terminée sur B carré (1) ;

(1) En effet, le B carré ou *si* naturel n'ayant pas sa quinte juste, la mélodie
psalmodique se trouverait dénaturée, si, au lieu de la commencer sur *la*,
comme on le fait quand ce mode prend *mi* pour finale, on la commençait sur
mi en prenant la finale *si*, comme on peut le voir dans l'exemple suivant :

Di-xit Do-minus Domi-no me - o. Se-de a dextris me-is.

» et le chant du septième mode prend un *repos* sur une note
» par laquelle ce mode ne peut commencer un chant (1).
» Or tout mode doit avoir ses repos, là où il peut fréquem-
» ment commencer 2. »

Nous ajoutons à ce traité le *Tonal*, dit de saint Bernard.
Hommey l'attribue à ce saint lui-même; mais selon Mabil-
lon et Gerbert, il est l'œuvre des correcteurs de l'Antiphonaire, auteurs de la préface ou petit traité, que nous venons
de traduire. Saint Bernard ne serait auteur que de la lettre
qui sert d'introduction au traité, lettre dont la teneur même
ne laisse aucune incertitude sur la main qui l'a écrite.

Le *Tonal* que nous traduisons ici est tiré d'un manuscrit
de Saint-Blaise du treizième siècle. L'abbé de ce monastère,
Gerbert, l'a fait imprimer dans ses *Scriptores de Musica*.
t. II. C'est un dialogue entre le maître et l'élève; il est d'autant plus important qu'il confirme tout le contenu du traité
Bernardin, et donne l'explication de tous les termes qui y
sont employés.

Dans le second exemple il faudrait que le *fa* fût haussé d'un demi-ton pour
rendre la mélodie telle qu'elle est dans le premier.

(1) Selon les anciens on ne pouvait jamais faire un *repos*, ou finir une
phrase, sur la sixième note du mode; or, la psalmodie du septième mode fait
un repos sur le *mi*; donc, d'après la règle qu'invoquent ici les *Bernardins*,
cette mélodie si antique était mauvaise. La voici :

Di-xit... Do - mi-no me- o.   Se-de à dextris me - is.

Les réclamations des abbés étaient donc justes : quand un *chant* liturgique, et surtout un chant psalmodique, est reçu partout d'une manière
uniforme et *universelle*, on devrait le respecter, quand même il serait quelque peu contraire aux règles : mais ce n'était pas le cas ici, car la règle a
été établie, non pour le chant psalmodique, qui probablement lui est anté-
rieur, mais bien pour le chant des *antiphones* et *répons*. La mélodie psalmodique du septième mode n'est donc point évidemment opposée aux règles;
de plus, il n'est pas évident que le repos au milieu du verset, dans le chant
des psaumes, doive être considéré comme la fin d'une *distinction*.

(2) Cette règle est donnée par tous les auteurs qui ont précédé les Bernardins; elle a été méconnue dans les éditions de Rome et de Malines; on peut
en voir la preuve dans le Graduel *Viderunt*. Troisième messe de Noël.

TONAL DE SAINT BERNARD.

CHAPITRE I.
Des modes en général.

LE DISCIPLE.

« Qu'est-ce que le mode?

LE MAITRE.

» C'est la règle qui détermine la *nature* et la *forme* des
» chants réguliers.

LE DISCIPLE.

» Comment connaître la *nature* et la *forme*?

LE MAITRE.

» La *nature* se trouve dans la *disposition*, la *forme* dans
» la *composition* et la *progression*.

LE DISCIPLE.

» Qu'appelez-vous *disposition, progression, composition*?

LE MAITRE.

» La *disposition* est l'ordre direct dans lequel sont placés
» les tons et les demi-tons, d'après la position naturelle des
» lettres notes [1]. La *progression* est son étendue en haut
» et en bas, ou l'*élévation* et la *déposition* [2]. La *composi-*

---

[1] Autrement dit l'échelle diatonique du mode.
[2] C'est-à-dire l'étendue supérieure et inférieure à partir de la finale,
étendue différente dans les authentiques et dans les plagaux.

» *tion* consiste dans l'agilité ou la pesanteur, l'extension et
» la *restriction*, et dans les diverses variétés des marches mé-
» lodiques. Vous connaîtrez donc la *nature* d'un chant, si
» vous savez distinguer sa *disposition* ou sa *manière*. Vous
» connaîtrez sa *forme* si vous savez reconnaître quand il est
» authentique ou plagal.

LE DISCIPLE.

» Combien comptez-vous de *manières*?

LE MAITRE.

» Quatre.

LE DISCIPLE.

» En quoi diffèrent-elles?

LE MAITRE.

» La première monte par un ton, puis un demi-ton *ré*,
» *mi*, *fa*), et descend par un ton *ré*, *ut*; la seconde monte
» par un demi-ton, puis un ton (*mi*, *fa*, *sol*, et descend par
» un ton (*mi*, *ré*); la troisième monte par deux tons *fa*, *sol*,
» *la*), et descend par un demi-ton (*fa*, *mi*; la quatrième
» monte aussi par deux tons (*sol*, *la*, *si*, mais elle descend
» par un ton (*sol*, *fa*).

LE DISCIPLE.

» Qu'appelez-vous finales?

LE MAITRE.

» Ce sont les lettres (ou notes) qui terminent les chants.

LE DISCIPLE.

» Combien les *manières* comptent-elles de finales?

16

LE MAITRE.

» La première *manière* en a deux, D et *a* (*ré, la*); la se-
» conde, deux, E et ♯ (*mi, si* ; la troisième, deux, F, *c* (*fa,*
» *ut*); la quatrième n'en a qu'une, G (*sol*).

LE DISCIPLE.

» Il y a-t-il autant de *tons* que de *manières*?

LE MAITRE.

» Il y a quatre *manières* qui comprennent huit tons. Les
» tons impairs, savoir : le premier, le troisième, le cinquième
» et le septième sont appelés *authentiques,* comme jouissant
» d'une plus haute position ou dignité. Les tons pairs savoir :
» le deuxième, le quatrième, le sixième et le huitième sont ap-
» pelés plagaux, comme moins élevés ou moins dignes. Cha-
» que *manière* contient donc un ton *authentique* et un ton
» *plagal.* »

LE DISCIPLE.

» Quelle est la différence entre les uns et les autres ?

LE MAITRE.

» L'authentique peut dépasser la sixte de sa finale
» (exemple : RÉ, *mi. fa, sol, la,* SI, *ut, ré*); le plagal ne le
» peut faire : le plagal peut descendre de plus d'un ton au-
» dessous de sa finale (exemple : *la, si. ut,* RÉ, *mi, fa, sol.*
» *la*); l'authentique ne peut le faire.

LE DISCIPLE.

» De combien de notes l'authentique s'élève-t-il plus haut
» que le plagal? et de combien le plagal descend-il plus bas
» que l'authentique ?

LE MAITRE.

» De trois notes.

LE DISCIPLE.

» Dans combien de notes se renferme le chant de chaque
» mode?

LE MAITRE.

» Dans dix notes.

LE DISCIPLE.

» Pourquoi?

LE MAITRE.

» Parce que, d'après la disposition des tons et demi-tons
» reçus en musique, il n'est aucun chant renfermé dans une
» étendue de dix notes ou moins, qui ne puisse se noter;
» mais il peut y avoir des chants qui parcourent onze notes,
» qu'on ne pourrait noter. Il n'est donc jamais nécessaire
» d'admettre une mélodie qui, par son étendue, nous puisse
» donner cet embarras.

LE DISCIPLE.

» Quelle est la *disposition* adoptée par les musiciens?

LE MAITRE.

» Ils regardent la première, la quatrième et la septième
» lettre (A, D, G : *la, ré, sol*) comme ayant de chaque côté
» (au-dessus et au-dessous d'elles) un ton plein. La seconde
» et la cinquième lettre (B, E : *si, mi*) comme ayant au-des-
» sous d'elles un ton et au-dessus un demi-ton. La troisième
» et la sixième lettre (C, F : *ut , fa*) comme ayant un demi-

» ton au-dessous d'elles, et un ton ˉau-dessus; enfin ils ad-
» mettent parfois le ♭ mol pour ôter l'aspérité du *triton*.

LE DISCIPLE.

» Je vous prie de me dire si tous les chants qui ne mon-
» tent pas au-dessus de la *sixte*, et ne descendent pas de
» plus d'un ton au-dessous de leur finale, sont authentique
» ou plagaux?

LE MAITRE.

» Ils peuvent être authentiques ou plagaux.

LE DISCIPLE.

» Comment en faire la distinction?

LE MAITRE.

» On les distingue, non pas en considérant leur *progres-*
» *sion*, mais bien leur *composition*. Tout chant qui se ren-
» ferme dans cette étroite limite, s'il commence à la quinte,
» ou s'il la donne fréquemment et s'y repose, ou si, com-
» mençant à la finale, il arrive à la quinte par saut direct,
» est authentique; il n'y a d'exception que pour le troi-
» sième mode, lorsqu'il prend la sixte au lieu de la quinte.
» Tout chant au contraire qui ne dépasse point la quarte est
» plagal, s'il la dépasse, mais redescend aussitôt, en faisant
» des repos et des circuits autour de cette même quarte, il
» est encore plagal; à moins qu'il ne renferme la *composi-*
» *tion* propre de son authentique.

LE DISCIPLE.

» Quelles sont donc les *compositions* propres de l'authen-
» tique?

LE MAITRE.

» Considérez le neume du premier ton (la formule *Primum*

» *quærite regnum Dei*, p. 250), et vous y trouverez la com-
» position propre à ce ton. Si l'antiphone *Lex per Moysen*,
» et autres semblables, ne l'avaient point, elles seraient pla-
» gales. Il en est de même pour les autres authentiques.
» Dans tout morceau de progression restreinte, si la mélo-
» die, partant de la finale, monte à la quarte juste, par de-
» grés conjoints, redescend aussitôt sur son point de dé-
» part et s'y repose, elle est plagale. Je réitère cette obser-
» vation à cause de certains commencements du septième
» mode, qui, quoique montant aussi à la quarte, et redes-
» cendant ensuite, sautent presque aussitôt à la quinte. D'a-
» près cette règle, l'antiphone *Petrus apostolus* est plagale,
» quoiqu'elle semble avoir la forme propre de l'authentique.

LE DISCIPLE.

» Il vous reste à m'expliquer ce que c'est qu'un chant ré-
» gulier?

LE MAITRE.

» Pour en donner une définition adéquate, je dirai que
» c'est un chant *parfaitement consonnant et portant le ca-*
» *chet de son mode*.

LE DISCIPLE.

» Cette définition brève et obscure a besoin d'être expli-
» quée.

LE MAITRE.

» Le chant parfaitement consonnant est celui dans lequel
» la *progression* n'est point déplacée, et dont la *composi-*
» *tion* n'est point contraire à la *progression* ou à la *disposi-*
» *tion*.

LE DISCIPLE.

» Donnez des exemples de tout cela.

LE MAITRE.

» La *progression* est déplacée dans un chant, quant à l'é-
» lévation de l'authentique; on joint les notes graves du
» plagal. C'est là donner au chant une étendue maladroite,
» lui faire escalader les limites naturelles, et comme dit le
» poëte :

« Sur le cou du cheval planter la tête humaine (1). »

» C'est par de tels défauts qu'on a défiguré les répons :
» *Sancte Paule* et *Cornelius*, et plusieurs autres desquels,
» pour l'acquit de notre conscience, nous avons fait bonne
» justice. Un chant est aussi défectueux quand il se tient en
» des limites trop étroites; car s'il est des bornes qu'il ne
» faut pas excéder, il est des notes qu'il est nécessaire d'at-
» teindre. Il faut absolument que tout mode authentique at-
» teigne la QUINTE. Le plagal doit s'élever jusqu'à la quarte,
» ou tout au moins jusqu'à la note qui commence son *e o u a e*
» la teneur psalmodique). Prenez l'antiphone *Clamavi*, at-
» tribuée au quatrième ton; quand vous l'aurez finie vous
» serez obligé de faire un saut ridicule et dissonant pour
» commencer le *sœculorum;* car elle ne dépasse pas la
» note F grave, et le *sœculorum* commence sur *a* aigu; c'est
» pourquoi nous avons donné à certaines antiphones une as-
» cension plus forte. Telles sont : *Dele Domine; Omnis terra;*
» *Si iniquitates*, et autres semblables.

LE DISCIPLE.

» Continuez à m'expliquer votre définition.

LE MAITRE.

» La *composition* est en désaccord avec la *progression*

1. Horace, *Art poétique*, vers 1.

» dans un chant, qui ayant partout la *composition* du mode
» authentique, insère quelque part une descente plagale,
» comme on la trouvait dans *Deus omnium*, *Sint lumbi*, et
» plusieurs autres *antiphones* et *répons*. Il est encore des
» mélodies où la *composition* convient à la *progression*, mais
» non à la *disposition*, parce que, d'après l'ordre naturel
» des degrés, elles appartiennent à une *manière*, tandis que
» leur *composition* (marche mélodique) semble les ranger
» dans une autre. Telles sont *Benedicta tu* (1), et autres anti-
» phones dont la *disposition* naturelle accuse la première
» *manière*, et qui, à leur allure, semblent appartenir à la
» seconde.

    » La *composition* d'un chant est pareillement viciée par
» *opposition* quand il réunit des phrases de caractère mo-
» dal différent; de sorte que dans une phrase il semble être
» d'un ton, et dans la suivante il paraît être d'un autre. Telles
» étaient les antiphones *Beata Cecilia*, *Videntes Joseph* et
» *Dedisti, Domine*.

LE DISCIPLE.

    » Quels sont les chants qui n'ont point le *cachet de leur*
» *mode*?

LE MAITRE.

    » Ceux qui n'ayant point de traits particuliers à tel ou tel
» mode, pourraient aussi bien recevoir telle finale que telle
» autre, et être classés parmi différents tons. De ce nombre
» étaient : *Ecce sacerdos magnus*, et plusieurs autres chants
» du septième ton; *Visita nos*, et plusieurs du huitième;
» *Nazarœus vocabitur*, et plusieurs du cinquième; *Miserere*
» *mei*, *Deus*, et plusieurs du sixième.

(1) Voyez ci-dessus la Préface de l'Antiphonaire Cistercien.

LE DISCIPLE.

» Je voudrais connaître ces traits particuliers à chaque
» *manière*, et qui caractérisent tellement les chants qu'on ·
» n'en peut plus permuter les finales.

LE MAITRE.

» Si les hommes qui ont composé des chants vicieux, ou
» qui ont dépravé les mélodies correctes, en les notant ou
» en les chantant mal, avaient connu ces formules caracté-
» ristiques, il ne se fût jamais glissé dans les livres tant de
» choses défectueuses et anormales. Afin donc de répondre
» brièvement à votre demande, je vous dirai qu'on ne doit
» point omettre dans les chants de la première et de la
» deuxième *manière* le demi-ton le plus voisin de la finale ;
» il doit s'y rencontrer au moins une fois (1). Et ainsi les fi-
» nales de ces *manières* ne peuvent point être échangées.
» De même les chants du cinquième ton doivent avoir sous la
» finale ou sous la quinte le demi-ton caractéristique de
» leur *disposition*. Tous les chants du septième ton doi-
» vent avoir sous la quarte un demi-ton, et sous la finale
» un ton, et au-dessus de la sixte un demi-ton. Son plagal
» doit avoir pareillement le ton sous la finale, et le demi-ton
» sous la quarte.

LE DISCIPLE.

» Omettant tout ce qui peut être nécessaire encore à la
» connaissance des tons en général, donnez-moi la doctrine
» particulière à chacun d'eux.

LE MAITRE.

» Jusqu'ici j'ai répondu catégoriquement, et du mieux

(1) On donne en musique un précepte tout semblable pour la distinction
entre le mode majeur et le mode mineur.

» que j'ai pu, à toutes vos questions. Je suis prêt à résoudre
» avec le même soin celles que vous m'adresserez encore. »

CHAPITRE II.

Du premier ton.

LE DISCIPLE.

« Qu'est-ce que le premier ton?

LE MAITRE.

» C'est l'authentique de la première *manière* (du premier
» mode).

LE DISCIPLE.

» Qu'est-ce à dire ?

LE MAITRE.

» Tout chant régulier qui a l'*élévation* et la *composition*
» authentique, et finit en D ou en *a*, est *authentique* de la
» première *manière;* nous avons dit plus haut en quoi con-
» sistent l'*élévation* et la *composition* susdites.

LE DISCIPLE.

» Qu'arrive-t-il si ce chant a l'*élévation* authentique et la
composition plagale ?

LE MAITRE.

» Il possède une irrégularité que nous avons réformée, et
» qui, grâce à Dieu, n'existe plus dans notre Antiphonaire.

LE DISCIPLE.

» Combien le premier mode a-t-il de *différences* (termi-
» naisons)?

LE MAITRE.

» Rejetant toutes celles qu'on a pu admettre en divers
» lieux, nous n'en comptons que trois : la première convient
» aux chants qui commencent dans les notes graves ; la
» deuxième à ceux qui se tiennent dans les notes légères et
» élevées ; la troisième à ceux qui débutent par des notes
» du médium. Pour répondre cependant aux sollicitations
» pressantes de ceux qui veulent tout simplifier, nous avons
» renoncé à la première, applicable aux morceaux du pre-
» mier ton qui commencent dans les notes graves.

A- men.

» Nous employons seulement les deux autres que vous
» trouverez dans les formules ci-jointes. Car la dernière *dif-*
» *férence* (terminaison) qui s'adapte à la seule antienne, *Nos*
» *qui vivimus*, a été conservée plutôt par fantaisie que par
» raison. En effet, puisqu'on avait rejeté la première qui
» était plus alerte et plus usitée, pourquoi a-t-on gardé
» l'autre dans un seul psaume ? Au reste on eût bien fait de
» la conserver seule, car elle exprime bien le caractère du
» premier ton, et lui appartient en propre ; ce que l'on ne
» peut dire des deux autres terminaisons. »

Première différence ou terminaison.

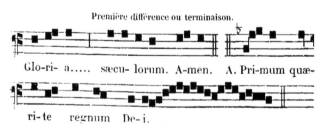

Glo-ri- a..... sæcu- lorum. A-men.   A. Pri-mum quæ-

ri-te   regnum   De- i.

A. Ave Ma-ri- a.   A. Mu-li- e- res.   A. Ec-ce nomen.

A. Ange-li Domi- ni.   A. Ve-nit lumen.   A. Adju-to-

ri- um. A. Speci- o- sus.   A. Chri- sti vir- go.

A. I- sti sunt.   A. Bidu- o vi- vens.   A. O quan-

tus lu-ctus. A. Eu- ge serve.   A. In medi- o.

A. Cum suble- vas-set.

Seconde différence ou terminaison.

Glo-ri- a..... sæcu-lo-rum. Amen. A. Vi-di Domi- num.

A. Ecce ve-re.   A. A- per-tis.

Verset des Nocturnes ou Répons.

Glo- ri- a   Pa- tri   et   Fi- li-   o, et Spi-

ri-   tu- i   san- cto.   A. Nos qui vi-vi-mus.

Troisième différence ou terminaison.

Glo-ri- a..... sæcu-lo-rum. Amen.

CHAPITRE III.

Du deuxième ton.

LE DISCIPLE.

« Qu'est-ce que le *deuxième ton* ?

LE MAITRE.

» C'est le mode plagal de la première *manière*.

LE DISCIPLE.

» Qu'est-ce à dire ?

LE MAITRE.

» Tout chant régulier qui *descend* et se *compose* d'une
» manière plagale, ayant sa finale sur D ou sur *a*, est le pla-
» gal de la première manière. Nous avons dit plus haut ce
» que c'est qu'une *composition* et une *disposition* plagale.

LE DISCIPLE.

» Combien ce mode a-t-il de *différences* (terminaisons)?

LE MAITRE.

» Une seule, répondant à toutes les phrases initiales. »

Unique différence ou terminaison.

Glo-ri- a..... sæ-cu-lorum. Amen.

Formule du deuxième mode.

A. Secun-dum au-tem si- mi-le est hu-ic

A. I-sti sunt san- cti. A. O sa- pi- en-

ti- a. A. In u-niversa ter-ra. A. In omnem

ter-ram.

Verset des Répons.

Glo- ri- a Pa- tri, et Fi- li- o, et Spi-

ri- tu- i san- cto.

CHAPITRE IV.

Du troisième ton.

LE DISCIPLE.

» Qu'appelez-vous le *troisième ton* ?

LE MAITRE.

» C'est l'authentique de la seconde *manière*.

LE DISCIPLE.

» Qu'est-ce à dire ?

LE MAITRE.

» Tout chant régulier ayant l'étendue et la composition
» authentiques, et terminé en E ou en ♮, est authentique de
» la seconde *manière*.

LE DISCIPLE.

» Combien ce ton a-t-il de *différences* (terminaisons)?

LE MAITRE.

» Deux : une pour les chants qui commencent dans les
» notes inférieures, une autre pour ceux qui commencent
» dens les notes supérieures, comme on le voit dans les for-
» mules ci-dessous. »

Première différence ou terminaison. — Formule.

Glo-ri- a..... sæcu-lo-rum. Amen. A. Ter- ti- a di-

es est quo hæc fa-cta sunt.

A. Cum for- tis ar-ma- tus. A. Nigra

sum. A. Ma- los ma- le. A. Quoni- am. A. Domine.

Deuxième différence ou terminaison.

Glo-ri- a..... sæ-cu-lo-rum. Amen. A. Qui de ter-

ra est.

Verset des Répons.

Glo- ri-   a   Pa- tri, et   Fi- li- o,   et Spi-

ri-   tu-   i   san-   cto.

CHAPITRE V.

Du quatrième ton.

LE DISCIPLE.

« En quoi consiste le *quatrième ton?*

LE MAITRE.

» En la règle qui détermine le mode plagal de la seconde
» manière.

LE DISCIPLE.

» Quelle est cette règle?

LE MAITRE.

» C'est que tout chant *composé plagalement*, et descen-
» dant de même, ayant la finale E ou $\natural$, soit le plagal de la
» deuxième manière.

LE DISCIPLE.

» Combien a-t-il de *différences* (terminaisons)?

LE MAITRE.

» Deux : une qui convient aux chants, dont les premières

» notes sont graves, l'autre qui convient à tous les autres,
» comme l'enseignent les formules ci-dessous. »

Première différence ou terminaison. — Formule.

Glo-ri- a..... sæ-cu-lorum. A- men. A. Quar-ta vi-gi-

li- a ve- nit ad e- os.

A. Lau-da- bo. A. Nos sci-en- tes. A. Rubum quem vi-

derat. A. Ste- tit An- ge-lus. A. Iste cogno-vit.

Deuxième différence.

Glo-ri- a..... sæ-cu-lo-rum. Amen. A. O-cu-li me- i.

A. In pro-le matris. A. Ni- si di- ligenter. A. In

domum.

Verset des Répons nocturnes.

Glo- ri- a Pa- tri, et Fi- li- o, et

Spi-ri- tu- i san- cto.

CHAPITRE VI.

Du cinquième ton.

LE DISCIPLE.

« Qu'est-ce que le *cinquième ton ?*

LE MAITRE.

» Celui qui suit la règle de l'authentique de la troisième
» *manière.*

LE DISCIPLE.

» Quelle est cette règle ?

LE MAITRE.

» C'est que tout chant authentique quant à l'étendue
» et la composition, terminé en F ou en *c.* soit l'authentique
» du troisième mode.

LE DISCIPLE.

» Combien y a-t-il de différences dans ce ton ?

LE MAITRE.

» Une seule, qui répond à toutes les phrases initiales,
» comme on le voit ci-dessous. »

Première différence.

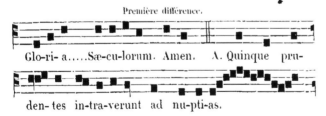

Glo-ri- a.....Sæ-cu-lorum. Amen.   A. Quinque pru-

den- tes in-tra-verunt ad nu-pti-as.

17

A. Confi-tebor Domino. A. In conspectu

an-ge- lo- rum. A. In so-le posu- it.

Verset des Répons.

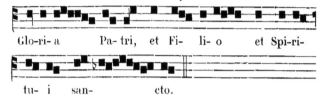

Glo-ri- a Pa- tri, et Fi- li- o et Spi-ri-

tu- i san- cto.

CHAPITRE VII.

Du sixième ton.

LE DISCIPLE.

« Qu'est-ce que le *sixième ton* ?

LE MAITRE.

» Celui qui se forme d'après la règle plagale de la troi-
» sième *manière*.

LE DISCIPLE.

» Quelle est cette règle ?

LE MAITRE.

» C'est que toute espèce de chant plagalement composé
» dans sa partie inférieure, et finissant sur F ou *c*, soit le
» plagal de la troisième manière.

» Combien a-t-il de *différences* ?

» Une seule suffit à tous ses commencements comme on le
» voit ici.

Première différence ou terminaison.

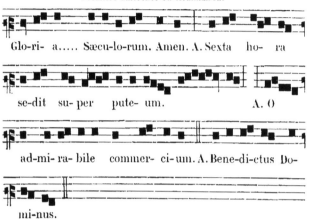

Glo-ri- a..... Sæcu-lo-rum. Amen. A. Sexta ho- ra

se-dit su- per pute- um. A. O

ad-mi- ra- bile commer- ci- um. A. Bene-di-ctus Do-

mi-nus.

Verset des Répons.

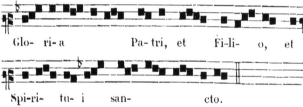

Glo- ri- a Pa- tri, et Fi-li- o, et

Spi-ri- tu- i san- cto.

CHAPITRE VIII.

Du septième ton.

LE DISCIPLE.

« Qu'entendez-vous par le septième ton ?

LE MAITRE.

» C'est l'authentique de la quatrième *manière*.

LE DISCIPLE.

» Quelle en est la règle ?

LE MAITRE.

» C'est que tout chant régulier ayant l'étendue et la com-
» position authentique avec G pour finale est l'authentique
» dela quatrième *manière*.

LE DISCIPLE.

» Combien a-t-il de différences ?

LE MAITRE.

» Deux : une convenant aux mélodies qui commencent à
» la quinte, ou montent rapidement jusqu'à elle ; l'autre
» correspondant aux mélodies qui n'y arrivent que par de-
» grés.

Première différence ou terminaison. — Formule.

Glo-ri-a..... Sæcu-lo-rum. Amen.   A. Septem sunt Spi-

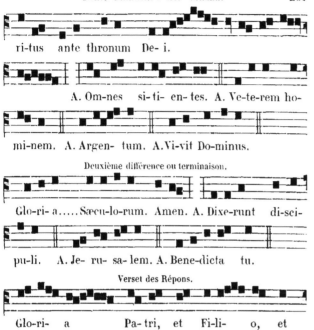

ri-tus ante thronum De- i.

A. Om-nes si- ti- en- tes. A. Ve-te-rem ho-

mi-nem. A. Argen- tum. A.Vi-vit Do-minus.

Deuxième différence ou terminaison.

Glo-ri- a.....Sæcu-lo-rum. Amen. A. Dixe-runt di-sci-

pu-li. A. Je- ru- sa- lem. A. Bene-dicta tu.

Verset des Répons.

Glo-ri- a Pa- tri, et Fi-li- o, et

Spi-ri- tu-i san- cto.

CHAPITRE IX.

Du huitième ton.

LE DISCIPLE.

» Qu'est-ce que le huitième ton?

LE MAITRE.

» C'est le plagal de la quatrième *manière*,

LE DISCIPE.

» Quelle en est la règle ?

LE MAITRE.

» C'est que tout chant régulier qui descend plagalement,
» avec une composition plagale et se termine sur G, est le
» plagal de la quatrième *manière.*

LE DISCIPLE.

» Combien a-t-il de différences ?

LE MAITRE.

» Deux : une pour les chants qui vont, en commençant, de
» la finale à la quarte, une pour tous les autres chants,
» comme on le voit ici dessous. »

Première différence ou terminaison. — Formule.

Glo-ri- a..... Se-cu-lorum. Amen. A. Octo sunt be-

a-ti- tu- di-nes. A. Scri-

ptum est. A. Nupti- æ. A. A-do- ra-te Dominum.

A. Dum me- di-um.

Deuxième Différence.

Glo-ri- a..... Se-cu-lorum. Amen. A. Ecce ancil- la.

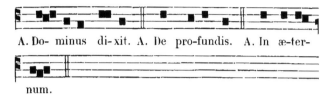

A. Do- minus di- xit. A. De pro-fundis. A. In æ-ter-

num.

Verset des Répons.

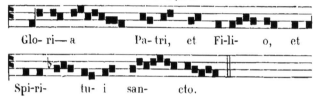

Glo- ri— a   Pa- tri, et Fi-li-   o,   et

Spi-ri-   tu- i san-   cto.

CONCLUSION.

LE DISCIPLE.

» Vous m'avez dit, si je ne me trompe, que les *diffé-*
» *rences* (terminaisons) du premier ton n'exprimaient pas la
» propriété de leur mode, et pouvaient être adaptées à un
» autre; est-ce qu'il en est de même pour les *différences* des
» autres tons?

LE MAITRE.

» Quelques-unes sont spéciales et caractéristiques : par
» exemple, celle du deuxième ton, et la première *différence*
» du quatrième. Mais les *différences* du troisième ton sont
» applicables au second, et lui conviennent même mieux
» qu'au troisième, puisqu'elles se terminent sur les mêmes
finales. La *différence* du cinquième se chante dans le *qua-*
» *trième*, et la *différence* du septième dans le *second*. Les *dif-*
» *férences* du *sixième* et du *huitième* n'expriment pas les

» propriétés de leurs tons. C'est pourquoi les musiciens les
» regardent comme vicieuses ; car la *différence* doit appar-
» tenir au ton auquel elle est attribuée, afin de mieux cor-
» respondre à l'antiphone. Avez-vous bien compris?

LE DISCIPLE.

» Je comprends; et ce que vous dites me semble évident;
» mais c'est un mystère inconcevable et qui passe toute ima-
» gination, que les *différences* du troisième et du septième
» mode soient chantées dans le second, et la *différence* du
» cinquième dans le quatrième.

LE MAITRE.

» Il faut que l'invention des formules ait été fautive, ou
» que l'oubli ait corrompu la composition primitive.

LE DISCIPLE.

» Je suis également étonné que les *versets des répons*
» n'aient pas les finales des morceaux dont ils font partie, et
» que, excepté ceux du sixième et du huitième ton, ils sem-
» blent appartenir à des tons différents.

LE MAITRE.

» On répond à cela, qu'à la vérité le verset appartient à un
» autre ton que le répons, si on le considère isolément; mais
» il ne faut pas le juger indépendamment de la *réclame* que
» l'on reprend pour finir : car le chant du *verset* et celui de
» la réclame pris ensemble, ont la tonalité générale du ré-
» pons. Celui-ci contient des parties qu'on pourrait dire mal
» composées, et appartenant à un autre mode, si on les ju-
» geait à part : mais de même qu'un répons ne forme qu'un
» seul et même chant, quoiqu'il soit composé de plusieurs
» morceaux de divers modes; de même aussi les versets et

» la réclame ne forment qu'un seul et même morceau ; et
» c'est pour cela que tous les deux se doivent accorder par-
» faitement pour le sens et pour la modulation.

LE DISCIPLE.

» Cette raison paraît peu solide, et pourrait bien être un
» subterfuge sans valeur. Au reste donnez-nous à présent
» votre avis sur le *mètre*, sur les *différences*, sur les *versets*.

LE MAITRE.

» Ce que vous demandez là n'appartient pas à notre su-
» jet ; car le chapitre général de l'ordre Cistercien a défendu
» de rien changer à l'Antiphonaire de Gui d'Arezzo. Lisez
» cependant le traité de musique que *Gui d'Auge* dédia à
» son saint maître, Guillaume, premier abbé de *Rieval*. Vous
» trouverez là de quoi vous instruire sur tous ces points. »
Ici finit le Tonal de saint Bernard.

Les deux ouvrages qu'on vient de lire soulèvent naturelle-
lement cette question : Comment se fait-il que le chant des
premiers Pères de Cîteaux, copié à Metz, fût altéré, et que
cependant Metz passât encore à cette époque pour être en
possession du vrai chant Grégorien? Les historiens vont répondre; nous n'aurons qu'à reproduire ici leur témoignage :
L'origine du chant de Metz est connue : Walafride
Strabe (1) raconte que le pape Etienne II étant venu en
France afin d'implorer le secours des Francs contre les
Lombards, le roi Pépin, père de Charlemagne, lui demanda
des clercs romains pour enseigner le vrai chant, et que
dès lors la science s'en répandit partout. « *Cantilenæ*
» *vero perfectiorem scientiam*, quam pene jam tota Fran-
» cia diligit, Stephanus Papa, cum ad Pippinum patrem

---

(1) Valafrid. Strab. — *De reb. Eccles.*, c. 25.

» Caroli Magni, pro justitia sancti Petri, a Longobardis
» expetenda, venisset, per suos clericos, *petente eodem*
» *Pippino*, *invexit*, indeque usus ejus longe lateque
» convaluit. » Sigebert rapporte ceci à l'année 751. Le
roi Pépin, dit-il, s'employa avec zèle à la réforme du
chant des églises de France, en y introduisant les mélodies approuvées à Rome. « Pippinus rex Galliarum, Ec-
» clesias cantibus *Romanæ autoritatis*, suo studio, *melio-*
» *ravit* (1). » Or ce fut à Metz qu'eut lieu la première institution du chant Romain, sous l'évèque Chrodegand, qui
avait accompagné le pape Etienne en son voyage des
Gaules. Paul Diacre (2) ne laisse aucun doute à cet égard
dans sa chronique de l'église de Metz. « Clerum adunavit,
» et ad instar cœnobii intra claustrorum septa conversari
» fecit, normamque eis instituit... ipsumque clerum abun-
» danter lege divina, *Romanaque imbutum cantilena, mo-*
» *rem atque ordinem Romanæ Ecclesiæ servare præcepit.* »

Ainsi ce saint évêque forma un clergé séparé du monde,
lui donna une règle, l'établit dans un cloître et là il le for-
mait à l'étude de la loi divine, lui apprenait le chant Romain, ainsi que les usages et cérémonies de la mère des
églises; ce qui n'existait point à Metz avant lui.

Le chroniqueur Sigebert rapporte, à l'année 774, que
Charlemagne envoya deux clercs à Rome pour y apprendre
le chant authentique; et par eux, ajoute l'historien, l'église
de Metz, puis toute la Gaule revint au vrai chant Romain.
Ad auctoritatem cantus Romani revocata est (3). Le même

(1) Sigeberti Gemblac. monach. *Chron.*, *ann.* 751.
(2) *De Episc. Met. Eccles.*—Lib. I.
(3) Karolus rex offensus dissonantia ecclesiastici cantus, inter Romanos et
Gallos, et judicans justius esse de puro fonte, quam de turbato rivo bibere,
duos clericos Romam misit, ut *authenticum cantum* a Romanis discerent et
Gallos docerent; et per hos primo Metensis Ecclesia, et per illam omnis Gal-
lia, ad auctoritatem Romani cantus revocata est. (Sigeb., *ann. cit.*)

auteur raconte un peu plus loin, à l'année 790, que Charlemagne voyant de nouveau les Gaulois en désaccord avec les
Romains pour le chant, et les Messains s'éloignant des
bonnes méthodes à cause de la légèreté de leur nature :
Metenses vero sola naturæ levitate paululum quid dissonare;
corrigea de nouveau ces divergences à l'aide de chantres
romains, envoyés par le pape Adrien : *Per cantores rursum
ab Adriano Papa a Roma directos, dissonantiam cantus
correxit.* L'auteur de la vie de saint Grégoire le Grand raconte les mêmes faits et les confirme de son autorité : « Au-
» tant l'école de Rome, dit-il, l'emportait sur celle de Metz,
» autant celle de Metz l'emportait sur les autres églises des
» Gaules et de la Germanie. » Martène, dans ses *Annales,*
rapporte les mêmes faits, aussi bien que les moines de Saint-
Gall et d'Angoulême dans leurs chroniques, sauf quelques
erreurs sur les noms des chantres et les années; mais il
est constaté, par un capitulaire de Charlemagne, que l'on
envoyait de toutes parts des chantres à l'école de Metz,
et que de là le chant Romain se propageait dans toutes
les Gaules : « *Ut cantus discatur et secundum ordinem*
» *Romanæ Ecclesiæ fiat : et ut cantores de Metis revertan-*
» *tur.* »

En quoi donc consistaient les défauts reprochés à cette
école? Les premiers furent, à n'en pas douter, des négli-
gences d'exécution. Toutes les nuances indiquées par les
neumes usuels, ne pouvaient être observées sans une application infinie, et si la *légèreté française* en avait quelque
peu distrait les chantres de Metz, élèves immédiats des
maîtres de Rome, on jugera sans peine de ce qui avait pu
arriver dans les églises même où l'on conservait de fidèles
copies du texte primitif.

Cependant les sévères critiques des correcteurs de l'*Antiphonaire Cistercien* ne permettent pas de douter que le

mal ne fût devenu plus grave encore, à l'époque où furent transcrits les livres de Cîteaux.

Remarquons avant tout que la véhémence de leurs expressions ne doit égarer personne : ce n'est pas d'aujourd'hui que les hommes appelés à corriger un texte quelconque, avertissent d'abord le public que l'œuvre qu'ils retouchent était affreusement défigurée. Il n'est pas de réimpression qui ne porte au frontispice : *innumeris mendis purgatum*, ou autre formule semblable; pas une préface, surtout celles des érudits, qui ne s'apitoie, souvent de la manière la plus tragique, sur des fautes si menues, que le lecteur a peine à distinguer le corps du délit. Il faudrait n'avoir pas la moindre pratique des ouvrages d'érudition pour ne pas leur reconnaître ce léger travers, qui d'ailleurs tient à la nature. Un philologue, après avoir remué des volumes par centaines et découvert une variante qui lui paraît décisive, n'entend pas que son travail aboutisse à une rectification silencieuse; d'ailleurs, aurait-il le courage du silence, passionné qu'il est par ses recherches? (car les recherches d'érudition passionnent.) Aussi quel homme d'étude n'a pas quelquefois souri, d'entendre les Scaliger, les Juste-Lipse, les Volf, les Bentley, les Gronovius, les Heyne, etc., anathématiser, avec un pathétique vraiment exalté, les scoliastes pris en défaut? Or ceux qui ont seulement jeté les yeux sur les écrivains ecclésiastiques du moyen âge, savent bien que de leur temps la critique n'était pas plus endurante qu'au seizième siècle et aux suivants; ils sauront donc aussi réduire à leur juste valeur les rudes reproches infligés à l'*Antiphonaire Messain*, au commencement de la préface Cistercienne (1); ils resteront calmes devant la tragique apostrophe de la page 228 :

(1) Ci-dessus, pag. 220.

« Mais voilà de quoi mettre le comble à votre surprise et
à votre indignation, etc. »

Il s'agit d'une antienne ayant D pour finale, et que d'*iniques prévaricateurs* ont notée sur la finale G avec le bémol.
La transposition est maladroite, il faut en convenir, mais
la véhémence du reproche semble annoncer bien autre
chose.

Il n'est pas non plus inutile de faire observer, comme
nous l'avons dit plus haut (1), que les corrections des Bernardins n'ont pas toujours été heureuses, et qu'ils auraient
bien pu découvrir des altérations là où le texte Grégorien
subsistait encore.

Quoi qu'il en soit, le mal existait. Il le faut expliquer et
apprécier, autant que les monuments historiques nous le
permettent.

Nous avons raconté dans un autre ouvrage (2) comment,
sous le pontificat d'Adrien Ier, deux chantres romains, Pierre
et Romanus, apportèrent l'un à Metz, l'autre à Saint-Gall,
deux Antiphonaires authentiques et identiques. Nous avons
dit quelles précautions religieuses furent prises à Saint-Gall
pour défendre le précieux manuscrit contre toute altération.
Déposé sur l'autel des saints Apôtres, confié à la garde de
tout un monastère, dont il faisait la principale richesse, il
devint comme un miroir devant lequel, de tous les points
de l'Europe, on venait présenter les livres de chant, pour
constater leur identité avec l'œuvre Grégorienne, et corriger les fautes qui s'étaient glissées sous la main du copiste (3). Nous avons constaté, avec le savant abbé de Saint-

(1) Pag. 230.
(2) Antiphonaire de saint Grégoire. Fac-simile du manuscrit de Saint-Gall.
Notice historique.
(3) « In quo, usque hodie, si quid dissentitur in cantu, quasi in speculo,
error universus pervidetur atque corrigitur. » Ekkehard. (*Voy.* Pertz. *Monum. Germ.* T. II.)]

Blaise, que l'école de Saint-Gall était demeurée plus fidèle que celle de Metz à la tradition primitive (1).

Quant à celle-ci, elle avait permis qu'on fît dans ses livres des remaniements et de soi-disant corrections. Un long récit d'Amalaire, prêtre de l'église de Metz, au ixe siècle, et chargé tout spécialement de cette partie de la liturgie, ne permet pas d'en douter (2).

Mais, 1° il résulte de son témoignage que les changements avaient eu lieu seulement dans l'*Antiphonaire* et non dans ce que nous appelons, le *Graduel*. « Je trouvai, dit-il, à Corbie, les *Antiphonaires* que je cherchais : trois vo-» lumes pour l'office nocturne, et un quatrième pour le » *Diurnal*. » C'étaient des livres Messains qui se trouvaient heureusement disponibles, et que le saint homme put emporter à Rome pour les collationner. Aucune mention n'est faite des chants de la messe : et cela se conçoit. Tous les auteurs sont d'accord qu'ils ont été réglés par saint Grégoire, et cette partie des chants liturgiques n'a subi que de légers changements dans les réformes postérieures d'Urbain VIII et de saint Pie V. L'office canonial, au contraire, aurait été gravement modifié et considérablement accru par les successeurs de saint Grégoire. Le livre pontifical les désigne nommément : Saint Léon II, Grégoire II, Grégoire III, Adrien I, Léon III, etc.

2° Amalaire eut à constater, dans son travail de collation, plutôt des modifications dans l'ordre de l'Office, des antiennes ajoutées ou supprimées, des répons placés en un autre ordre, etc., que des changements dans les mélodies conservées en usage. « En comparant, dit-il, les *Antipho-*

---

(1) « Ex quibus verbis colligitur religiosius in Sangallensi monasterio modulationem Romanam fuisse servatam. » (Gerb. *De cant. et mus. sac.* I, p. 275.)

(2) *Id.*, p. 275.

» *naires* de Rome avec les nôtres de Metz, j'ai constaté qu'ils
» diffèrent non-seulement quant à l'*ordre* et à la *distribu-*
» *tion,* mais aussi quant au *texte;* les livres romains con-
» tiennent en effet nombre d'antiennes que nous ne chan-
» tons pas, etc. (1). »

3° Enfin les correcteurs Bernardins, aussi bien qu'Amalaire, n'accusent aucune altération dans le *Graduel,* si ce
n'est un *Psaume* d'introït qui ne leur a pas semblé régulièrement noté.

Pour l'*Antiphonaire,* ils le traitent plus mal en théorie
qu'en pratique. Sauf les transpositions illégitimes qu'ils at-
taquent avec raison et réforment de leur mieux, souvent
même avec assez peu de bonheur, leurs livres ne sont pas si
différents qu'on pourrait le croire des meilleurs textes Grégoriens. Nous avons examiné avec soin des manuscrits de
leur ordre, copiés à Cîteaux, au douzième siècle, et actuellement déposés à la bibliothèque de Colmar : nous les avons
trouvés purs Grégoriens, presque en tout conformes aux livres de Saint-Gall.

Il ne faudrait donc pas s'exagérer le sens de cette réforme Cistercienne, et conclure de quelques expressions un
peu fortes, que la source Messaine, corrompue par l'arbitraire et la maladresse, avait, dès le XII° siècle, infecté tout
le chant liturgique en France, et qu'ainsi, l'Italie toute
seule possède encore de bons manuscrits. Nous avons déjà
touché ce point dans l'introduction de cet ouvrage (2). La
seule conclusion légitime à déduire des corrections Cister-
ciennes, est que, pour arriver à la pureté primitive du
chant liturgique, il faut longtemps et patiemment compa-
rer entre eux les monuments les plus authentiques de tous

(1) Loc. cit.
(2) Page 53 et suivantes.

les pays, et les rectifier les uns par les autres. Nous ne voyons pas que les correcteurs et réformateurs dignes de ce nom, aient jamais invoqué d'autre principe et suivi d'autre marche.

Nous bornerons ici les analyses et traductions des auteurs primitifs, sur le chant Grégorien. Ce n'est pas que les écrivains postérieurs à saint Bernard ne nous donnent çà et là quelques données utiles; mais nous serions infidèles à notre plan si nous voulions établir une doctrine sûre, d'après des écrits composés, comme nous l'avons dit, sous une influence trop peu Grégorienne, plus ou moins accommodés aux nouvelles exigences du contre-point et de la musique figurée, ou enfin d'une autorité sans garantie.

DEUXIÈME PARTIE.

ESTHÉTIQUE, THÉORIE ET PRATIQUE

DU

CHANT GRÉGORIEN.

DEUXIÈME PARTIE.

APPLICATION

DE LA

DOCTRINE DES ANCIENS

A LA

RESTAURATION ACTUELLE.

L'objet de cette seconde partie est de résumer, dans une récapitulation succincte, les principaux points de la doctrine des anciens, pour en faire l'application à notre travail archéologique et pratique. Nous devrons remettre en passant sous les yeux des lecteurs, plus d'une question déjà exposée, soit dans l'introduction de ce livre, soit dans la partie précédente, soit même dans quelques-unes de nos publications antérieures à celle-ci; mais un écrivain didactique ne doit pas, ce nous semble, reculer devant les redites, quand elles profitent à la solidité et à la clarté de son ouvrage.

Tout ce que nous avons à dire ici peut se rapporter à six chefs, qui donneront lieu à autant de chapitres.

1° Le rhythme,

2° La mesure,

3° Les causes qui ont fait disparaître l'un et l'autre dan le plain-chant moderne,

4° La manière de phraser le chant.

5° Ses ornements,

6° Ses rapports avec la quantité et l'accentuation latine,

CHAPITRE I.

Du rhythme.

Les anciens admettaient-ils le rhythme dans le chant liturgique? La lecture attentive des plus anciens traités sur le chant ecclésiastique ne nous permet aucun doute à cet égard; mais comme l'exécution défectueuse des mélodies antiques a si bien préoccupé les esprits, que la théorie légitime et authentique passe en certains endroits pour un paradoxe, il faut sommairement énoncer nos preuves et nommer nos autorités.

Disons d'abord qu'il ne s'agit point seulement ici de la mélodie des Hymnes (1) et des Séquences, mais de celle des Antiphones et des Répons.

(1) Dans les Hymnes et les Séquences, le rhythme musical est naturellement soumis à celui de la poésie. Dans les Antiphones il est indépendant des paroles; il peut même exister sur une seule syllabe comme sur plusieurs, par la distribution symétrique des notes brèves et longues.

« Les anciens, dit M. Vincent (1), attachaient une si haute
» importance au rhythme que, suivant eux, c'était la partie
» la plus virile de la musique; ils comparaient le rhythme à
» l'homme et la mélodie à la femme. » « C'est le rhythme,
» dit Aristide Quintillien, qui donne la vigueur à la musi-
» sique. » *Rhythmi partes vim melodiæ evidentem constituunt* (2). « Pour eux, dit M. l'abbé Cloet (3), la mélodie n'é-
» tait que le corps, l'âme c'était le rhythme. »

Ainsi pas de chant, pas de musique sans rhythme : *Omne
melos more metri mensurandum est.*

On dit aussi de nos grands maîtres modernes que la première chose qu'ils font, quand ils composent, c'est de chercher un rhythme convenable aux choses qu'ils veulent exprimer, aux sentiments qu'ils veulent rendre. C'est lui, en
effet, qui donne à la mélodie son caractère moral; qui la
rend grave ou légère, entraînante ou amollissante, triste ou
joyeuse

On le définirait bien :

Une combinaison de longues et de brèves, adaptée au caractère des choses que l'on veut exprimer, et mesurée d'a-
près la même règle.

Cette définition est basée sur celles des anciens, dont on
peut lire un grand nombre dans Meybaumius (4).

La *mesure* est le temps que l'on donne à ces notes
longues et brèves; elle est marquée par le *frappé* régulier du pied ou de la main. « On en indiquait autrefois

---

(1) *Notice sur les manuscrits*, t. XVI, p. 197. Paris, imprimerie royale 1847.
(2) *Apud Meib. auct. musc.*, Arist. Quintillien, p. 31.
(3) Nous saisissons avec empressement l'occasion qui se présente de recommander aux amateurs du chant liturgique, l'ouvrage de M. l'abbé Cloet, intitulé : *De la restauration du chant Grégorien*. Sauf un petit nombre de
points où sa doctrine est démentie par l'autorité des maîtres, tout le reste
offre une lecture intéressante et instructive.
(4) Βαχχείου τοῦ γέροντος εἰσαγ, p. 22.

» les temps, dit F. Quintillien, par le choc des doigts (1). »

Il y a donc une différence entre la mesure et le rhythme :
la mesure peut exister sans rhythme, comme quand on
chante régulièrement une longue suite de notes égales, mais
le rhythme ne peut exister sans une certaine mesure.

Le rhythme musical exige donc 1° des notes longues et
des notes brèves; 2° que ces notes se succèdent entre elles
selon un certain ordre convenable à la chose qu'on veut
exprimer; 3° qu'elles aient une certaine mesure de durée
également convenable au sentiment du texte. On le peut
varier en autant de manières que le mélange des longues et
des brèves offre de combinaisons possibles. Il est tantôt régulier, tantôt irrégulier, tantôt simple, tantôt composé.
Tantôt c'est la longue qui succède à la brève, tantôt c'est
l'opposé; là, ce sont des brèves qui précèdent la longue;
ailleurs c'est le contraire. En un mot, dans la phrase musicale comme dans le mètre poétique et dans la bonne prose,
la longue et la brève se combinent et s'harmonisent pour le
plaisir de l'oreille et la puissance de l'expression. Or, voyons
si Gui d'Arezzo exige ces choses dans le chant ecclésiastique.
On n'a pas oublié ce qu'il dit au chapitre XV de son *Micro-*
logue, en traitant de la bonne méthode pour composer un
chant sacré :

« De même que dans l'art métrique il y a des lettres, des
» syllabes, des pieds, des hémistiches et des vers, de même
» dans la mélodie il y a des notes; avec une, deux ou trois
» notes on forme des syllabes; et ces syllabes simples ou
» composées constituent un *neume*, ou trait mélodique;
» avec un trait mélodique ou plusieurs, on forme une
» *phrase* ou *distinction*, c'est-à-dire un repos où l'on peut
» respirer convenablement. »

(1) F. Quint. *Inst. orat.* IX, 4. « Et pedum et digitorum ictu intervalla si-
gnant. »

Et plus loin :

« Que l'on fasse une très-grande attention à la division
» des *neumes*, et soit qu'ils se forment par la répercussion
» de la même note, soit par l'union de deux ou de plusieurs
» notes différentes, que toujours, et quant au nombre des
» sons, et quant à leur espèce, ils conservent des rapports
» et se répondent symétriquement : ici des neumes égaux à
» des neumes égaux ; là un neume double ou triple à un
» neume simple. »

Il faut que toutes ces nuances soient réglées d'après le
sens des paroles : *Ut rerum eventus sic cantionis imitetur
effectus*. « Que dans les choses tristes les notes soient graves ;
» dans les tranquilles, agréables ; dans les prospères, triom-
» phantes : *In prosperis, exultantes*. Enfin, il est *nécessaire*
» que le chant soit mesuré par le *frappé* et le *levé*, comme
» les vers, et *puisse être battu en mesure : Sicque opus est ut
» quasi metricis pedibus cantilena plaudatur* (1). Il faut
» qu'il y ait des notes deux fois plus longues que d'autres,
» ou deux fois plus brèves (2). »

Nous serions obligé de répéter ici une bonne partie du
Micrologue, si nous voulions rassembler tous les textes qui
viennent à notre sujet. Mais déjà il est impossible de ne pas
voir, dans ces prescriptions de Gui, tout ce qui constitue le

---

(1) Tout ceci est confirmé dans le traité d'Aribon, qui n'est qu'un commentaire de celui de Gui d'Arezzo. « Les anciens, dit-il, avaient grand soin,
soit en composant, soit en chantant, d'observer que tout fût bien proportionné. » (*Script.*, t. II. p. 227.) Par proportion, il entend la régularité dans le
rhythme et les phrases.

(2) On voit par cette doctrine de Gui d'Arezzo sur les notes longues et
brèves, combien sont fausses les définitions du plain-chant données par les
auteurs plus modernes : entre autres celles-ci : *Cantus planus dicitur cujus
notæ æquali mensura et pari tempore pronuntiatur.* (Petr. Aaron, *de
Instit. harm.*) — *Cantum planum vocant, quoniam simpliciter et de plano
singulas notas æqua brevis temporis mensura pronuntiant.* (Gafforius,
lib. I, c. 1.) Ce sont ces définitions répétées jusqu'à nos jours, depuis le
XIIIe siècle, qui ont contribué à fourvoyer la science du chant Grégorien, et
qui en ont faussé l'exécution.

rhythme, c'est-à-dire encore une fois : 1° les notes brèves
et longues, qui en sont le principal élément ; 2°, la proportion observée entre les phrases qui se répondent à l'instar
des vers; 3° le mouvement donné aux notes, conformément
aux choses exprimées. Il nous resterait à montrer par des
exemples que toutes ces choses existent réellement dans le
chant de saint Grégoire, bien exécuté et bien restauré.
C'est ce que démontrera la restauration elle-même. Au
reste, cette doctrine, si naturelle, et nous dirions volontiers
si *nécessaire*, ne date pas seulement de Gui d'Arezzo. Tous
les écrivains antérieurs n'ont qu'une voix pour la confirmer. Alcuin, dans un poëme sur les *Ecoles du palais*, nous
apprend comment, sous Charlemagne, on entendait l'enseignement des chants sacrés :

> Candida Sulpicius post se trahit agmina lector
> Ut regat et doceat *certis* ne *accentibus* errent :
> Instituit pueros Idythun modulamine sacro :
> Utque sonos dulces decantent voce canora,
> Queis *pedibus, numeris rhythmo* stet musica discunt :

> Voyez ces jeunes clercs, dont le docte Sulpice
> Aux règles de l'accent forme la voix novice.
> Nouveaux fils d'Idithun, ils pourront, au saint lieu,
> Moduler avec art les louanges de Dieu ;
> Ils sauront que nos chants (c'est la loi de nature)
> Réclament avant tout le RYHTHME et la MESURE.

Ce que nous avons à dire sur la *mesure* dans le chapitre
suivant , va compléter abondamment la question du
rhythme.

CHAPITRE II.

De la mesure.

Nous prendrons ici pour témoin et pour guide un savant, qui puisa les principes du chant Grégorien à la *source primitive*, c'est Hucbald, moine de Saint-Amand, né vers 830 [1].

La doctrine de ce savant religieux est d'autant plus importante, qu'il la tenait des premiers chantres envoyés en France sous Charlemagne, ou tout au moins de leurs élèves, comme nous l'avons dit plus haut. Comment se fait-il donc qu'elle ait été méconnue de tous les auteurs qui ont écrit sur le chant Grégorien, depuis l'invention de la musique figurée?

Nous donnons ici le passage important traduit par M. de Coussemaker dans son excellent Mémoire sur Hucbald. Seulement, nous ajouterons quelques paroles, que M. de Coussemaker avait jugé à propos d'omettre.

« L'ÉLÈVE. — Qu'est-ce que chanter avec *nombre? Quid » est numerose canere? —* LE MAITRE. — Chanter avec » *nombre*, c'est donner à la mélodie un mouvement ré- » glé, en observant les durées plus ou moins longues des » notes. De même que dans le discours on tient compte » des syllabes brèves et longues, de même, dans le chant » on doit observer les sons prolongés, et ceux qui ne le » sont pas, et combiner si bien les notes rapides avec les

(1) *Voyez plus haut*, p. 100. — Le traité d'Hucbald n'est guère connu que depuis un siècle, grâce au prince abbé de Saint-Blaise ; dom Gerbert, qu l'a publié dans le 1er vol. de ses *Scriptores de musica*. Et M. de Coussemaker l'a fait connaître plus particulièrement dans son excellent *Mémoire sur Hucbald*.

» tenues, que la mesure puisse être battue comme dans les
» chants métriques. *Et veluti metricis pedibus cantilena*
» *plaudatur.* Faisons cet exercice : je frapperai du pied en
» chantant le premier, tu me suivras en m'imitant : *Age*
» *canamus exercitii usu. plaudam pedes ego in præcinen-*
» *do. tu sequendo imitabere* (1). »

Voici l'antiphone que l'auteur prend pour exercice, et il
la note trois fois de suite de la même manière, mais en
l'exécutant, il lui donne trois différents mouvements; elle
est écrite en notes hucbaldiennes (2).

E-go sum vi - a, ve - - ri-tas et vi - - - ta.

Al - - le - lu - - ia, al - le - lu - ia.

« Dans les trois membres de cette phrase, dit Hucbald,
» les dernières notes seules sont longues, toutes les autres
» sont brèves (3). Chanter ainsi, ajoute-t-il, c'est chanter en
» nombre : *Numerose canere.* C'est donner un mouvement
» réglé ou une durée mesurée, aux notes longues et aux
» notes brèves : *Sic itaque est numerose canere longis bre-*
» *vibusque sonis ratas morulas metiri,* afin de ne pas çà et
» là les prolonger ni plus ni moins qu'il convient : *Nec per*
» *loca protrahere vel contrahere magis quam oportet;* mais
» retenir la voix selon les lois de la mesure, et finir le chant

----

(1) *Apud* Gerb. *Script.*, t. I, p. 182.
(2) Dans le manuscrit de Valenciennes, qui paraît être l'autographe même.
(3) Ceci confirme la théorie de Gui d'Arezzo, qu'on faisait une tenue sur
la dernière note d'une phrase; et cette tenue donne de la facilité pour l'ensemble quand on chante plusieurs à la fois; de plus, elle est comme un repos
où l'on médite la parole chantée.

» dans le même mouvement qu'il a commencé : *Ut possit*
» *melum ea finiri mora qua cœpit*. De ce passage, il résulte
» trois choses très-importantes pour l'exécution du chant
» ecclésiastique, c'est :

1° Qu'alors, c'est-à-dire dans l'institution primitive, on
observait, dans le chant ecclésiastique, des notes longues
et des notes brèves, placées ailleurs que sur des syllabes
brèves ou longues.

2° Qu'on battait la mesure en chantant ces antiques mélodies.

3° Qu'on leur donnait un mouvement réglé, soit par le
sentiment du texte soit par la nature de la mélodie.

Hucbald dit plus : il va nous apprendre que le chant
ecclésiastique tire, de la mesure bien observée, son plus
.nement et sa plus grande beauté. » Cette mesure bien or-
» donnée, dit-il, est TOUJOURS de rigueur dans un chant
» bien composé : *Hæc igitur numerositatis ratio doctam*
» *semper cantionem decet*, et c'est d'elle que le chant tire
» son plus bel ornement, soit qu'on l'exécute plus len-
» tement ou plus vite, à une ou plusieurs voix : *Et hac*
» *maxima sui dignitate ornatur, sive tractim sive cursim*
» *canatur, sive ab uno seu a pluribus*, et lorsqu'un grand
» nombre de personnes chantent ainsi en mesure, il semble
» qu'on entende la voix d'une multitude de personnes
» sortir d'une seule bouche : *Quasi ex uno ore vox multi*
» *tudinis audiatur* (1). »

---

(1) Réfutation péremptoire de cette thèse, présentée récemment comme une
heureuse découverte : que dans l'institution primitive les fidèles ne prenaient
jamais part au chant, si ce n'est pour répondre *Amen*, ou bien, *Et cum Spi-*
ritu tuo, ou *Gloria tibi, Domine, etc.* Presque tout le reste aurait été exécuté,
en solo, par un *préchantre*, sorte d'*artiste*, de *professeur*, de *virtuose*, dont
les roulades prolongées expliquent, dans les livres anciens, les longues tirades de notes placées sur une syllabe. Il est fâcheux de voir un auteur dépenser tant d'esprit et d'érudition, pour soutenir une thèse qui n'a d'autre
défaut que celui d'être en contradiction formelle avec les plus fidèles organes
de la tradition.

Dans un autre traité sur le chant Grégorien, notre auteur revient encore sur la mesure : « Du reste, dit-il, on doit
» observer, *avant toute chose*, que la mélodie soit exécutée
» avec une grande régularité de mesure ; car dès que cette
» régularité manque, la mélodie est privée de sa *principale*
» *prérogative : præcipuo suo privatur jure* ; elle est frustrée
» de sa perfection naturelle et légitime : *legitima perfec-*
» *tione fraudatur* ; sans elle il n'y a que confusion dans un
» chœur, et l'on ne peut chanter seul ni avec plusieurs
» d'une manière intelligente et rationelle, parce que toute
» beauté qui se perçoit par l'ouïe ou par la vue a sa perfec-
» tion dans la régularité : *ainsi Dieu l'a voulu.* C'est pour
» quoi il a tout disposé avec nombre, poids et mesure. Que
» l'inégalité du chant ne vienne donc pas vicier les mélo-
» dies sacrées ; qu'un *neume* ou un *son* ne soit pas exécuté
» tantôt trop vite, tantôt trop lentement, sans respect pour
» les règles de la convenance ; que par négligence on ne
» chante pas la fin d'un *Répons* ou de toute autre mélodie
» d'une manière plus traînante que le commencement ; que
» les notes brèves ne soient pas plus longues qu'il ne con-
» vient aux brèves ; que les longues soient également lon-
» gues et les brèves également brèves, les distinctions ex-
» ceptées (2), qui doivent être exécutées aussi avec atten-
» tion ; que toutes les notes, les longues comme les brèves,
» soient exécutées avec leur valeur et leur repos légitimes,
» de manière qu'un chant conserve le même mouvement de
» célérité depuis le commencement jusqu'à la fin. »

Hucbald termine le chapitre en disant : « Que les Grecs
» appellent cette régularité de mesure dans la musique,
» RHYTHME, et les latins, NOMBRE, parce que, toute mé-

---

(1) Hucbald excepte ici les *distinctions*, parce qu'à la fin de chaque distinction, on faisait sur la dernière note un *repos* et une *pause* plus ou moins
longs, comme Gui d'Arezzo nous l'a déjà enseigné.

» lodie doit se mesurer avec soin comme dans le mètre
» poétique (1) : *Quod certo omne melos more metri dili-*
» *genter mensurandum sit.* » Il invite ensuite les maîtres
» de chant à l'inculquer à leurs élèves de bonne heure.
» Il importe que, dès les principes, on soumette les enfants
» à la discipline de la mesure, et qu'on la leur apprenne en
» la leur faisant frapper du *pied* ou de la *main*, ou au
» moyen de quelque autre percussion que ce soit, afin qu'ils
» saisissent de bonne heure la différence *des sons égaux et*
» *inégaux,* montrant ainsi qu'ils savent la discipline de la
» divine louange, et que, dans la simplicité de leur dévotion,
» ils servent Dieu selon la science : *Ab initio infantes ea-*
» *dem æqualitatis seu numerositatis disciplina informare.*
» *inter cantandum instruere; ut a primevo usu æqualium*
» *et inæqualium distantia, pateat eos laudis Dei discipli-*
» *nam nosse, et cum simplici devotione scienter Deo obse-*
» *qui.* » (Ibid., p. 227.)

Ainsi parlait de la mesure, dans le chant liturgique, un
des plus savants religieux de son siècle, formé, nous l'avons
prouvé déjà, à l'école des chantres romains, qui introduisirent dans les Gaules le chant de saint Grégoire, un homme
que l'on peut regarder comme le dépositaire le plus fidèle
des saines doctrines sur le chant sacré : il est le plus rap-
proché des sources et le premier qui ait exposé avec étendue
et précision la science et la pratique de son art. Tous ses
traités sur la musique roulent exclusivement sur les chants

---

1) Il est à remarquer que nos meilleurs théoriciens du siècle dernier se
prononcent tous fortement pour l'observation de la mesure dans le chant Grégorien : (*Voyez* Léonard Poisson, *Traité théorique et pratique,* p. 400.
(L'abbé Lebeuf, *Traité historique, théorique et pratique,* p. 177.) (Dom Jumilhac, *Traité hist., théor. et pratique,* pp. 137, 138, 139.) (Rollin et Ozanam
tiennent aussi pour l'observation de la mesure. Et saint Augustin n'a-t-il pas
dit, que sans elle la musique n'a plus de charme : *In sono dimensio quæ-*
dam numerorum delectat : quo turbato, delectatio exhiberi auribus non po-
test, imo nec sine offensione audiri. (*De musica,* lib. II, c. III.)

d'église ; la bonne exécution de ses antiques Cantilènes est le seul but que poursuivent ses efforts. Au reste, c'est une chose remarquable, disent les Bénédictins de Saint-Maur, que tous les auteurs de ce temps-là et des siècles suivants, quand ils parlent de musique, ne s'occupent que de la musique Grégorienne (1). Dans ces âges de foi, elle paraissait la seule digne de l'homme savant. Ils disent bien qu'il existe une musique profane, mais ils ne daignent pas s'en occuper; la musique Grégorienne absorbe tous leurs soins (2).

Cette doctrine sur la mesure, dans les saintes mélodies, n'est pas particulière à Hucbald, comme on pourrait le penser ; un auteur plus célèbre encore et beaucoup plus connu, qui, de tout temps a été regardé comme l'oracle, le maître par excellence dans la musique Grégorienne, nous donne les mêmes enseignements sur ce sujet. C'est le savant moine de Pompose, Gui d'Arezzo, qui vivait au XI⁰ siècle, et cette doctrine, il l'enseignait en Italie, à la source même de la saine tradition. Il parle du rhythme, de la mesure et de la nécessité de la frapper, dans les mêmes termes que Hucbald. Après avoir enseigné la manière d'exécuter les différentes parties constitutives de la phrase musicale :

« Il est nécessaire, ajoute-t-il, que le chant soit BATTU EN » MESURE, comme on ferait des pieds métriques : *Sicque* » *opus est ut quasi metricis pedibus cantilena plaudatur.*»

Donc, les deux auteurs qui ont le mieux écrit sur le chant Grégorien s'accordent à dire que la mesure lui était néces-

---

(1) *De statu. litt. in Franc. Hist. littéraire de la France*, t. VI, p. 22, 27 et 59.

(2) Cette musique profane était basée sur la tonalité Grégorienne. On n'en connaissait point d'autres alors, et cette tonalité était le système diatonique des anciens, tel qu'il a été exposé par *Aristide* Quintillien, Boèce, et dernièrement par M. Vincent, dans sa *Traduction des manuscrits grecs sur la musique.*

saire. Un contemporain de Gui d'Arezzo, Bernon, abbé
d'Auges, appuie avec insistance dans l'introduction de son
Tonaire (1), sur la nécessité d'observer et de rendre diffé-
remment les notes longues et les brèves, et de *mesurer* ces
différentes valeurs ; il affirme que, sans tenir compte de ce
mélange et de cette mesure, on ne pourra exécuter d'une
manière supportable les mélodies sacrées, et déférer à l'autorité des anciens maîtres.

« Mettez une scrupuleuse attention à observer, dans les
» neumes, les notes brèves placées çà et là, à donner aux
» longues leur valeur, à ne point précipiter des sons que les
» maîtres de l'art ont jugé à propos de prolonger. N'écou-
» tez pas les gens qui disent que dans nos mélodies bien
» mesurées nous plaçons arbitrairement les longues et les
» brèves. Un grammairien vous reprochera une note rapide
» placée sur une syllabe longue contre l'autorité des an-
» ciens ; mais la règle musicale à qui appartient la déter-
» mination des valeurs rhythmiques n'aurait-elle pas rai-
» son de s'offenser plutôt, si vous ne teniez pas compte de
» ses prescriptions dans l'occurrence ? Et si l'on est blessé de
» la violation d'une règle de convention, combien plus
» doit-on l'être de la violation d'une règle qui *tient à la*
» *nature* ? car au fond de notre être, je ne vois pas de
» grammaire, mais bien de la musique ; et pour me servir
» des expressions d'un savant homme : descendez en vous-
» même, vous me comprendrez.

» Aussi de même que les vers ne sont tels, que grâce à
» une certaine combinaison de pieds, de même le chant se
» compose d'un industrieux assemblage de longues et de
» brèves. Un hexamètre, par exemple, s'il est convenable-
» ment mesuré, est délicieux à l'oreille ; changez-en la fin,

(1) Voir Gerb., *Script.*, t. 1, p. 213.

» mettez le spondée à la place du dactyle, que devient
» l'harmonie? Dans un verbe de la seconde conjugaison,
» dont la pénultième est longue, mettez l'accent aigu sur
» l'antépénultième : *Dócere*; ou le circonflexe sur un verbe
» de la troisième : *Legîte*; cela fait mal à entendre. Ainsi,
» en écoutant une de ces mélodies que les anciens nous ont
» transmises avec un heureux mélange, tempéré de lon-
» gues et de brèves, l'âme et le corps sont doucement af-
» fectés; mais tout le plaisir s'évanouit si l'on y change
» quelque chose (1). »

Qu'on le remarque bien : dans ce passage il ne s'agit pas
seulement de brèves employées pour l'observation de l'accent, puisque « *les grammairiens pourront trouver étrange*
qu'on place dans la mélodie des notes brèves sur des syllabes
longues par nature. » Mais de brèves mêlées dans les neu-

(1, Pervigili observandum est cura, uti attendas in neumis, ubi raræ sonorum morulæ breviores, ubi vero sint metiendæ productiores, ne raptim
et minime diu proferas, quod diutius et productius præcinere statuit magis-
terialis auctoritas. Neque audiendi omnino sunt, qui dicunt, sine ratione omnino consistere, quod in cantu aptæ numerositatis moram nunc velociorem, nunc vero
facimus productiorem : si grammaticus quilibet te reprehendit, cum in versu
eo loci syllabam corripias, ubi producere debeas, nulla alia causa naturaliter
existente, cur magis eam producere debeas, nisi quia antiquorum ita sanxit
auctoritas ; cur non magis musicæ ratio, ad quam ipsa rationabilis vocum dimensio et numerositas pertinet , succenseat quodam modo, si non pro qualitate locorum observes debitam quantitatem morarum? Si aliquando offendere
te potuit male prolatum, quod est extra te, quanto magis, quod est intra te ?
Non enim grammatica, sed musica hominem consistere percepimus : quod,
ut viri eruditissimi verbis utar, quisquis in sese ipsum descendit, intelligit.
Idcirco ut in metro certa pedum dimensione contexitur versus, ita apta et
concordabili brevium et longorum sonorum copulatione componitur cantus : et
velut in hexametro versu si legitime currit, ipso sono animus delectatur. At
si verso ordine in penultimo spondeum, in ultimo dactylum admittit, vel si
quis in secundæ conjugationis verbo acuto accentu in antepenultima pronun-
tiat ita : *Dócete*, vel in tertia conjugatione in penultima circumflexo : *Legîte*,
omnino ipsa auditus novitate tabescit : sic in cantilena ex veterum auctoritate apta et modesta modulationum coaptatione conjuncta, tota animæ cor-
porisque compago delectatur; sicut e contrario ab audiendi voluptate se sus-
pendit, si quid in ea depravatum sentit. (Bern., Aug. *ap.* Gerb., *Script.*, t. II,
p. 77.

mes pour varier la marche rhythmique et donner au chant
de la vie et du caractère. Quant à la mesure, si instamment
recommandée dans ce passage et dans les autres cités plus
haut, ce n'est pas non plus la chose nous paraît palpable
une simple mesure d'accentuation qui fasse du chant une
sorte de déclamation lyrique, mais une marche réglée qui
se peut évaluer par des *temps* et se battre avec régularité.

Avant donc qu'on eût inventé la *musique figurée*, c'est-à-
dire avant qu'on eût trouvé différentes figures pour indiquer nettement les valeurs temporaires des notes, on chantait en mesure.

Loin d'exclure cet élément des mélodies Grégoriennes,
les anciens le considéraient comme une qualité précieuse,
un ornement nécessaire, une condition indispensable
pour obtenir l'ensemble parfait, quand ces mélodies
étaient chantées par une assemblée nombreuse. Nos chantres actuels, élevés dans une routine contraire, auront de
la peine à admettre cette doctrine dans la pratique; ils
s'autoriseront sur les auteurs qui ont écrit dans ces derniers siècles pour justifier leurs préjugés : mais nous
leur demandons encore une fois s'il faut aller chez les auteurs récents puiser des idées justes sur un art antique?
un art que la musique moderne a vicié dans sa substance et dans sa forme? C'est elle, en effet, qui a contribué
à lui enlever ses principaux ornements, et surtout cette
mesure et ce rhythme dont l'heureux emploi donnait tant
de grâce et de douceur à nos saintes mélodies, et faisait que
tout le peuple les entendait et les chantait avec plaisir. Car
dans ces beaux siècles de foi, comme le remarque le savant
abbé de Solesme [1], le peuple ne se contentait pas de chanter
les *Kyrie*, les *Gloria*, les *Credo*, mais encore il prenait part

---

(1) Dom Gueranger, *Inst. liturg.*, t. III.

au chant des *Introïts*, des *Répons-Graduels*, des *Offertoi-res*, etc., etc.

Il nous reste à récapituler ici les moyens que nous avons employés pour rétablir le RHYTHME et la MESURE dans la phrase Grégorienne et ses parties constitutives. Il fallait, pour arriver à ce but, savoir dans quels endroits des mélodies se trouvaient jadis, les *notes brèves* et les *notes longues*. Pour cela, nous avons eu recours : 1° aux manuscrits qui portent entre les neumes les lettres explicatives de Romanus (1). Ces manuscrits sont très-rares en France; jusqu'ici je n'en ai découvert qu'un seul, mais bien précieux : il est à la bibliothèque de Laon. On en trouve aussi à Saint-Gall et à Trèves; 2° aux manuscrits Guidoniens des XIᵉ, XIIᵉ et XIIIᵉ siècles, provenant de monastères réguliers; nous avons examiné avec soin par quels caractères neumatiques on avait d'abord désigné, traduit les lettres Roma-niennes, et nous sommes parvenu ainsi à reconnaître dans les anciens signes ceux qui doivent se rendre par des notes longues ou par des notes brèves. 3° Nous avons consulté les premières traductions en notes carrées, examinant avec soin comment elles rendaient les lettres Romaniennes; presque partout, nous avons trouvé les brèves traduites par des lozanges simples et lozanges doubles, lozanges liés et lozanges détachés. 4° Enfin, nous avons eu recours à la *tradition chantée*, qui s'est perpétuée jusqu'à nos jours assez fidèlement dans certains monastères et villages antiques du Tyrol, de la Suisse, de l'Autriche et de l'Italie, restés comme immobiles au milieu des révolutions politiques qui ont agité l'Europe entière. Nous avons aussi interrogé cette même tradition chantée dans certaines églises du Palatinat,

(1) Voyez l'Introduction de ce livre, p. 71 et suiv., et nos études sur le *Manuscrit de Saint-Gall*.

de la Bavière, des Flandres, résidences favorites de Charlemagne, qui, comme on sait, a tant travaillé à établir la
pureté du chant Grégorien dans ses vastes États. Dans ces
asiles de la simplicité restés à l'abri de l'influence de l'art
moderne, et peu sujets à la manie des changements, nous
avons entendu de ces chantres, fidèles interprètes d'une
tradition conservée de père en fils pendant des siècles :
nous les avons interrogés, souvent écoutés pendant les offices, et de ce côté-là nous sont venues de précieuses indications, à l'appui des théories consignées dans les auteurs.

Telles ont été nos ressources pour reconstruire les passages en notes longues et brèves, d'où résulte le rhythme,
et partant, la beauté, l'ornement des saintes mélodies. Chacun peut, comme nous, y avoir recours, et s'assurer si nous
sommes resté dans le vrai, et si nos autorités sont réelles.

CHAPITRE III.

Des causes qui ont détruit la bonne exécution du chant.

Qu'on nous permette ici une courte excursion dans l'histoire des chants liturgiques et de la musique moderne. Elle
servira à mieux faire comprendre comment les mélodies
sacrées se sont insensiblement modifiées et altérées, surtout
quant au mode d'exécution.

L'invention de la musique figurée est attribuée à Francon
de Cologne, qui vivait sur la fin du XIe siècle (1). On l'appela
musique figurée, parce que les notes étaient représentées

(1) Francon n'est pas précisément l'auteur de cette invention. Il avoue
lui-même, qu'avant lui, les anciens chantaient en mesure, mais il a perfec-
tionné cet art, surtout dans sa partie sémiographique.

par différentes *figures*, qui déterminaient clairement la *valeur temporaire*, c'est-à-dire la durée plus ou moins longue de chacune d'elles. On l'appela aussi musique mesurée, *musica mensurabilis*, parce qu'elle était écrite en notes dont la valeur était rigoureusement *mesurée par le temps*. La mesure, selon Francon, est la manifestation habituelle de la quantité, de la durée longue ou brève d'un chant mesuré quel qu'il soit. Il appelle sa nouvelle musique *mensurabilis*, parce que, dit-il, dans la *musique plane on n'observe pas cette mesure rigoureuse*... Le *temps*, dit-il encore, est la mesure de la prolongation d'un son, ou *d'une absence de son* ou *pause*. « Les anciens et les modernes, ajoute-t-il,
» ont écrit d'excellentes choses sur la musique mesurée,
» mais comme je me suis aperçu que plusieurs erraient
» dans les différentes applications de cette science, je viens
» leur en présenter un abrégé, qui fera éviter ces er-
» reurs (1). »

Il importe de préciser le sens et la portée de ce texte souvent cité.

1° Francon est le premier auteur chez qui nous trouvons cette distinction établie entre les deux musiques : *plane* et *mesurée* ou *mesurable*. Est-ce à dire que le chant Grégorien n'avait aucune mesure, aucun rhythme? Non, car alors Francon serait en contradiction avec Gui d'Arezzo, Hucbald de Saint-Amand, etc..., et dans cette hypothèse, lui, qui n'est ni prêtre ni religieux, et doit être par conséquent moins versé dans la science du chant d'Eglise, dont il ne traite pas d'ailleurs *ex professo*, lui qui appartient à un âge postérieur à ces grands maîtres, n'aurait pour nous que peu d'autorité; mais il a seulement voulu dire que le chant Grégorien n'admettait ni cette mesure rigoureuse et conti-

---

(1) Franc., Coll., *ap. Gerb., Script.*, III, 2.

nuelle de la musique mesurée, ni toutes ces espèces de
notes de valeurs différentes et d'un nombre indéfini, qu'on
trouve dans cette dernière. C'est ce que répondaient les révé-
rends PP. Franciscains, en 1682, à un autre écrivain de Cologne, qui prétendait que, dans le chant Grégorien, toutes
les notes étaient égales en durée : *In cantu Gregoriano omnes notæ sunt æqualis mensuræ, una non longior altera :
ideo una syllaba non longior alia protrahenda.*) Cette prétendue règle est contraire à la coutume immémoriale ; elle
est condamnée par tous les livres anciens, *manuscrits* et *imprimés;* « elle n'a de sens, qu'autant qu'elle signifie que
» dans la musique Grégorienne on n'admet point toutes ces
» mesures artificielles, résultant de notes très-brèves ou très-
» longues ; mais il n'est pas vrai non plus que par un effort
» étrange et violent, toutes les notes doivent être également
» prolongées, contrairement à l'instinct de la nature. Il faut
» prendre un certain milieu, mélangeant à propos les longues
» et les brèves, comme la raison et la règle musicale l'appren-
» nent aux ignorants et même à ceux qui n'y pensent pas : »
*Illa regula est intelligenda, quod in cantu Gregoriano,
non sint adhibendæ artificiosæ illæ mensurationes, pro-
tractiones, vel abbreviationes notarum , quas habet musica
figuralis; neque etiam omnes notæ artificiosæ et violentæ
contra naturam in prolatione æquari debeant. Sed media
via incedendo una interdum harum plus altera protraha-
tur, secundum quod ratio et natura rei ipsos etiam imperitos
imo et inadvertentes docebit* (1). Quant à nous, nous n'avons
jamais prétendu, en réclamant la mesure pour la mélodie
Grégorienne , qu'on dût la régler au métronome, avec la

_____

(1) Sous le rapport des valeurs temporaires, Francon n'admettait que cinq
manières de faire le Déchant : 1° par notes longues, 2° par une longue et
une brève, 3° par une brève et une longue, 4° par une longue et deux brèves,
5° par deux brèves et une longue. *Script.*, t. III, p. 3.)

précision qu'exige l'exécution musicale. Nous laissons à la
discrétion du chanteur les pauses à faire à la fin des distinctions et des phrases : nous les indiquons sans les mesurer ; car l'expérience démontre qu'il est facile à un chœur
bien dirigé de procéder avec ensemble, nonobstant ces repos, quand les incises et les phrases mélodiques ont été
uniformément rendues.

Concluons que ce texte de Francon de Cologne ne prouve
rien contre l'autorité d'Hucbald, de Gui, etc. Cependant, à
dater de cette époque, on distingua deux musiques différentes ; elles commencèrent à avoir chacune leur notation
particulière ; la musique Grégorienne ne se nota bientôt
plus qu'en notes carrées, et la musique figurée prit ses diverses figures des notes rondes. Bientôt on imagina de les
réunir, et ce fut l'harmonie des accords qui leur servit de
lien. Déjà avant Hucbald de Saint-Amand, on avait essayé
de placer sous les notes Grégoriennes des consonnances de
quarte, de quinte et d'octave, qu'on appelait *Organum*,
Diaphonie. Avec la musique mesurée naquit le *déchant :
discantus*. Voici comme Francon lui-même le définit : « Ce
» sont, dit-il, des chants différents qui s'accordent entre
» eux : *Est aliorum diversorum cantuum consonantia*. Ils
» s'accordent aussi pour le temps, par la division des sons
» en notes longues, brèves et semi-brèves, et on les écrit
» avec diverses figures qui indiquent la proportion des va-
» leurs entre elles : *Et in scripto per diversas figuras pro-
» portionari ad invicem designantur*. » Francon distingue
» trois espèces principales de déchant : 1° Le déchant
simple : *Discantus simpliciter prolatus*; 2° le déchant tron-
qué, *truncatus*, appelé aussi *hoquet*, *Ochetus*; 3° déchant
copulé, *copulatus*. Toutes ces espèces de déchant procédaient par des notes longues et brèves mêlées de pauses,
adaptées à un motif principal. Quand le déchant ne

contenait qu'une partie en harmonie avec le motif, il s'appelait *Duplum*; s'il en avait deux, il s'appelait *Triplum*; et ainsi de suite. Il paraît que du temps de Francon on en faisait déjà à cinq parties. Quand on n'employait que des notes égales en valeur à celles du chant principal, cette harmonie s'appelait *Organum* : nous dirions, *accords plaqués*; dans le cas contraire, cet accompagnement dessiné s'appelait : *Déchant, Discantus. Quando tenor accipit plures notas simul, est discantus.*

Le Hoquet, *Ochetus*, était une espèce de déchant où les parties procédaient par notes entrecoupées de silences, ou comme nous dirions aujourd'hui, de *soupirs*.

Le Déchant qu'on appelait *Copulatus*, se composait d'une partie chantante marchant par une note longue et une brève et *vice versa*, sur le chant principal, du commencement à la fin.

Plus tard on appela ces sortes de compositions, *Contrepoint*; elles jouirent d'une faveur extraordinaire : bientôt on appliqua cette innovation au chant des *Antiennes*, des *Introïts*, des *Hymnes*, en un mot à tout l'office Grégorien, et cela se fit, dit *Doni* (1), en dehors de l'autorité ecclésiastique, par la licence privée des *musiciens: privata musicorum licentia.* Cette licence alla bientôt si loin, dit-il, qu'il serait difficile de décrire les diverses et nouvelles modulations qu'on inventa : chaque année la musique enfantait un nouveau monstre. L'Angleterre, l'Italie, l'Espagne et tous les pays catholiques furent inondés de cette musique. Des écrivains sérieux s'élevèrent contre ces excès. Dès le XII⁰ siècle, Jean de Salisbury la critique sévèrement (2) : « Elle a osé, dit-il, profaner le culte divin, en » pénétrant dans les temples de Dieu : *Cultum religionis in-*

(1) *Manuale minorum*, p. 32., anno 1682.
(2) *De præstantia musicæ veter..* t. I, p. 88.

» *restat.* Toutes ces voix qui vont et viennent en même
» temps, qui s'entrechoquent, se coupent, se brisent, ne
» font qu'amollir les âmes. »

Au même siècle, le saint abbé de Riéval, Aelrède, l'at-
taque avec véhémence : « *Ad quid illa vocis contractio, in-
fractio? Hic succinit, ille discinit, alter supercinit, alter
medias quasdam notas dividit et incidit.... et hæc ridicu-
losa displosio vocatur religio!*

Enfin, recevant de toutes parts des plaintes réitérées
contre cette nouvelle musique, Jean XXII, l'an 1323 (1),
lança contre elle la Bulle : *Docta Sanctorum.* Il y dépeint
toutes les extravagances du déchant et du contrepoint,
il se plaint de ce que les disciples de la nouvelle école ne
sont plus occupés qu'à mesurer les temps, à imaginer de
nouvelles notes, à préférer celles qu'ils ont inventées aux
anciennes, à chanter, avec leurs semi-brèves et leurs
notes minimes, les saintes mélodies accablées sous cet amas
de sons exotiques : *Nonnulli novellæ scholæ discipuli, dum
temporibus mensurandis invigilant, novas notas intendunt,
fingere suas quam antiquas cantare malunt; in semi breves
et minimas ecclesiastica cantantur, notulis percutiuntur.* »

« Ils coupent les saintes mélodies par des Hoquets, les ren-
» dent ridicules par le déchant, y mêlent des chants vul-
» gaires : *Nam melodias ochetis intersecant, discantibus
» lubricant, triplis et motetis vulgaribus nonnumquam in-
» culcant.* Ils vont si loin, ajoute la Bulle, qu'ils méprisent
» les fondements sur lesquels ils bâtissent, c'est-à-dire l'An-
» tiphonaire et le Graduel. : *Adeo ut interdum Antiphona-
» rii et Gradualis fundamenta despiciant, et ignorent su-
» per quo ædificant, tonos nesciant, etc., etc.* »

_____

(1) En effet, c'est vers ce temps que parurent les différentes espèces de
contrepoint : contrepoint simple, double, figuré, fleuri, etc. ; mille espèces d'é-
nigmes, de canons, etc.

« Les ascensions modestes et les descentes modérées du
» plain-chant sont couvertes par la multitude de ces nou-
» velles notes, qui coulent toujours sans s'arrêter jamais ;
» elles enivrent l'oreille et ne guérissent pas les âmes : *Et
» ex earum multitudine, notarum ascensiones pudicæ des-
» censionesque temperatæ plani cantus... ad invicem offu-
» scentur. Aures inebriant et non medentur.* »
Après avoir ainsi clairement exposé les tristes excès du
» contrepoint et du déchant, le Saint-Père conclut, qu'aidé
» des conseils des cardinaux, il a pris la résolution d'expulser
» cette musique de l'Eglise de Dieu : *Hæc relegare, imo pror-
» sus abjicere et ab eadem Ecclesia Dei profligare efficacius
» properamus.* — A ces causes, d'après les conseils des car-
» dinaux, nous ordonnons expressément : que personne doré-
» navant ne se permette de faire entendre cette musique ni
» autre semblable, surtout pendant les heures canoniales,
» ni pendant le saint sacrifice de la Messe. Si quelqu'un
» osait contrevenir à nos ordres, qu'il soit suspendu de son
» office pendant huit jours, par les ordinaires du lieu où la
» chose se sera passée : *Per suspensionem ab officio per octo
» dies auctoritate hujus canonis puniatur.* » Par cette Bulle
toute espèce de contrepoint était condamnée, excepté le contrepoint simple : car le Pontife déclare aussitôt qu'il n'entend pas prohiber aux fêtes quelques accords simples de
quarte, de quinte et d'octave, qui servent à faire mieux
goûter la sainte mélodie, mais il veut que les accords n'em-
pêchent pas d'entendre le chant Grégorien dans toute sa

_1_, Il paraît que ce fut pendant le séjour des papes à Avignon que Rome
perdit le goût et les bonnes traditions du chant Grégorien, et qu'elle se li-
vra, avec le reste de l'Italie, à sa passion pour la musique figurée. Nous en
avons les preuves, 1° dans un manuscrit que nous a conservé Alfieri : *Sag-
gio theorico practico del canto Gregoriano.* (Voir aux *Pièces justificatives,*
n° 7). Déjà auparavant Rome avait vu ses bonnes traditions interrompues,
comme on peut s'en convaincre par les constitutions que Paul III fit écrire
pour la chapelle papale, l'an 1545. (Voir aux *Pièces justificatives,* n° 8.)

simplicité et intégrité. « Ces accords, dit-il, tout en char-
» mant l'oreille, excitent la dévotion, et ne permettent
» point que l'âme des chantres se laisse aller à la torpeur:»
*Per hoc autem non intendimus prohibere, quin interdum,
diebus festivis præcipue. sive solemnibus, in missis et præfatis officiis aliquæ consonantiæ, quæ melodiam sapiant,
puta octavæ, quintæ, quartæ et hujusmodi supra cantum
ecclesiasticum simplicem proferantur. Sic tamen ut ipsius
cantus integritas illibata permaneat, et nihil ex hoc de bene
morata musica immutetur : maxime cum hujusmodi consonantiæ auditum demulceant. devotionem provocent, et psal-
lentium Deo animos torpere non sinant* (1).

La Bulle de Jean XXII, datée d'Avignon, ne fut pas longtemps respectée, même en France : car nous lisons dans les
statuts de la sainte chapelle de Bourges, de l'an **1407** :
Responsum, Alleluia, Offertorium et Postcommunio dis-
cantabuntur, *et statut. XXI ordinamus quod personæ præ-
fatæ...divina Officia, Missas, Vesperas et Completorium cum*
cantu *et* discantu *celebrare et dicere teneantur.* Les mêmes
statuts existaient à Dijon (2). L'église de Paris, alors, était
plus sage. Le chancelier Gerson en cite les statuts, et assure
que le déchant n'y était point admis : *In ecclesia nostra
discantus non est in usu, sed per statuta prohibitus* (3).

La Bulle fut encore moins respectée en Italie et en Allemagne, car le Dominicain Herp, dès l'an **1363**, raconte que
de nouveaux figuristes et compositeurs s'élevaient de toutes

(1) *Extrav. Comm.*, lib. III.
(2) Jean Regnier Bailly d'Auxerre, l'an 1432, écrivant son testament en vers,
s'exprime ainsi :

> Il me suffira d'une messe
> De *Requiem* haute chantée
> Au *Cueur :* me ferait grand liesse
> *Si être* pouvait DÉCHANTÉE.
>
> (Lebeuf., *Trait. hist. et pr.*, p. **93**).

(3) *Ibid., ibid.*

parts; enfin les auteurs de la musique figurée, aux xv⁰ et xvi⁰ siècles, tombèrent dans de si grands excès, que le saint Concile de Trente fut sur le point de la bannir à jamais des églises. Palestrina, dit-on, arrêta la main du pape Marcel prête à frapper ; il composa une messe (*Missa Marcelli Papæ*) dans un style tempéré et religieux. Mais, quoi qu'on en dise, le genre même de Palestrina ne peut être regardé comme celui de l'Eglise, puisqu'au dire des connaisseurs on n'exécute bien cette musique qu'à Rome même. Donc une telle musique ne saurait être la musique de l'église catholique, et comme le dit saint Antonin : « Toutes ces parties qui » vont en sens contraire, en chantant à la fois différentes » paroles, paraissent plutôt faites pour amuser l'oreille des » amateurs de musique, que pour nourrir la piété des fi- » dèles : » *Pruritui aurium videtur magis deservire quam devotioni;* tandis que le chant Grégorien, exécuté simplement à l'unisson par les fidèles (comme le recommande Benoît XIV, dans son *Encyclique* de 1729), sera toujours le chant que l'Église préfère : *Cantus ille est qui alteri musicali merito præfertur.*

On concevra sans peine, à présent, comment ce chant si beau, si religieux, qui a pour lui la sympathie de tous les siècles et de tous les hommes de goût et de piété, a pu recevoir, par son mélange avec la musique figurée, de graves altérations dans sa *forme primitive.* Ce fut par elle, en effet, que commença la corruption. Pour rendre le Déchant possible, on cessa d'observer les notes brèves : le rhythme se perdit ; on ne pouvait plus discerner les phrases, les traits mélodiques, qui disparurent presque complétement dans les premières éditions imprimées en notes carrées. Nous en voyons les preuves dans les premières éditions de Venise de 1499. Venise était le centre de ce mouvement artistique qu'on a appelé la Renaissance. Les réformes furent faites par des particuliers, d'après leur goût individuel. La manie de changer gagna partout ; toutes les éditions, dans tous les pays, furent faites d'une manière arbitraire ; Palestrina, Guidetti et Giovanelli travaillèrent aussi à une édition du *Graduel*. et ces grands compositeurs de musique moderne ont prouvé, par cette œuvre, qu'ils étaient bien peu versés dans la connaissance de l'art antique. Palestrina, dit l'abbé Baïni, fut assez franc pour l'avouer (1). Depuis lors on n'a fait que marcher dans la malheureuse voie ouverte par ces deux illustres musiciens. On n'a jamais eu le courage de remonter une bonne fois aux sources primitives.

Ce que d'autres n'ont pas fait ou n'ont fait qu'à demi, nous l'avons tenté, malgré notre faiblesse, dans notre travail sur l'Antiphonaire de Saint-Gall, et nous poursuivrons cette œuvre autant qu'il nous sera possible. Trop heureux, si, par nos humbles travaux, nous pouvons contribuer à ramener l'unité si désirable dans cette partie du culte sacré : dussions-nous n'aboutir qu'à mettre sur la voie ceux qui viendront après nous.

CHAPITRE IV.

Manière de phraser le chant Grégorien et de faire les repos.

Une des choses qui contribuent le plus à faire sentir la beauté des mélodies antiques de saint Grégoire, celle qui a été entièrement négligée de nos jours, c'est l'observation des PHRASES et des REPOS, ou comme nous dirions aujourd'hui,

(1) Voir aux *Pièces justificatives*, n° 9.

c'est l'art de bien phraser. La négligence qui s'est introduite
presque partout, quant à cette partie de l'art, provient en
partie de la notation confuse des livres imprimés.

Les anciens étaient très-attentifs à l'observation de ces
coupes et de ces pauses dans le chant ; ils n'oublient jamais
de les recommander dans leurs traités. Nous avons vu déjà
dans le cours de cet ouvrage les précieux avis donnés à ce
sujet par Hucbald de Saint-Amand, saint Oddon de Cluny
et Gui d'Arezzo. Ces auteurs attribuent aux phrases et aux
membres de phrases, et aux incises, différents noms, tels
que DISTINCTIONS, PARTIES D'UNE DISTINCTION, NEUMES, PARTIES
D'UN NEUME, SYLLABES MUSICALES. Saint Oddon de Cluny, en
particulier, nous a laissé sur ces syllabes musicales une doctrine très-importante. Nous la recommandons à l'attention
des savants qui veulent avoir une juste idée de l'Esthétique
des chants sacrés (1). Le lecteur voudra bien , pour nous
épargner la peine de la transcrire une seconde fois, revenir
un instant à la traduction que nous en avons donnée. Il se
convaincra que déjà, au dixième siècle, la théorie était
complète sur cet article, et que, même aujourd'hui, nous
ne pouvons rien faire de mieux que de recourir aux principes qu'elle a consacrés.

Le saint auteur, après avoir exposé les vraies notions des
syllabes musicales, conclut en disant :

« Nous avons fait ces quelques réflexions pour faire en-
» trevoir combien de mélodies variées on peut composer
» avec un petit nombre de sons, et pour apprendre à celui
» qui doit noter l'antiphonaire , au moyen des lettres du
» monocorde , comment il doit les distribuer. Nous sa-
» vions aussi que tout ce qui est bien divisé se comprend
» aisément et se réduit facilement en pratique ; tandis que

--

(1) Ci-dessus, pag. 151 et suiv.

» tout ce qui n'est pas divisé, est toujours confus, jette le
» désordre dans l'esprit et environne l'âme des ténèbres de
» l'ignorance au lieu de l'orner de science, et de la tirer de
» l'obscurité en l'éclairant des lumières d'une saine doctrine.
   » Telle est la raison pour laquelle on a introduit les syl-
» labes, les parties de phrases et les phrases musicales dans
» la musique. »

On voit, d'après ces paroles, combien il importe de faire
ressortir en chantant, les diverses parties de la phrase musicale et de les marquer distinctement par la position des
notes dans l'impression des livres. Aussi avons-nous observé,
dans les anciens manuscrits, neumés sans lignes ou avec lignes, et dans le manuscrit de Saint-Gall lui-même, que
toutes ces parties sont distinctes et si bien divisées, qu'il serait difficile de les confondre.

Mais dans la pratique, comment les faisait-on ressortir?
Un autre savant religieux du onzième siècle, l'illustre Gui
d'Arezzo, a pris soin de nous l'apprendre, après avoir pleinement confirmé la doctrine du saint abbé de Cluny. Cet
accord entre les deux maîtres ressort évidemment de leurs
textes respectifs. Le lecteur voudra bien retourner à la
page 202 de cet ouvrage : Il y verra le moine de Pompose
établissant, comme l'abbé de Cluny, cette notion si recommandée et si nécessaire, des *neumes* ou traits mélodiques (1),
des *distinctions*, etc., puis indiquant nettement la manière
d'écrire et d'exécuter ces parties constitutives de la *phrase
musicale*. Il veut que le membre de phrase mélodique soit
noté ou chanté tout d'un trait, d'une manière *compacte;*
que la syllabe soit encore *plus serrée* : c'est-à-dire sans aucune reprise d'haleine; que la dernière note, jointe au

---

1 Le mot *neume*, dans ces passages, doit s'entendre comme le définit
Gafori : (*Mus. Pract.*, lib. II, cl. VIII). *Neuma est vocum seu notularum
unica respiratione congrue pronuntiandarum aggregatio.*

repos qui la suit, soit très-longue à la fin de la phrase, moins longue à la fin du membre, et presque semblable aux autres à la fin de la syllabe. *« De quibus illud notan-* » *dum, quod tota pars compresse et notanda est et expri-* » *menda; syllaba vero compressius; tenor vero, id est mora* » *ultimæ vocis, qui in syllaba quantuluscumque est, am-* » *plior in parte, diutissimus vero in distinctione, signum* » *in his divisionibus existit.* » Ainsi, la teneur ou la durée de la dernière note de chacune des différentes parties cons- titutives de la phrase musicale, est le signe qui doit en faire reconnaître toutes les divisions : *Signum in his di- visionibus existit.* Et de là vient, selon Gui d'Arezzo, la nécessité de frapper la mesure du chant, comme on le fait en poésie : *Sicque opus est ut quasi metricis pedibus, cantilena plaudatur.*

Hucbald de Saint-Amand, à la fin du Traité qui a pour titre : *Musica Enchiriadis,* insiste sur ces principes de l'art de phraser (1). Il veut même que chaque genre de mélodie soit caractérisé par la coupe spéciale des traits mélodiques; ce qui du reste revient parfaitement aux prescriptions de Gui d'Arezzo (2).

Il résulte de tous ces préceptes posés par l'antiquité, d'accord avec la nature, que les anciens auteurs des mélo- dies sacrées apportaient le plus grand soin à la coupe des phrases dans la composition, y cherchaient la symétrie, prenant garde que les mêmes formes se reproduisissent quelquefois avec de légères dissemblances (3) : *similitudo dissimilis.* Enfin la juste proportion entre les *repos* et les

---

(1) Gerb. *Script.,* I, 183.

(2) *Microl.* ch. XV., ci-dessus, p. 202. Voyez aux *Pieces justificatives,* n° 10, un passage précieux sur les *distinctions* et les *respirations,* extrait d'un manuscrit de la bibliothèque de Gand, intitulé : *Flores musicæ.*

(3) Ci-dessus, pp. 204, 205.

parties de phrase qu'ils sont destinés à séparer, leur paraissait la condition essentielle d'une bonne exécution.

Mais ces principes si justes ne sont-ils pas partout aujourd'hui entièrement négligés, et dans le chant et dans les livres ? Quel chantre saurait à présent phraser comme il faut les antiques mélodies ? Quel est le livre noté, où les périodes, les membres, les incises mélodiques se trouvent parfaitement indiqués ? De là vient qu'on les chante sans les comprendre ; on appuie la voix avec effort sur chaque note ; on continue ainsi à les marteler, à les *assommer*, comme le disait, il y a près d'un siècle, l'abbé Léonard Poisson, sans savoir où l'on s'arrêtera pour respirer. La voix se repose où elle peut, ou plutôt quand elle ne peut plus faire autrement ; et ces antiques mélodies, composées avec tant de soins, paraissent aujourd'hui avoir été jetées au hasard sur le papier, sans règle ni proportion aucune ; le chant en paraît insupportable, monotone, ennuyeux, d'une pesanteur excessive, et nos liturgies françaises surtout, sont devenues, en quelques pays étrangers, le type de la lourdeur et de la gaucherie.

On nous demandera peut-être ici comment il se fait que les préceptes d'Hucbald de Saint-Amand, de saint Oddon de Cluny, de Gui d'Arezzo, si explicites et si clairs en ce qui regarde l'art de phraser le chant sacré, aient été si méconnus par les auteurs des xve, xvie et xviie siècles. Cette question peut se résoudre assez aisément. Il y a cent ans à peine que les écrits de ces auteurs ont été livrés à l'impression par le soin du prince abbé de Saint-Blaise, dom Martin Gerbert, Bénédictin. Avant cette époque, leurs manuscrits étaient très-rares et gisaient çà et là dans quelques bibliothèques d'antiques monastères, où rarement on allait les consulter. En effet, nous ne trouvons pas un seul auteur avant Gerbert, qui cite, par exemple, la doctrine d'Hucbald ni de saint Oddon, et ceux qui mettent en usage les traités de Gui d'Arezzo semblent ne l'avoir pas compris dans la question qui nous occupe. Gerbert lui-même ne montre pas partout, en son savant ouvrage, une parfaite intelligence de cette partie de l'art. Faut-il donc s'étonner qu'une théorie sans organe soit demeurée sans effet, et que la réforme soit devenue si nécessaire.

Nous nous sommes donc appliqué avec le plus grand soin, à l'aide des manuscrits anciens, à faciliter aux exécutants la distinction des parties mélodiques. Il nous reste à dire quels signes ont été employés à cet effet dans la restauration que nous offrons au public.

1° Les syllabes musicales, c'est-à-dire ces petits traits mélodiques, qui doivent, dans la notation et dans l'exécution, se détacher et se distinguer les uns des autres, et où se doit faire une légère tenue de la dernière note, avec un repos très-léger, nous les séparons par une *virgule simple*, placée au-dessus de la portée musicale. 2° Pour marquer un trait mélodique plus long, c'est-à-dire composé de deux ou trois syllabes musicales, nous plaçons encore une virgule avec un petit trait qui traverse la portée : cela indique un repos un peu plus prolongé et équivalant à un temps. 3° Pour désigner une phrase musicale, nous plaçons, après la dernière note, une double virgule, avec un trait, et la dernière note de cette phrase, ainsi que le repos ou pause qui la suit, doivent être plus prolongés encore.

L'observation pratique de ces repos et notes plus ou moins prolongées, fera sentir à chacun quelle grâce, quel ornement les saintes mélodies en reçoivent. Alors seulement on aura le sentiment de la beauté musicale de ces antiques cantilènes inspirées par le sentiment le plus profond et le plus vrai.

Lors donc que nous avons réclamé, dans l'exécution du

20

plain-chant, une *mesure qui pût être frappée,* nous n'avons
pas prétendu exclure ces repos que les anciens recomman-
dent avec tant de raison ; nous avons seulement exigé, durant le cours de la syllabe, du membre de phrase et de la
phrase, cette régularité de mouvement sans laquelle l'ensemble serait impossible. On verra bientôt, par expérience, que les repos eux-mêmes peuvent avoir leur proportion et leur régularité, pour peu qu'on se fasse une habitude de les exécuter toujours d'après le même principe.

CHAPITRE V.

Des ornements dans les mélodies Grégoriennes.

Il est évident, pour tous ceux qui ont suivi la question du
chant Grégorien, qu'autrefois ce chant admettait certains
ornements. Nous avons donc cru devoir nous appliquer à
rétablir ces ornements dans la restauration qui nous occupe [1].

Ceux d'entre ces ornements qui peuvent s'écrire avec nos
notes ordinaires, comme la *plica,* la *tramea,* la *clivis cornuta,* ne nous occuperont point ici. On les trouvera rendus
par la notation comme ils doivent l'être, et conformément
à l'explication que nous avons donnée dans la deuxième
partie de notre travail sur le manuscrit de Saint-Gall. Nous
ne parlerons ici que du *Quilisma* et du *Tristropha,* par la
raison que ces deux ornements ont besoin d'une notation

---

1. *Pièces justificatives,* n. 11.

spéciale, qui n'a point encore été employée dans nos livres
notés.

I. DU QUILISMA.

Nous ne répéterons pas ici tout ce que nous avons écrit
sur cet ornement dans l'ouvrage que nous venons de citer,
nous nous contenterons de donner la manière pratique
de l'exécuter. Voici ce signe appliqué aux traits mélodiques où on le rencontre le plus ordinairement.

Le premier son de cet ornement s'exécutait anciennement comme nous exécutons aujourd'hui encore certaines
notes qui portent le mot italien *vibrato*, son vibré. Ainsi
dans les exemples donnés ici, on faisait entendre le *vibrato*
sur la première note, on coulait rapidement sur la seconde
pour s'arrêter plus longtemps sur la troisième, et ces trois
notes s'exécutaient d'une seule émission de voix (1) bien
exécuté, cet ornement donne beaucoup d'énergie et de
grâce au chant, *et nos virtuoses* en font encore aujourd'hui
un excellent usage. Mais exécuté par une voix rude, et sans
souplesse, il devient insupportable; il s'appelle alors *che-
rrottement*. C'est sans aucun doute de cet ornement, que
Jean Diacre, auteur de la vie de saint Grégoire le Grand, a

---

(1) C'est encore de cette manière que nous l'avons entendu exécuter en
Italie l'année dernière. Les chantres italiens le font naturellement, et comme
sans y penser.

voulu parler lorsqu'il dit que nos anciens chantres Gaulois ne pouvaient pas l'exécuter : *Dum eorum vox inflexionibus et repercussionibus mitem nititur edere cantilenam, naturali quodam fragore, quasi plaustra per gradus confuse sonantia, rigidas voces jactat; sicque audientium animos, quos mulcere debuerat exasperando magis ac obstrependo conturbat* (1). Le moine d'Angoulème dans sa chronique, fait entendre plus clairement encore qu'il s'agissait de ce même ornement : *Franciæ, cantores, didicerunt notam Romanam... excepto quod tremulas vel vinnulas, sive collisibiles vel secabiles voces, in cantu non poterant perfecte exprimere Franci, naturali voce barbarica, frangentes in gutture voces quam potius exprimentes* (2.

Je ne sais pas si quelques chantres de nos jours ne mériteraient point encore ces invectives; à ceux-là nous conseillons d'omettre le *Quilisma :* qu'ils se contentent de chanter les trois notes simplement. Quant aux chantres doués d'une voix flexible, rien n'empêche qu'ils ne l'exécutent, surtout en *solo,* pourvu qu'ils le fassent avec aisance, sans effort, et d'une manière qui donne au chant une expression religieuse; ils peuvent même lui substituer l'ornement reçu aujourd'hui, tel qu'il est ici noté.

Toutefois, dans un chœur, il est préférable de l'omettre entièrement, et de chanter comme il suit :

___
(1) Joann. Diac. *Vita S. Greg.*, ch. VII, lib. II.
(2) *Ann. et hist. franc.*, ab. an. 708 ad ann. 990.

II. — DU SIGNE APPELÉ TRISTROPHA, DISTROPHA PRESSUS, ETC.

On appelait ainsi deux ou trois notes unisonnantes placées sur une seule syllabe du texte, elles sont représentées,
dans les manuscrits *neumés et Guidoniens*, par deux ou
trois points horizontaux (1). Ces trois points sont ordinairement placés sur la note qui vient après le demi-ton, comme
fa, si ?, *ut*. On en trouvera de nombreux exemples dans
l'*Antiphonaire* de Saint-Gall. En voici un :

Ju - bi - - la - te   e   e.

Comment s'exécutaient ces trois notes sur la syllabe *te* ?
Les chantait-on toutes trois ? Ou bien n'en faisait-on
qu'une seule longue ? Plusieurs auteurs recommanda-
bles ont adopté cette dernière interprétation ; entre autres, dom Jumilhac, Bénédictin de Saint-Maur, dans son excellent traité de chant (2). Les Chartreux possèdent aussi
des manuscrits qui prescrivent comme règle, de ne faire
entendre ici qu'une seule note : « *Quando in cantu multæ
sunt notæ simul junctæ, ibi facienda est mora, et quo plures
sunt notæ, ibi diutius immorandum ; in hac enim mora,
quasi novus in cantu nascitur decor* (3). Depuis les éditions
de Nivers 1696, on a retranché partout ces trois notes dans
toutes nos éditions, excepté dans les livres des Pères Char-

---

(1) Le point était alors comme aujourd'hui le signe reçu pour marquer la
prolongation d'un son. On trouve dans certains manuscrits chartreux et prémontrés, etc., des notes à trois, quatre et cinq points placés sur différentes
notes de la gamme, mais le plus souvent sur *ut, fa, si* ?.

(2) Page 156, nouvelle édition.

(3) Manuscrit de la Grande-Chartreuse, près Grenoble, intitulé : *Forma cantandi ad usum Carthus. ordin.*

treux, imprimés à Castres l'an 1756 et à Lyon (1); mais dans la pratique actuelle, les Chartreux eux-mêmes n'exécutent qu'une note prolongée. Malgré ces autorités respectables, qui du reste ne remontent pas à une très-haute antiquité, nous sommes porté à croire qu'on chantait primitivement ces trois notes, que les anciens appelaient *notes répétées ou répercutées : notæ repercussæ*. Car cette définition eût été fausse si réellement on n'en eût chanté qu'une. En second lieu, les explications qu'ils donnent de ce signe, supposent toutes qu'on faisait entendre plusieurs sons distincts; ainsi saint Oddon de Cluny, en parlant de la syllabe musicale qui peut se faire par un seul son *unisonnant répercuté*, dit que cette syllabe musicale produit un bon effet quand elle est bien ménagée, et qu'on n'en abuse point : *De qualibus syllabis quandoque duæ vel tres aut quatuor sola unius vocis repetitione simul positæ inveniuntur; sed ut in pluribus constat, si rarum hoc fuerit, amplectatur, sepius enim repetitum fastidium generabit.* (2).

Enfin, nous avons trouvé des manuscrits très-précieux, du IXe siècle, *neumés* sans lignes, mais ayant les lettres romaniennes, où l'on trouve le *tristropha* portant partout un *t* sur le dernier point, pour signifier qu'il faut appuyer sur la dernière note, et chanter plus rapidement les deux premières, et alors cet ornement devient vraiment la *syllabe musicale* dont parle saint Oddon; de plus, les premières *traductions carrées* des RR. PP. Prémontrés, donnent aussi à la dernière de ces notes une queue qui, comme on sait, rend la note longue. L'archéologue doit donc convenir que primitivement on chantait ces trois

---

(1) Les livres de chant imprimés à Paris pour l'Eglise de Salisbury, en Angleterre, ont conservé partout le *distropha* et le *tristropha*. On les trouve au Musée britannique, à Londres.

(2) *Script.* Gerb. I, 276.

notes (1). Cependant nous n'avons pas voulu les écrire toutes trois, par la raison qu'on les a universellement et uniformément rejetées partout dans la pratique, et que cette uniformité, jointe surtout à la difficulté grave que présenterait l'exécution supportable de cet ornement, nous paraît péremptoire pour l'écrivain qui, comme nous, travaille à un livre *pratique*, et non pas seulement à une œuvre d'*archéologie*. Ainsi, nous le rendons par une note longue : une ronde, une blanche ou une noire pointée, suivant la position du signe et nombre des points qu'il contient.

CHAPITRE VI.

De la quantité latine dans les chants liturgiques (2).

On ne peut nier que dans les mélodies Grégoriennes conservées par les manuscrits, les règles de la quantité prosodique et surtout celle de l'accent, n'aient été le

---

(1) Guidetti, après avoir indiqué un signe : — pour l'expression de cet ornement, en explique ainsi la théorie : « *Syllaba subjacens* levi quodam spiritus » impulsu pronuntiabitur, perinde ac si duplici scriberetur vocali, ut *Doominus* » pro *Dominus, sed cum decore et gratia quæ hic doceri non potest.* » La difficulté de bien exécuter cet ornement, est, sans aucun doute, ce qui l'a fait rejeter partout. Voilà une de ces finesses de l'art que Jean Diacre désignait par ces mots : *Inflexiones* et *repercussiones*; et le moine d'Angoulème par ceux-ci : *Notæ collisibiles vel secabiles.* En effet, c'était comme une note coupée en plusieurs autres.

(2) Depuis la mort du R. P. Lambillotte, il a paru, sur cette question, un ouvrage fort étendu et fort estimable, par M. l'abbé Petit, supérieur du grand Séminaire de Verdun. Quoique spécialement consacré à la psalmodie, ce livre traite la matière assez à fond, pour que plusieurs chapitres soient applicables au chant ecclésiastique en général. Nous ne voudrions rien diminuer des éloges que mérite toujours un travail érudit et consciencieux, inspiré par le zèle du culte divin ; mais nous avons déploré, en lisant ce

plus souvent mises en oubli, si ce n'est peut-être dans la psalmodie qui se rapproche davantage, comme on sait, de la lecture soutenue et accentuée : en effet, les exemples de ce genre ne contiennent guère de fautes d'accent que dans les mélodies finales des psaumes, et sont réellement trop peu nombreux, pour qu'on en puisse déduire une assertion générale. Quant aux autres morceaux, tels que les Introïts, Graduels, Offertoires, etc., on y rencontre très-souvent des syllabes brèves pénultièmes, chargées de longues tirades de notes, par exemple :

Do-mi - - - - - ne.

livre, que l'usage de la langue latine et la véritable notion de la prononciation fussent assez oubliés en France, pour qu'on se vît obligé d'établir, à si grands frais d'érudition, des vérités presque banales dans tous les autres pays et parmi tous les hommes qui parlent quelque peu la langue de Cicéron et de Virgile. Non-seulement le P. Lambillotte ne s'est pas appliqué à démontrer cette proposition : *que dans la prose et les chants prosaïques, l'accent, et non la quantité, détermine, dans la prononciation, la valeur des syllabes*, mais il ne concevait pas qu'on pût soutenir le contraire. Toutefois, il entendait cette règle en ce sens, que la liberté laissée au compositeur, par rapport aux syllabes non accentuées, ne l'autorise pas à les traiter *violemment* contre leur nature; à charger de notes, par exemple, une antépénultième brève quand la syllabe pénultième qui porte l'accent n'est surmontée que d'une note. C'est pour cette raison qu'il condamnait, dans une édition récente, un *sæculorum. Amen*, ainsi noté, d'après les manuscrits :

Sæ-cu - - lorum. A-men.

Les nombreux passages que l'on apporte à bon droit, pour appuyer la règle précitée, et qui tous reviennent à peu près à ce mot d'Erasme : *Præter accentus, nullum in syllabis discrimen facimus*, signifient, d'après le P. Lambillotte, qu'une fois l'accent placé dans un mot, une fois la syllabe accentuée mise en saillie et distinguée du reste (*discriminata*), on ne doit appliquer à aucune autre syllabe de distinction semblable, comme serait un triple accent sur ce mot : *dóminátiónes*; mais jamais il n'eût voulu ad-

« La postérité aura peine à croire, disait l'abbé Lebeuf,
» que seulement, à partir de notre siècle (le xviiie), d'illus-
» tres cathédrales du royaume ont quitté cet usage si cho-
» quant. »

Nos Pères, dans la foi, n'en étaient pas scandalisés : ils
mettaient, en ce point, la mélodie au-dessus de la grammaire ; comme nous l'a dit Bernon, abbé d'Auges, dans un
passage cité plus haut (1) : Il vaut mieux, pensaient-ils,
violer une règle de convention qu'un précepte *de nature*,
et l'observation du rhythme mélodique est de l'essence
même des choses ; ce qu'on ne peut affirmer de l'accent. On
a souvent, à l'appui de ce même fait, cité le passage rap-

mettre que, parmi ces syllabes non accentuées, il pût y avoir *privilége de
longueur* pour une syllabe brève de sa nature, comme il arriverait dans le
trait suivant :

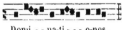

Domi - - na-ti - - - o-nes.

Au reste, M. Petit, ennemi de toute exagération, comme le sont les
hommes vraiment solides, n'a pas, ce nous semble, entendu la chose autrement que le P. Lambillotte, et l'observation que l'on vient de faire ici
par occasion, tend à combattre et à redresser une erreur qui n'est ni
dans son esprit ni dans son livre.

Il est un endroit seulement où M. l'abbé Petit semble contredire le
P. Lambillotte. Il cherche à démontrer (p. 146 et suiv.) qu'on ne peut tirer des manuscrits neumés, de preuve bien certaine que les anciens aient
souvent négligé l'accent dans l'exécution du chant et dans sa notation. Il
transcrit même, à l'appui de son assertion, deux passages assez informes
typographiquement parlant, et d'après lesquels, nous l'avouons, on aurait
peine à argumenter. Mais s'il avait eu sous les yeux les manuscrits plus
soigneusement écrits et neumés dont le P. Lambillotte avait conservé les
calques, et dans lesquels les paroles sont fort exactement adaptées aux signes de notation, il aurait trouvé des exemples vraiment patents et décisifs.
Disons, pour être juste, que M. Petit restreint, quant à présent, son assertion aux médiations et aux finales des Psaumes ; dans ce cas, on n'aurait
guère à lui opposer que certaines terminaisons psalmodiques des Introïts,
et quelques finales notées dans les manuscrits de Murbach et autres ; mais
appliquée au chant tout entier, elle aurait contre elle des exemples innombrables. (*Note de l'Éditeur.*)

(1) Voyez ci-dessus, p. 287.

porté par Gerbert dans les *Instituta Patrum, etc.*: « *Musica*
» *non subjacet regulis Donati, sicut nec divina Scriptu-*
» *ra* (1).» Il n'entre pas dans notre plan de discuter ce texte
pour en trouver une explication adoucie. Quand même
nous y parviendrions, il resterait encore des monuments
irréfutables.

Le fait donc est avéré : mais qu'en faut-il conclure?
Que nous devons, par respect pour le passé, revenir à un
tel usage et par un zèle superstitieux, canoniser les fautes
de quantité, comme on voulait dernièrement canoniser le
solécisme? Voilà bien cette fureur d'exagération qui dé-
nature en notre pays les plus belles entreprises, et que
nous avons eu déjà, dans cet ouvrage, l'occasion de déplorer à propos du dièse, simple marque d'orthographe
musicale, et qu'il faudrait, dit-on, anathématiser en plain-
chant, parce que les anciens ont usé de la chose sans employer le signe. Pourquoi donc ces tenants exagérés du
moyen âge n'impriment-ils pas leurs livres en gothique,
pour plus d'orthodoxie, et comment osent-ils employer la
notation carrée, qui après tout est une nouveauté? Ah! de
grâce, respectons mieux nos pères, et ne les chargeons pas
maladroitement d'une responsabilité qu'ils seraient les premiers à décliner s'ils en pouvaient connaître maintenant les
inconvénients. Que Bernon, abbé d'Auges, voie dans le
redressement des fautes d'accent une violation des lois de
la nature; jamais on ne nous persuadera qu'il y ait beaucoup à perdre pour le trait cité tout à l'heure, à être restauré
comme il suit :

Do - - - - - - mi - ne.

____

(1) *Script. Gerb.*, I, 6.

Il y a plus : dans la plupart des mots, la correction sera au profit du chant lui-même, en ce qu'elle fera tomber la *neumation* sur des voyelles sonores, comme *a, e, o,* plutôt que sur les voyelles sourdes, *i* et *u.*

En agissant comme nous l'avons fait, il nous a semblé que nous obéissions à une nécessité impérieuse ; mais nous croirions tomber gratuitement dans l'arbitraire en adoptant le principe récemment posé par des éditeurs de livres liturgiques, à savoir : que la syllabe portant l'accent tonique doit toujours être sous la note la plus élevée d'un trait mélodique. Ce principe entraînerait avec lui la destruction de la phrase Grégorienne, et d'ailleurs on a péremptoirement démontré (1) qu'il est très-possible de faire sentir l'accent sans hausser le ton de la voix.

Pour en finir avec la quantité, dont nous n'entendons pas faire ici un traité *ex professo,* de peur d'enseigner aux hommes instruits des choses qu'ils savent aussi bien et mieux que nous, distinguons encore une fois, avec Dom Jumilhac les chants purement *prosodiques* et *syllabiques,* tels que les *Leçons, Évangiles, Épîtres, Oraisons* et *Psaumes,* des chants *mélodiques,* tels que les *Introïts, Graduels, Répons, etc.* Aux premiers nous appliquons simplement les règles d'une bonne lecture *accentuée ;* dans les autres nous ne

(1) Voyez M. Vincent (*Notice sur les Manuscrits, etc.,* t. XVI de la coll. p. 217). Le savant auteur s'appuie sur des exemples tirés de la musique grecque. La pratique des meilleurs compositeurs modernes peut servir encore à confirmer son idée. Ainsi, dans ce beau passage de l'*Ave Maria* de Chérubini.

A - ve,   A-ve,   Ma - - ri - - - - a.

Est-il possible de mieux accentuer les mots *Ave, Maria* ? Et cependant la note accentuée est plus basse que les autres, ou au même degré.

sommes pas aussi rigoureux, traitant quelquefois comme
syllabes *communes* ou même *longues*, mais sans les charger
de neumations, des syllabes brèves de leur nature et indé-
pendantes de l'accent. Les Romains, si délicats sur l'article
de la *quantité prosodique*, nous y autorisent par leur
exemple après Cicéron et Quintillien.

CONCLUSION.

Voilà d'après quels principes nous avons restauré les
belles et antiques mélodies de saint Grégoire. Notre manière
de noter nous paraît franche, nette et précise ; elle ne laisse
plus les mélodies liturgiques exposées à toutes les interprétations du mauvais *goût* et de la *routine*. Au moyen de la
notation que nous employons, tout le monde pourra chanter
facilement et partout de la même manière. On obtiendra
ainsi l'UNITÉ et l'UNIFORMITÉ, non-seulement dans la *substance*, mais encore dans la *forme*, ou manière de chanter.
On pourra enseigner le chant avec facilité, dans les écoles,
les pensionnats, les petits et grands séminaires, et tous les
fidèles pourront, en très-peu de temps, prendre une part
active aux mélodies liturgiques; chacun éprouvera bientôt
que le chant Grégorien, exécuté ainsi, avec ensemble par
toute l'assemblée des fidèles, est la musique la plus digne de
la majesté divine, et celle que l'Eglise préférera toujours à
toute autre musique : *Cantus ille est qui alteri musicali
merito præfertur.* (Benoît XIV, *Encyl.* de 1729.)

Il nous reste à donner maintenant une méthode pratique,
rédigée d'après les principes que nous venons d'exposer.

TROISIÈME PARTIE.

ESTHÉTIQUE, THÉORIE ET PRATIQUE

DU

CHANT GRÉGORIEN.

TROISIÈME PARTIE.

PRATIQUE DU CHANT GRÉGORIEN

RESTAURÉ D'APRÈS LES SOURCES PRIMITIVES,

OU

MÉTHODE POUR LE BIEN EXÉCUTER.

AVERTISSEMENT.

Il ne suffirait pas d'avoir rétabli la phrase Grégorienne dans son intégrité substantielle, ni même de lui avoir rendu, par une notation exacte, sa forme primitive, si nos études théoriques n'aboutissaient à une bonne et praticable méthode d'exécution. Les recherches archéologiques ne doivent pas être faites, comme il arrive trop souvent, au profit de la curiosité ou de l'amour-propre : deux choses bien infécondes et bien petites. C'est une tâche facile que d'amonceler les objections et de susciter les embarras autour d'une question compliquée : tout cela n'aboutit pas ; et ce sont des résultats surtout que l'Eglise demande à ceux qui s'occupent à présent de la restauration du chant liturgique.

Essayons donc de formuler en *méthode* les principes rassemblés et acquis durant tout le cours de cet ouvrage ; indiquons les moyens de faire produire à la mélodie Grégorienne les effets admirables que célèbrent à l'envi les auteurs de la bonne époque ; disons comment il la faut rendre pour qu'elle *prie avec le texte sacré*, pour qu'elle *pleure* avec lui, pour qu'elle exprime avec lui l'*allégresse* et l'*espérance :* car la règle donnée par saint Augustin à ceux qui récitent les Psaumes est merveilleusement applicable à ceux qui les chantent : *Si orat psalmus, orate ; et si gemit, gemite ; et si gratulatur, gaudete ; et si sperat, sperate.*

Mais nous venons de toucher ici à une difficulté effrayante pour qui travaille à la restauration du chant liturgique. Le temps n'est plus où les chrétiens les plus instruits et les plus illustres mêlaient leurs voix à celles des religieux et des prêtres, pour chanter au pupître les répons, les versets et les psaumes : enseignant ainsi, par leur exemple, aux ignorants, la véritable manière d'exprimer les sacrés cantiques. Aujourd'hui, hors un petit nombre d'églises privilégiées, presque partout le soin de chanter les louanges du Seigneur est dévolu à des mercenaires, souvent inhabiles, souvent grossiers, incapables de comprendre un seul mot de ce qu'ils disent ! Comment parler avec âme une langue qu'on ne sait pas ? Comment empêcher que le contre-sens ne défigure la pensée du compositeur avec celle des saints livres ? Encore, si je ne sais quel instinct de piété faisait deviner au cœur de ces gens-là ce que leur intelligence ne peut pénétrer ! Mais le sens religieux est souvent bien pauvre chez eux, et la routine, cette lèpre des arts, en a bientôt fait justice. Oh ! quelle vertu divine doivent renfermer des chants qui ont pu, je ne dis pas sortir intacts d'une si cruelle épreuve, mais y survivre !

Avouons-le donc simplement, nous n'avons point le don des miracles; et toutes les règles qui vont suivre, en disciplinant le matériel de l'exécution, ne donneront point aux exécutants l'intelligence et la piété qui pourraient leur manquer. Toutefois, il nous est doux de penser qu'aux moins habiles nous aurons au moins épargné quelques occasions d'erreur, et qu'entre les mains des fidèles pieux et instruits, ces règles produiront au centuple pour la splendeur du culte divin et la plus grande gloire de Dieu.

Mais, de grâce, qu'on ne les étudie pas avec préjugé comme si elles étaient *notre doctrine*, loin d'être *uniquement celle des anciens*. Les praticiens y trouveront des choses contraires à leurs habitudes, à leur manière de voir; mais nous leur demandons si, dans un art basé sur le système antique, il ne vaut pas mieux suivre la doctrine des maîtres

21

primitifs que des vues et des systèmes particuliers puisés dans les auteurs modernes.

Cette méthode est le résultat de plusieurs années d'études, de recherches sérieuses et désintéressées. L'ouvrage dont elle fait partie ne contient pas dans son entier le quart des matériaux et des recherches dont elle est comme le résumé. Puisse cette considération lui assurer au moins l'impartialité du lecteur (1) !

(1) Un jour peut-être il nous deviendra possible de publier, au moins en partie, les précieux tableaux archéologiques formés par le P. Lambillotte du fruit de ses immenses recherches. On y verra grand nombre d'Introïts, Graduels, etc., transcrits chacun en un cadre séparé, dans toutes les notations en usage depuis saint Grégoire jusqu'à nos jours, d'après une multitude de monuments de tous les pays et de toutes les époques. Ces pièces justificatives, dont la vue a déjà vivement intéressé plusieurs personnes, deviennent une belle confirmation de la pensée exprimée au dernier paragraphe de cet *Avertissement*. **J. D.**

PRATIQUE DU CHANT GRÉGORIEN,

D'APRÈS LES AUTEURS PRIMITIFS.

————∘∘ː∘ː∘∘————

Avant tout, qu'entend-on par chant Grégorien ?

On appelle ainsi les chants liturgiques de l'Église Romaine rassemblés, mis en ordre et complétés par saint Grégoire le Grand, pour la célébration de l'office divin, basés sur le système diatonique des anciens, et conservés traditionnellement avec plus ou moins de fidélité à l'usage du culte catholique Romain.

Ces chants se divisent en deux catégories :

La première comprend les chants destinés à la célébration solennelle du saint sacrifice de la Messe.

La seconde, les chants destinés à la célébration des Heures canoniales, telles que Vêpres, Complies, petites Heures, Matines et Laudes.

Les chants de la Messe se subdivisent en deux espèces : 1° les *chants propres* ou *particuliers* à chaque messe ; tels sont les *introïts*, les *répons graduels*, *traits* ou *alleluia* avec *versets*, les *offertoires*, les *communions*. Tous ces chants ont été réglés par saint Grégoire, excepté quelques messes récentes, dont souvent encore on a pris le chant dans l'ancien répertoire Grégorien.

2° Les chants des *ordinaires*, ou *chants communs*. On appelle ainsi ceux du *Kyrie*, du *Gloria*, du *Credo*, du *Sanctus*, de l'*Agnus* qui varient selon la solennité des fêtes.

Les chants des Heures canoniales peuvent se subdiviser à

leur tour en cinq espèces, qui sont : 1° ceux des Répons,
2° des Antiennes ou Antiphones, 3° des Hymnes, 4° des
Psaumes, 5° des Cantiques.

Dans cette méthode nous n'envisageons ces chants que
sous le rapport musical.

Nous avons dit qu'ils étaient basés sur le système diatonique des anciens.

Nous allons faire connaître les règles et les diverses propriétés de ce système, tel qu'il a été appliqué aux chants liturgiques par saint Grégoire.

Le système diatonique des anciens était renfermé dans
une échelle de deux octaves commençant au *la* grave, et se
succédant comme il suit :

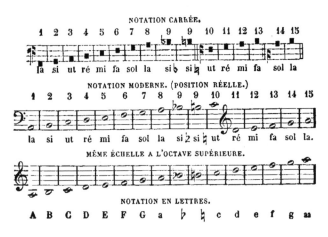

On ajoutait souvent à cette échelle une note plus grave
encore (*sol*) que l'on nommait *gamma,* parce qu'elle était
désignée par la lettre grecque qui porte ce nom.

Les anciens, dans les ouvrages théoriques, désignaient les
notes par les lettres de l'alphabet A, B, C, D, etc.

Nota. Nous engageons l'élève à se familiariser avec les notes sur la clef de *sol*, car dorénavant nous nous servirons uniquement de cette clef, afin que les *musiciens*, qui sont beaucoup plus nombreux que les *plainchanistes*, puissent acquérir la connaissance du chant Grégorien, et mieux en apprécier les beautés.

Tels étaient les sons reçus dans la musique diatonique des anciens, et que saint Grégoire le Grand a définitivement appliqués aux chants liturgiques de l'Eglise Romaine. Ces sons doivent être envisagés de deux manières : 1° comme formant différents intervalles; 2° comme formant des modes distingués les uns des autres.

Nous allons les considérer sous ce double rapport dans les deux chapitres suivants.

CHAPITRE I.

INTERVALLES ADMIS DANS LA MUSIQUE GRÉGORIENNE.

Le chant Grégorien n'admettait que les six intervalles suivants : le demi-ton, le ton, la tierce mineure, la tierce majeure, la quarte juste et la quinte juste. C'est-à-dire que la voix ne pouvait passer d'une note à une autre que par l'un ou l'autre de ces intervalles. Dans l'échelle diatonique le demi-ton se trouvait toujours de *mi* à *fa,* de *si* à *ut;* et de *la* à *si* ♭ par exception. Partout ailleurs on ne rencontrait que des tons, si ce n'est en certaines circonstances exceptionnelles : nisi in certis circumstantiis (1).

_____

(1) Gui d'Arezzo, *Microl.*, ch. X.

Il est donc certain, d'après le témoignage du maître des maîtres, qu'il y avait des circonstances où l'on faisait le *demi-ton* ailleurs que du *si* à l'*ut*, du *mi* au *fa*, et du *la* au *si* ♭. Nous aurons occasion de les mentionner.

EXERCICES SUR LES INTERVALLES.

(NOTE IMPORTANTE POUR LES EXERCICES SUIVANTS.)

Dans ces exercices nous engageons l'élève à s'habituer à battre la mesure, mais d'une manière spéciale et propre au chant Grégorien. Il frappera du doigt ou du pied chaque *note blanche* ♩, car elle vaut un temps ou un *frappé*; c'est-à-dire qu'on la soutient du moment où l'on frappe jusqu'au *frappé suivant*. Il faut que ces *temps* soient égaux entre eux.

La *ronde* ou note sans queue ○ vaut deux *temps* ou deux *frappés*.

La note noire ♩ ne vaut que la moitié d'un temps; la croche ♪ n'en vaut que le quart; la petite note ♪, ♪ prend la même valeur que la croche, mais on la coule plus légèrement avec la note suivante, et jamais elle ne surmonte seule une syllabe de texte.

Toute note suivie d'un point est augmentée de la moitié de sa valeur.

Les virgules placées entre les incises de la phrase musicale indiquent un léger repos, que l'on prolongera plus ou moins selon le sens des paroles et le besoin de la respiration, mais sans altérer notablement la marche du rhythme. *Ces observations bien pratiquées donneront au chant Grégorien le caractère religieux qui lui est propre*, et feront sentir à chacun son admirable aptitude à élever les âmes vers Dieu par la pensée et la méditation; chaque repos, chaque pause étant comme un signal de réflexion et d'attention, servira en même temps à obtenir un ensemble parfait.

NOTA. Dans la traduction de nos Graduels en notes carrées nous établirons entre les signes le rapport suivant :

NOTATION
MODERNE.

NOTATION
CARRÉE.

EXERCICES SUR LES INTERVALLES.

INTERVALLES CONJOINTS.

EXERCICES SUR LES SYLLABES MUSICALES.

INTERVALLES DISJOINTS.

EXERCICES MÊLÉS DE LONGUES ET DE BRÈVES.

Nous recommandons beaucoup
ce dernier exercice.

EXERCICES SUR LE POINT.

(1) Les liaisons placées sous ces membres de phrase indiquent que l'on doit émettre les sons sans donner pour chacun d'eux un nouveau *coup de gosier*, mais en les laissant pour ainsi dire *couler* et naître l'un de l'autre.

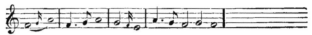

EXERCICES SUR LE TON ET LE DEMI-TON.

Ier MODE.

EXERCICES SUR LES TIERCES MINEURES ET MAJEURES.

IIe MODE.

EXERCICES SUR LES QUARTES ET LES QUINTES.

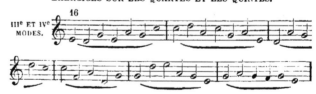

IIIe ET IVe MODES.

EXERCICES SUR TOUS LES INTERVALLES

Tels sont les seuls intervalles permis dans le chant Grégorien. Ainsi on en exclut les intervalles de quarte diminuée et de *triton*, de *quinte mineure*; toute espèce de *sixte*, de *septième* et d'*octave*.

Ces intervalles étaient prohibés par *mouvement direct immédiat*, c'est-à-dire sans notes intermédiaires, comme serait de chanter *fa, si; mi. si ♭; sol, fa; ut, si ♭*, etc. ; mais ils n'était pas prohibé d'aller d'une de ces notes à l'autre par mouvement *indirect* ou *médiat,* au moyen de notes intercalées, comme dans les passages suivants :

Les espaces de *triton* et de *quinte mineure* donnaient lieu à une théorie spéciale, qu'il importe de signaler ici (1).

RÈGLE. — Il n'est jamais permis de descendre du *si* ♮ au *fa,* ou de monter du *fa* au *si* ♮, en s'arrêtant dans ce tétracorde, c'est-à-dire sur l'une des quatre notes, *fa, sol, la, si,* soit par mouvement direct, soit par mouvement indirect.

Ainsi les passages suivants et autres semblables sont fautifs.

Que faisaient donc les anciens pour éviter le triton, quand la mélodie demeurait dans le tétracorde *fa, sol, la, si,* soit en montant, soit en descendant? Ils faisaient usage du si ♭, ou ils haussaient le *fa* d'un *demi-ton mineur,* selon que la mélodie appartenait à tel ou tel mode. Ainsi, par exemple, si la mélodie était du septième ou huitième mode, on n'employait point le *si* ♭; car, dit Oddon de Cluny, cette note aurait rendu les septième et huitième modes en tout semblables au premier et au second : ce qui n'était point toléré.

---

(1) Ces règles ont été déjà exposées dans une brochure, imprimée récemment, par le R. P. Lambillotte quelques jours avant sa mort. *Quelques mots sur le chant liturgique.* (Paris, Ad. Le Clere.)

Marchetti de Padoue confirme cette doctrine (1). Si la mélodie appartenait aux autres modes, il était alors permis de se servir du *si* ♭ pour enlever la dureté du triton. Mais dans les septième et huitième modes on employait le *demi-ton* haussant sur le *fa*. Gui d'Arezzo appelle cette élévation d'un demi-ton, *subductio* ou *diesis*. Il dit expressément que ces *dièses* sont permis en *certaines circonstances*, mais jamais ailleurs que sur la *troisième* et la *sixième* note de la grande échelle, c'est-à-dire sur *ut* et sur *fa*.

On tempérait donc la dureté du triton de cette manière :

Selon Gui d'Arezzo, l'intervalle de *quarte mineure* était aussi permis par degrés conjoints. Ainsi on pouvait chanter :

L'usage de faire le demi-ton haussant dans les deux cas que je viens de signaler, a prévalu en Italie, en Portugal, en Espagne, en France, en Allemagne, en Hollande, en Angleterre; en un mot, presque partout.

Cet usage est donc légitimé par l'accord universel et par la sanction des premiers maîtres de l'art antique. Ainsi se trouve condamnée la doctrine moderne de ceux qui prétendent interdire à tout jamais le demi-ton haussant à la mélodie Grégorienne.

(1) Gerb., *Script.*, t. III, p. 92.

Mais il faut remarquer ici deux choses : 1° Gui d'Arezzo ne le prescrit pas ; il laisse libre de le faire ; 2° il recommande en cela une grande sobriété : il ne faudra l'employer, dit-il, que dans *certaines circonstances*, sur les troisième et sixième degrés de l'échelle, c'est-à-dire sur *ut* et *fa*. *Non oportet eas in usum admittere nisi supervenientibus certis locis : in nullo enim sono valet fieri, excepto tertio et sexto* (1).

PREMIÈRE EXCEPTION. — Il est permis dans une même phrase ou trait mélodique de faire entendre *si* ♮ et *fa*, quand il s'y rencontre des notes intermédiaires qui sauvent la dureté du triton : ainsi, par exemple, un *ut* placé entre *si* et *fa* rend cet intervalle légitime.

DEUXIÈME EXCEPTION. — De même, en descendant, si le *mi* vient aussitôt après *fa*, il sauve la dureté du triton. Exemple : *si, sol, la, fa, mi.*

De même, en montant : si l'*ut* vient aussitôt après le *si*, il sauve encore la dureté du triton.

Ainsi on peut chanter :

DE LA QUINTE DIMINUÉE. — Quant à l'intervalle de *quinte mineure* (c'est-à-dire de *si* ♮ à *fa*, ou de *mi* à *si* ♭, ou même de

_____

(1) *Microl.* de Gui d'Arezzo, ch. X.

fa ♯ à *ut*), il ne faut pas le confondre avec le *triton*. Il avait ses règles et sa marche particulière autorisées par l'usage universel. On défendait de parcourir cet intervalle directement, sans notes intermédiaires, comme il suit :

Mais il était permis d'aller d'une de ces notes à l'autre par des notes intermédiaires, comme :

Et cela du commun aveu de tous les théoriciens antérieurs au seizième siècle.

Il était aussi permis de faire les passages suivants :

3° Un autre intervalle prohibé par nos premiers auteurs était celui des deux demi-tons, *si* ♭ et *si* ♮. Jamais ces notes ne pouvaient se succéder immédiatement, dans une phrase ou partie de phrase quelconque. Il ne faut pas les joindre, dit Gui d'Arezzo, « *utramque*, ♭ et ♮, *in eadem neuma non jungas* (1). »

« Il est absurde, dit Oddon de Cluny, de faire ♭ et ♮ dans le même endroit : ♭ et ♮, *absurdum est in eodem loco facere* (2). Et plus loin (3) il explique quand il faut faire le ♮ ou

(1) *Microl.*, ch. VIII.
(2) *Apud Script.*, Gerb., t. I, p. 254.
(3) *Ibid.*, p. 268

le ♭, mais il ne faut jamais les joindre, dit-il « *numquam continuatim jungere debes;* » le mot *continuatim* explique parfaitement le texte de Gui d'Arezzo. En effet c'étaient ces deux *demi-tons* de suite qui constituaient chez les anciens le genre chromatique, anathématisé par les saints Pères. Ainsi les traits suivants :

sont bannis du chant Grégorien.

Mais Hucbald de Saint-Amand (1) nous montre qu'on peut employer le ♭ et le ♮ dans un même trait mélodique quand ces deux notes sont séparées par d'autres. Il s'appuie sur cet exemple déja cité dans notre première partie.

Sta - - - tu - it   e - i   Do - - - - - - - - mi-nus.

Telles sont nos autorités sur la question des intervalles, et la doctrine contenue dans ce chapitre leur est empruntée tout entière. Nous n'aurons donc pas égard aux théories très-modernes, qui tendent à détruire des affirmations ainsi établies.

CHAPITRE II.

DES MODES.

On entend par *mode* en musique une échelle diatonique dans laquelle les positions des tons et demi-tons sont réglées

(1) Voyez plus haut, p. 109.

d'une certaine manière, conséquemment à la note prise
pour point de départ.

Il suit de là que la différence entre deux modes résulte,
1° de la note principale ou *finale;* 2° de la position diatonique des tons et demi-tons à partir de cette note. De ces deux
choses résulte aussi le caractère esthétique de chaque mode.

Ces quatre échelles, partant de notes différentes, forment
quatre modes distincts; parce que la place des demi-tons
n'étant pas la même à chaque échelle, les chants composés
d'après chacune d'elles reçoivent de là un caractère particulier.

Il y aura autant de modes différents que de notes dans la
gamme en partant du *la* grave : c'est-à-dire sept; et si l'on
divise chacun de ces modes en deux, le *grave* et l'*aigu*, on
aura quatorze modes; et c'est là une division très-rationnelle.

Mais nos premiers maîtres, à commencer par saint Gré-

22

goire jusqu'à Gui d'Arezzo, ne comptèrent que quatre grands modes, appelés, d'après les Grecs, *protus, deuterus, tritus, tetrardus*, et divisés chacun en deux : l'un *aigu* ou *supérieur* (*authenticus*, du grec αὐθέντης) ; l'autre *grave* ou *inférieur* ou *dérivé* (*plagalis*, du grec πλάγιος) ; ce qui donna en tout huit modes au chant Grégorien. Nous ne voyons aucune raison plausible de quitter la voie qu'ils ont tracée, et nous ne compterons comme eux que huit modes.

Du reste, avant saint Grégoire, les auteurs grecs, et Boèce qui résume fort bien leur doctrine, divisaient aussi la grande échelle en huit modes : *Dorien, Hypodorien, Phrygien, Hypophrygien, Lydien, Hypolydien, Mixolydien* et *Hypomixolydien* (1).

Voici le tableau général des huit modes admis dans le chant Grégorien :

1) Voyez le Traité de Boèce *De musica*, L. IV., ch. XIV, XV, et XVI,

Si nous continuons la même progression nous aurons les quatorze modes, comme il suit :

Remarques. Ces modes notés à la clef de *sol* sont écrits une octave plus haut que ne les chantent les voix d'hommes; mais la forme est la même, qu'on les exécute à ce degré ou à quelque autre : car la hauteur ou la gravité, dit saint Oddon de Cluny, n'est pas ce qui constitue leur forme essentielle. « Non enim, ut stultissimi cantores putant, gravitate » vel acumine unum modum ab alio discrepare scimus » (nihil enim impedit, quemcumque volueris modum, si » acute vel graviter decantaveris); sed tonorum et semito- » norum, quibus et aliæ consonantiæ fiant, diversa positio, » diversos ab invicem et differentes modos constituunt (1). »

Ces huit modes forment ce qu'on appelle la *tonalité Grégorienne* entièrement distincte de notre *tonalité moderne.* Celle-ci ne compte que deux modes : le mode majeur et le mode mineur, caractérisés par la première tierce, qui dans l'un est majeure, dans l'autre mineure.

____

(1) « Ce n'est point, comme le pensent des chantres ignares, le plus ou » moins de gravité ou d'acuité qui fait reconnaître la différence entre deux » modes : rien n'empêche en effet de chanter tel ou tel morceau plus haut ou » plus bas ; mais la position diverse des tons et demi-tons qui modifie les re- » lations d'intervalles, voilà ce qui constitue la distinction entre les modes. » *Oddo Cluniac. apud Gerb. Script.* I., 262.)

La tonalité Grégorienne plus riche, plus variée, possède des ressources immenses pour rendre tous les sentiments de l'âme, et surtout le sentiment religieux. Par son antiquité elle semble nous ramener au berceau de la Religion, et nous mettre en rapport avec les premiers fidèles et les Pères de l'Église.

Mais la tonalité moderne plus sensuelle, plus chromatique, à laquelle nous sommes habitués dès notre enfance, nous a malheureusement fait perdre le sentiment des vraies beautés de la tonalité antique. Voilà pourquoi il y a aujourd'hui bien peu de personnes qui sachent apprécier le chant Grégorien. Afin de suppléer autant que possible à ce qui leur manque, nous allons traiter de chaque mode en particulier d'après nos auteurs primitifs. Nous donnerons *l'étendue de chaque mode, sa constitution, ses règles, son caractère moral*, et nous tâcherons de montrer, par des exemples tirés de l'Antiphonaire Grégorien, la véritable manière d'envisager les mélodies sacrées.

Mais auparavant il faut donner les règles communes à tous les modes, d'après les anciens, et les rappeler d'autant plus instamment qu'elles ont été abandonnées dans nos grandes éditions modernes de Rome, de Venise, de Paris, et récemment de Malines, etc., etc. (1).

Ces règles concernent spécialement la note qui peut commencer ou finir un chant ou une phrase de chant.

RÈGLE GÉNÉRALE. — *Tout morceau de chant doit finir par la note principale du mode.*

PREMIÈRE RÈGLE. — *Aucune note ne peut commencer un chant ni une phrase de chant si elle n'est ou finale, ou en relation avec la finale par un des six intervalles reçus dans la mélodie.* (Nous avons vu quels sont ces intervalles.) Ainsi le

(1) Voir aux pièces justificatives, nº 9.

ré étant finale, un morceau ou une phrase ne pourra commencer que par ce *ré*, ou par une des notes *mi, fa, sol, la,* en montant; et en descendant *ut, si, la, sol* (1).

DEUXIÈME RÈGLE. — *Les phrases ne doivent se terminer que sur une des notes qui peut les commencer.*

Ainsi, dans le cas précédent, commençant une phrase sur *ré,* sur *mi, fa, sol, la,* etc., je peux aussi la terminer sur une de ces notes quelconques.

TROISIÈME RÈGLE. — *Il est convenable que dans la composition d'un chant il y ait plus de phrases qui se terminent et finissent sur la note finale ou sur sa quinte, que sur d'autres notes* (2).

Il n'est pas difficile de voir que ces règles ont pour but de faciliter l'exécution du chant, et de le rendre ainsi plus simple, plus *populaire.*

Ces règles générales étant posées, nous allons exposer les règles spéciales de chaque mode.

ARTICLE I.

Premier mode. — Dorien.

Le premier mode a pour note finale et principale *Ré.* (D. — Λιχανὸς ὑπατῶν.) En voici l'étendue et la composition :

(1) Guido, *Microl.,* cap. XI et XII, Oddo, *apud Script.,* t. I, p. 259, et ci-dessus, p. 114, 140, etc.

(2) Voir Oddon, *Apud Gerb.,* t. I, p. 25; et Gui d'Arezzo, cap. XI et XII, *Microl.*

RÈGLE. — Dans ce mode, les chants et les phrases ne peuvent commencer que par les notes suivantes : *ut, ré, fa, sol, la,* rarement par *mi.* Les phrases ne peuvent se terminer que sur l'une de ces notes.

CARACTÈRE DE CE MODE. — Il est très-varié; il se prête aux sujets graves, majestueux, sublimes, comme on peut le voir dans l'Hymne *Crux fidelis,* restaurées d'après l'Antiphonaire de Saint-Gall et les manuscrits authentiques. Il est aussi propre à exprimer des sentiments de joie, d'exaltation, comme dans l'Introït : *Gaudeamus omnes in Domino ;* à rendre le sentiment d'une prière, d'un désir ardent, comme dans l'Introït : *Rorate cœli desuper.* Ce mode paraît être le plus ancien de tous. Platon et Aristote le préféraient à tous les autres.

« Il convient aux grandes choses, dit Léonard Poisson; il » est d'une admirable fécondité : modeste, gai, sévère, ma- » gnifique sublime (1). » Cependant les anciens l'employaient rarement à exprimer la douleur et les sujets légers.

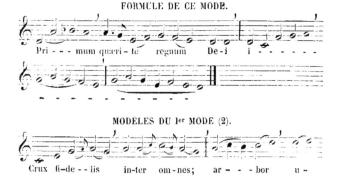

FORMULE DE CE MODE.

Pri - - - mum quæri - te   regnum   De-i   i - - - - - -

MODÈLES DU Ier MODE (2).

Crux fi-de - - lis   in-ter   om - nes;   ar - - - bor   u -

(1) *Traité du chant Grégorien,* p. 152.
(2) Ce chant a été considérablement altéré dans l'édition de Paris 1851, et plus encore dans celle de Rome, 1614.

na no - - - bi-lis. Nul-la syl - va talem pro - fert,

fron - de, flo - re, ger - - - mine. Dul-ce li-gnum,

dulces cla – vos, dul - ce pon - dus su - - - stinet (1).

INTROIT AVEC VERSET.

Gaude – a - - - mus omnes, in Do - - - - - mi-no;

di - em fe - stum ce - le - bran - tes sub ho-no - - - re

(1) NOTES POUR L'EXÉCUTION DE CES MODÈLES ET SANS L'OBSERVATION DESQUELLES ON NE LES COMPREND PLUS.

1° *La petite note* prend sa valeur temporaire sur la note qui précède, c'est-à-dire que celle-ci perd un peu de sa valeur pour en donner une partie à celle-là. Ainsi la petite note sur *Fidelis* et *Sylva* doit s'exécuter comme il suit :

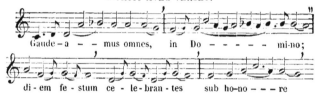

Fi–de - - - lis Syl - va.

et de même partout.

2° Le *Quilisma* qui se trouve sur la dernière syllabe de *fronde*, doit s'exécuter avec un *vibrato* de la voix sur le *fa*, si on a la voix flexible ; sinon, il sera mieux de l'omettre, et de couler ces trois notes par un seul mouvement de voix.

3° La virgule seule indique une respiration avec un très-léger repos ; la virgule avec barre, un repos plus marqué ; les deux virgules ou la barre finale indiquent que la phrase musicale est complète, et que la note et le repos peuvent durer un peu plus longtemps.

4° On donnera à chaque blanche un mouvement réglé d'après la nature du texte, la grandeur du lieu où l'on chante et le nombre des chanteurs.

Be - a - ti Tho - mæ mar - - ty-ris : de cu - jus pas-si-

o - - - ne gau-dent an - - - - - - - - ge-li,

et collau - - - - dant Fi - - - li—um De - - - - - i.

Un peu plus animé.

Ps. Ex-ul - ta-te, ju-sti, in Do-mi-no : Re - ctos de - - cet

Solo.

collauda - - ti-o. Glo - - ri-a Pa-tri, et Fi - li - o, et Spi-ri - - tu-

Chœur.

i san-cto. Sic - ut e-rat in princi - pi-o, et nunc

et sem - per, et in sæ-cu-la sæ - cu-lo-rum. A - - men.

Tout le peuple reprend l'Introït jusqu'au Psaume.

PRIÈRE FERVENTE.

Ro - ra - - - te, cœ - - - li, de - - - - - - - - su-per et

nu - - - bes plu - ant ju - - - - - - stum ; a-pe-ri-a - tur

ter - - - ra, et ger - mi-net Sal - - va - - - to - rem.

Ps. Cœ - li e-nar-rant.

Qu'il nous soit permis de nous arrêter un instant sur les beautés musicales de ces trois morceaux.

Dans le premier nous remarquons un début simple et modeste, sur *Crux fidelis* : c'est l'exposition du sujet; puis la voix s'élève par degrés sur ces belles paroles : *Arbor una nobilis*. Arbre de la croix, arbre incomparable! arbre au-dessus de tous les autres! Comme la mélodie exprime bien cette pensée! Quelle variété d'expression sur les mots, *fronde, flore, germine!* Puis, comme la voix prend bien l'accent de la douceur unie à la tristesse sur ces expressions, *dulce lignum, dulces clavos, dulce pondus;* et retombe avec grâce sur *sustinet!* La piété la plus vraie règne dans tout ce morceau.

Dans le second, même début simple et modeste sur *gaudeamus;* mais aussitôt la voix se dilate quand elle prononce le nom du Seigneur, *in Domino.* Elle annonce le sujet plus particulier de son allégresse, *diem festum;* elle se dilate encore sur *celebrantes;* elle s'élève sur *honore,* et sur le nom du saint qu'elle célèbre. Elle s'arrête avec bonheur sur les mots qui expriment le mieux la cause de cette joie : et semble se complaire dans les expressions *passione, angeli, collaudant, Filium Dei.* Puis, pour conclusion épiphonétique, elle entonne avec enthousiasme : *Exultate, justi, in Domino :* Justes, triomphez d'allégresse, etc. (1).

Dans le troisième, c'est une prière qui commence sur *Rorate :* la voix débute encore avec simplicité et modestie; elle s'élève sur *Cœli,* et semble pénétrer les cieux à *desuper.* Remarquez comme elle prie sur *nubes,* sur *pluant,* comme elle se délecte sur *justum!* comme elle rend bien les mots, *aperiatur terra :* cette terre qui va produire le Sauveur!

_____

(1) Epiphonema : « *Rei narratæ summa acclamatio* » dit Quintillien (*Inst. Orat.* Lib. VIII et V.) Tel est en effet le rôle du Psaume ajouté à l'*Introït.*

Puis elle entonne le Psaume avec le saint enthousiasme de la reconnaissance : *Cœli enarrant gloriam Dei.* Il nous semble impossible de ne point voir dans ces chants l'inspiration de l'Esprit-Saint, l'accent de la vraie piété (1).

On dira peut-être : *La musique Grégorienne est donc dramatique?* Oui, sans doute, mais de ce dramatique de la foi, *calme, noble, sublime* et qui porte l'âme à Dieu. Ce n'est point ce dramatique sensuel, théâtral, violent, voluptueux, qui attire l'âme dans la fange des choses terrestres. Ici tout est vrai, rien n'est forcé. En chantant, l'âme prie, loue et adore.

La musique Grégorienne est dramatique. Oui, comme les pompes du Christianisme, où l'Eglise a voulu parler à l'homme tout entier, à son esprit, à son cœur, à ses sens ; elle est dramatique, comme cette pieuse cérémonie des Rameaux où semble mise en action l'entrée triomphale de Jésus à Jérusalem ; comme ces pompes lugubres et magnifiques de la Semaine sainte, et tant d'autres dans lesquelles la sainte Épouse du Sauveur invite ses enfants à *s'émouvoir* avec leur Mère. Qui donc osa jamais l'en blâmer, sinon la prétendue Réforme ?

Parmi les morceaux postérieurs à saint Grégoire, on trouve aussi plusieurs pièces remarquables composées dans ce mode. Par exemple la prose de la Pentecôte : *Veni, sancte Spiritus.* Mais déjà les règles Grégoriennes n'y sont plus assez observées : on y remarque des intervalles d'octave, etc. Nous en donnerons ici quelques strophes pour servir d'exercice. Nous y avons rétabli la règle Grégorienne.

Ve-ni, sancte Spi-ri – – tus, Et e-mit-te cœ – – li-tus Lu-cis

(1) Mais encore une fois, rien, non, rien ne remplacera jamais l'intelligence de ce que l'on chante. Nous le disons avec douleur, ces divines mélodies se-

tu - æ ra - di - um. Conso - la - tor op - - ti-me, dul-cis hospes a-

ni-mæ, Dul-ce re-fri - ge - - - ri-um. O lux be - a - tis - - si-ma,

Reple cor-dis in-ti-ma Tu - o - - rum fi - de - - li - um. Lava

quod est sor - - di-dum, Ri-ga quod est a - - ri-dum, Sa-na

quod est sauci - um. Da tu - is fi - de - li-bus In te con - - fidenti-

bus Sacrum se-pte-na - ri-um.

Le rhythme ternaire, pris dans un mouvement GRAVE et
RELIGIEUX, donne à ce chant la force et la douceur qui conviennent à la prière. Sans ce rhythme, le morceau est lourd,
monotone, sans vie.

Nous ne comprenons pas le goût des personnes qui le
chantent à notes égales.

Passons maintenant à la psalmodie du premier mode.

Nous entendons par psalmodie le chant des Psaumes.

Il y a dans la psalmodie trois choses à remarquer : l'*intonation*, la *médiation* et la *terminaison* de chaque verset. Il
y a de plus, psalmodie *ordinaire*, *simple* et *solennelle*.

Nous suivrons en ce point le *Directorium chori Romani*,

rout maltraitées, jugées inexécutables par une foule de gens qui n'entendent
pas ce qu'elles signifient. Que faire, ô mon Dieu ! se résigner et attendre.

en usage à Rome , et adressé à toutes les Églises du monde catholique.

PSALMODIE DU PREMIER MODE.

Les différentes terminaisons se règlent sur la note qui commence l'*Antienne*. Si elle commence par *ré*, et s'élève jusqu'aux limites du mode, on prend la première terminaison ; si elle commence par *fa* ou *ut*, la deuxième ; si l'antienne commence par *ut* ou *ré*, et se tient dans les notes graves, elle prend la troisième terminaison ; si elle commence par *la*, elle prend la quatrième ; si elle commence par *ré*, et se tient dans les notes moyennes, elle prend la cinquième.

Le chœur répond sans faire les notes de l'intonation, excepté si elle est solennelle.

ARTICLE II.

Second mode. — Hypodorien.

Le second mode a la même finale que le premier. En voici l'étendue et la composition.

FORMULE DU DEUXIÈME MODE.

Se - - cun - dum au - - tem si-mi - le   est hu - - ic

RÈGLE. — Les notes qui commencent et terminent les phrases sont comme dans le premier mode : *ut, ré, fa, sol, la*. Celles-ci peuvent aussi commencer sur les notes plus graves : mais il en est peu d'exemples dans l'Antiphonaire Grégorien.

CARACTÈRE DE CE MODE. — Il est propre, dit dom Jumilhac (*Méthode,* p. 226) à exciter à la douleur, à la pénitence, à déplorer les misères de cette vie, à modérer les passions. — Il convient, dit l'abbé Poisson, aux sujets graves, lugubres; il sait exprimer aussi l'admiration, les désirs; mais toujours d'une manière calme et modérée.

MODÈLES ET EXERCICES.

Il règne dans ces deux morceaux un accent de tristesse, qu'il est impossible de ne pas sentir, tant la mélodie en est empreinte. La voix roule toujours sur les mêmes notes, et semble former une espèce de lamentation monotone, pareille aux accents d'un homme qui gémit.

Ce mode exprime aussi parfaitement le sentiment d'une profonde terreur ; la preuve en est dans le *Dies iræ*.

Di - es i - ræ, di - es il - la, Sol - vet sæ - clum   in fa - vil - la

Te-ste Da-vid cum Sy - bil-la.

Il se prête encore au sentiment de l'admiration. Ecoutez les grandes antiennes de l'Avent :

O   sa - pi - en - ti - a, quæ ex o - - re Al-tis - - si-mi

prodi-i- sti! attin - gens a fi-ne usque ad fi - nem for-ti-ter

su - a - viter - que dispo-nens om - ni - a, ve - - ni

ad   do-cendum nos   vi - am   pru — den-ti - æ.

La gravité de ce mode convient aussi pour exalter la puissance, la grandeur, la majesté divine : comme dans l'*Introït* de l'Epiphanie.

Nous le donnons ici avec le psaume :

Ec - - - - ce ad - ve - - - nit do - mi-nator Do - - - - -

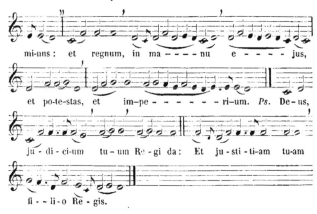

mi-nus :   et   regnum, in ma — — — — nu   e — — — — jus,

et po-te-stas, et   im-pe — — — — — — ri-um. *Ps.* De-us,

ju - di - ci-um   tu - um Re - gi da :   Et ju - sti - ti-am   tu-am

fi - - li - o Re - gis.

PSALMODIE DU SECOND MODE.

Dans ce mode la psalmodie prend *fa* pour dominante, comme on le voit déjà dans le verset du psaume de l'*Introït* précédent.

Intonation.   Médiation.   Terminaison unique.

PSALMODIE ORDINAIRE.

Di-xit Do-minus Do-mi-no me-o :   Sede a dextris me-is.

L'intonation ne se fait qu'au premier verset, les autres se chantent uniquement sur la dominante.

SIMPLE.

Dixit Do-minus Do-mino me-o : Sede a dextris me-is.

SOLENNELLE.

Ma – gni - - fi-cat   a – nima me-a Do-minum.

ARTICLE III.

Troisième mode. — Phrygien.

ÉTENDUE ET COMPOSITION. — Le troisième mode a pour note finale et principale *mi*. Son étendue va de ce *mi* au *mi* son octave, de cette manière :

RÈGLE. — Il descend souvent au *ré* et même à l'*ut*. Il ne doit commencer et finir les phrases que par une de ces notes : *mi*, *fa*, *sol*, *la*; et *ut* par exception.

D'après saint Oddon de Cluny, ce mode préfère le *si* ♮ au *si* ♭, parce que le *si* ♮ est la quinte juste de sa finale et la quarte juste de l'octave; comme il monte par trois tons pleins (*fa*, *sol*, *la*, *si*), il préfère les intervalles disjoints aux intervalles conjoints. Ainsi, il procède en sautant plutôt qu'en marchant. (*Fractis saltibus delectatur* (**1**). Il prend donc rarement le *si* ♭.

En voici la formule :

Ter - - ti–a di – es est   quo hæc fa-cta sunt.

(1) Gerb., *Script.*, I., 260.

CARACTÈRE DE CE MODE. —Selon Gui d'Arezzo, par ce mode
on peut exprimer, exalter les vertus des grandes ames : *Per
deuterum dignitates et qualitates animorum indicare possumus* (1).

Les Lacédémoniens s'en servaient pour animer au combat. C'est en entendant des mélodies de ce mode qu'Alexandre
se levait pour courir aux armes (2). L'abbé Poisson dit qu'il
est propre aux textes qui marquent beaucoup de mouvements, d'impétuosités, des désirs véhéments, des mouvements de colère, de fureur. Il exprime heureusement les ordres, les menaces, etc... Il frappe, il étonne par la vivacité
de ses allures, il convient aux sujets qui annoncent l'orgueil, la hauteur, l'emportement : il est prophétique. Sur
ce mode on varie heureusement les expressions de grandeur, de noblesse et de douceur. Quelques modèles en feront juger.

MODÈLES ET EXERCICES DU TROISIÈME MODE.

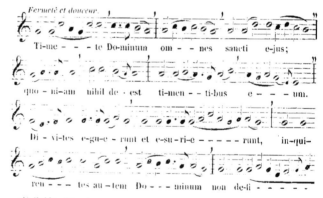

Fermeté et douceur.

Ti-me — — — te Do-minum om — — nes sancti e-jus;

quo — ni-am nihil de - est ti-men — - ti-bus e — — um.

Di - vi-tes e-gu-e - runt et e-su-ri-e — — — — runt, in-qui-

reu — — — tes au—tem Do — — -minum non de-fi — — — —

(1) Guido, *Microl.*, XIV.

(2) Λέγεται (τὸν Τιμόθεον) Ἀλεξάνδρῳ ποτὲ τὸ Φρύγιον ἐπαυλήσαντα, ἐξανασ-
τῆσαι αὐτὸν ἐπὶ τὰ ὅπλα. (S. Basile, *Discours aux jeunes gens, sur la lecture
des auteurs profanes*, ch. IV.)

- - ci-ent om - - - - - ni bo - - - no.

Ps. Be-ne-di-cam Do-mi-num in om-ni tempo-re : Semper

laus e-jus in o - - re me - o.

Dans ces paroles, le Roi Prophète exhorte les nations à craindre le Seigneur; la mélodie Grégorienne s'accorde parfaitement avec cette pensée, et le mode qui a de la vigueur et de l'énergie, convenait admirablement à l'expression de ce sentiment : *Timete Dominum.* Quelle différence de caractère avec le mode précédent : celui-ci est fort, vigoureux, énergique; l'autre calme, triste, mélancolique. Le mode phrygien convient aussi parfaitement pour célébrer le triomphe, la victoire, et tous les sujets qui demandent un saint enthousiasme. En voici un exemple :

Pange, lin-gua, glo-ri-o - - - si Cor-po-ris my-ste-ri-um,

Sangui-nisque pre-ti-o-si, Quem in mundi pre-ti-um Fru-

ctus ventris ge-ne-ro-si Rex ef-fu-dit gen - - ti-um.

PSALMODIE DU TROISIÈME MODE.

Le troisième mode prend l'*ut* pour dominante dans la psalmodie.

Le reste comme ci-dessus.

ARTICLE IV.

Quatrième mode. — Hypophrygien.

ÉTENDUE ET COMPOSITION. — Ce mode, d'après la doctrine des anciens maîtres (1), peut monter jusqu'à l'*ut* supérieur, et descendre jusqu'au *si* et *la* d'en bas; il use légitimement du *si* ♭.

Sa finale est *mi*, comme dans le troisième mode.

(1) Voyez Hucbald, Oddon de Cluny, Gui d'Arezzo, etc.

FORMULE.

Quarta   vi - - gi - - li - a   ve - - nit ad e - - - - os.

RÈGLE. — Quoique le *si* ♮ entre dans la constitution de ce mode, Saint-Oddon nous apprend qu'il préfère le *si* ♭, quand il se tient dans les notes graves qui convergent vers la finale. Ses initiales et finales de phrases sont : *ut, ré, mi, fa, sol.*

CARACTÈRE MORAL DE CE MODE. — L'abbé Poisson et Dom Jumilhac résument parfaitement les effets moraux de ce mode. Voici ce qu'en dit le premier :

« Ce mode est bas, humble, timide, propre aux sentiments » de componction, de tristesse, de plaintes, de prières, de » gémissements; il adoucit la colère par sa douceur et mo- » destie; quelquefois il s'élève et prend le ton de la remon- » trance comme le troisième. »

Selon dom Jumilhac il est propre aux larmes, aux douces plaintes, aux douces invitations, aux doux reproches. Voici les accents qu'il prête au divin Sauveur le jour même de la Résurrection.

INTROÏT.
IVe mode.

Re-sur - re-xi,   et ad - huc te-cum sum

al - - - le - - - lu - - - ia :   po - su - i - - - - - sti

su - - per me ma - num tu - - - am, al - le - - - lu - - ia :

A la première inspection de ce morceau, on est porté à penser que ce mode si bas, si timide, ne convenait pas au grand jour de Pâques; cependant, peut-on trouver des accents plus vrais, plus religieux, pour rendre le sentiment qui domine dans ce texte? Il faut observer que c'est le Sauveur lui-même qui chante. Avec quelle noble simplicité sa *voix divine* entonne le *Rexurrexi!* avec quelle noble fierté

_____

(1) Plusieurs personnes ont été étonnées de ne pas trouver le *si* ♭ dans la formule psalmodique qui termine cet Introït. Il ne doit pas s'y rencontrer ; son introduction, due à une transposition fautive, s'est maintenue en plusieurs églises, grâce à l'harmonie vicieuse que les organistes et les auteurs de contrepoint ont appliquée à cette phrase. Ils l'assimilent maladroitement au premier mode et jouent ou écrivent :

elle s'élève sur ces autres paroles : *et adhuc tecum sum !* —
Quels doux accents de reproches dans ces mots : *posuisti
super me manum tuam !* Quelle expression de bonheur dans
ceux qui suivent : *mirabilis facta est scientia tua !* Puis s'é-
panche l'allégresse dans un *Alleluia* quatre fois répété :
Louez le Seigneur ! A Dieu seul la gloire ! *Louez-le.* C'est
dans ce sentiment que la voix du Sauveur s'écrie : *Domine,
probasti me :* « Seigneur, c'est vous qui m'avez éprouvé ;
c'est vous qui m'avez ressuscité. A vous seul gloire et honneur : *Alleluia.* » — Un compositeur moderne se serait
évertué à faire de magnifiques phrases musicales sur ce mot
Resurrexi. Sa musique aurait-elle été aussi vraie, aussi religieuse, aussi sublime que celle de saint Grégoire ?

PSALMODIE DU QUATRIÈME MODE.

La psalmodie du quatrième mode prend *la* pour teneur.

Quand ils devraient jouer ou écrire pour rester dans la tonalité du quatrième mode :

Dom Jumilhac, il est vrai, a employé ce bémol ; mais de bonnes éditions
(notamment celle de Liége de 1789 , l'ont redouté, jusqu'à mettre devant le
si un bécarre qui n'était pas nécessaire. D'ailleurs, l'analogie de la formule
psalmodique aurait dû suffire pour redresser une correction si malencon-
treuse, et qui avait déjà, au douzième siècle, choqué les réviseurs de l'Antiphonaire Cistercien (*Ci-dessus*, p. 238). Encore une fois, les manuscrits et
les meilleures éditions des Prémontrés des Chartreux, etc., excluent for-
mellement cette note bémolisée.

me - is.   Se-de a dextris me - is.   A dextris me – is.

SIMPLE.

Di-xit Do-mi-nus Do-mi-no me–o :   Se-de a dextris

me – is.

SOLENNELLE.

Et ex - ul-ta-vit Spi - ri - tus me-us.

ARTICLE V.

.Cinquième mode. — Lydien.

Le cinquième mode a le *fa* pour note finale, et *ut* pour dominante.

Il ne peut commencer, ni finir ses phrases que par *fa, la, ut;* rarement par *sol.*

En voici l'étendue, d'après Oddon de Cluny.

Demi-ton.   Demi-ton.

FORMULE DU CINQUIÈME MODE.

Quinque pru-den - tes intra - - ve-runt ad nu-pti – as.

CARACTÈRE MORAL.—Le cinquième mode, selon Jumilhac, est semblable au son de la trompette qui chante non le combat, mais la victoire. — Gui d'Arezzo assure que saint Grégoire le préférait à tous les autres, à cause de sa douceur, et parce qu'il se prête mieux à l'harmonie des accords. (*Vidimus a Gregorio non immerito plus cœteris adamatum* (1).

L'abbé Poisson ajoute que ce mode est propre à exprimer les grandes joies; les *textes sacrés*, qui marquent le triomphe, s'y adaptent très-bien; le dialogue animé lui sied admirablement : comme dans le chant de la *Passion*. Il est aussi déprécatoire, pressant, affectueux, propre à inspirer la confiance; ses allures sont vives, animées, éclatantes, ; il admet beaucoup de douceur en descendant, par le moyen du *si* ♭ qui lui est très-familier et très-nécessaire, pour éviter la rudesse du triton. — Tels sont les caractères moraux que nos meilleurs maîtres attribuent au cinquième mode.

Donnons quelques modèles où ces caractères se font remarquer d'une manière plus saillante.

Le Répons *Christus factus est*, dont les premières modulations appartiennent au sixième mode, rentre dans le cinquième avec une solennité et un accent de triomphe bien dignes de la sublimité des pensées qu'il exprime.

Chri-stus fa - ctus est pro no - - - - - - - bis o - be -

(1) Gerb., *Script.*, II., 22.
(2) Voyez ci-dessus, p. 68, un *fac simile* de ce morceau. Nous l'avons choisi de préférence à cause de la netteté des signes neumatiques; mais dans la traduction du Répons *Christus* en particulier, nous avons fait usage surtout des manuscrits de Saint-Gall et d'un manuscrit du XIIIe siècle, provenant des chanoines réguliers de Greis, près Botzen, en Tyrol, et admirablement conservé. Il est actuellement entre les mains des Bénédictins de Botzen. Il est à remarquer que la vocalise placée sur la syllabe *men*, et que nous avons indiquée par des crochets, a été supprimée entièrement dans ce précieux exemplaire.

On voit combien le cinquième mode se prête au dialogue dans l'Antienne suivante, qui se chante à la cérémonie du *Mandatum*, au lavement des pieds, le Jeudi-Saint.

ve - ro   ti - bi   pe-des non ha-be - bis par-tem   me-cum.

℣. Ve-nit er-go   ad Si-mo-nem Petrum   et di-xit e - i   Pe-trus.

L'Introït du IXe dimanche après la Pentecôte nous offre un beau modèle de ce mode, dans le genre noble et élevé. Le voici avec le chant du Psaume.

INTROIT DU IXe DIMANCHE APRÈS LA PENTECOTE.

Ec-ce De - - - - us ad - - - - ju-vat   me; et Do - - mi-nus

su - - - sce - - ptor   est   a - - nimæ me - - - - æ : a - ver-te

ma-la   i - ni-mi - - - cis   me - - - is   et in ve - ri-ta - te

tu - - - a   dis-per-de   il-los,   pro - te - ctor   me -

- - - us   Do - - - - - mi - ne. Ps. De-us

in no-mi-ne   tu - o   salvum me   fac   et in ve - ri-ta - te

tu - a li-be-ra   me.

L'exemple suivant offrira un modèle dans le genre éner-

gique. C'est le chant de triomphe que l'Eglise met dans la
bouche de sainte Cécile, au jour de sa fête. Il règne dans ce
chant une noble hardiesse, une sainte fierté, qui convient
admirablement au caractère de la jeune martyre.

Lo - que - - bar de te-sti-mo - - ni - is   tu - - - - - - is

in conspe-ctu re - - - - - - - gum   et   non confun-de - bar.

Et me - di - ta - bor   in   man - da - tis tu - - - - is

quæ di - le - - - xi ni - - - - - - mis.   Be - a - ti im-ma-cu-la-ti

in vi - a. Qui ambu-lant in le-ge Do - mi - ni.

PSALMODIE DU CINQUIÈME MODE.

La psalmodie du cinquième mode se chante sur l'*ut*,
quinte de la finale.

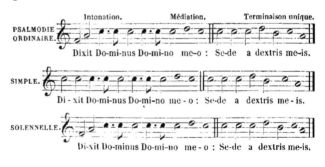

PSALMODIE ORDINAIRE.   Intonation.   Médiation.   Terminaison unique.
Dixit Do-mi-nus Do-mi-no me-o : Se-de a dextris me-is.

SIMPLE.
Di - xit Do-mi-nus Do-mi-no me - o : Se-de a dextris me - is.

SOLENNELLE.
Di-xit Do-mi-nus Do-mi-no me - o : Se-de a dextris me-is.

ARTICLE VI.

Sixième mode. — Hypolydien.

Le sixième mode est le plagal du précédent. En voici l'é-
tendue et la composition.

FORMULE DU SIXIÈME MODE.

Sex-ta ho - - ra se-dit su-per pu - - te - um.

RÈGLE. — Le sixième mode prend donc *fa* pour finale. Il
monte jusqu'au *ré* et descend jusqu'à l'*ut*. Il ne commence et
ne finit ses phrases que par *fa, la, ré, ut,* rarement par *mi*.
C'est presque toujours par *fa* qu'il commence un morceau.

CARACTÈRE MORAL DE CE MODE. — Selon le cardinal Bona,
il convient aux sujets affectueux, tendres, pieux, à l'action
de grâces, à la prière, à l'expression des sentiments de confiance, de douce exhortation, de résignation, d'espérance,
de commisération, de deuil, de tristesse, etc., etc., et aussi
de joie modeste. — Il préfère les marches par degrés conjoints aux marches bondissantes, par grands intervalles: il
faut donc éviter cela quand on compose dans ce mode. —
Quelques modèles, que nous allons donner, serviront à en
faire apprécier les divers caractères.

MODÈLES ET EXERCICES SUR LE SIXIÈME MODE.

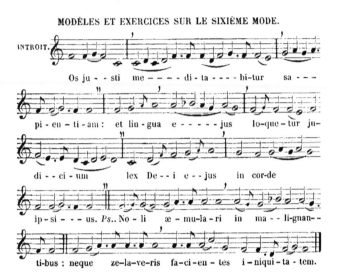

La marche calme et tranquille de cette mélodie, s'accorde parfaitement avec le sens des paroles. C'est le juste qui médite, dans la paix de la solitude, la loi du Seigneur. Là, point de mouvement violent, point d'agitation turbulente. Le sixième mode convenait donc parfaitement à ce texte.

Dans le morceau suivant, on verra combien le même mode se prête heureusement aux accents de la prière. C'est l'Offertoire du second dimanche après la Pentecôte, restauré dans sa pureté native.

se - - ri - cor - di - am tu - - - - - - - - - am.

Nous avons indiqué, à propos du cinquième mode, la belle mélodie du *Christus factus est*, qui a servi de type à tant d'autres pièces de chant. Nous ne citerons pas ici d'autres mélodies plus récentes, admises dans la liturgie telles que le *Requiem*, Introït de la Messe des morts; l'*O quam suavis*, de l'office du Saint-Sacrement : ces morceaux sont connus de tous les amateurs de chant.

PSALMODIE DU SIXIÈME MODE.

La psalmodie du sixième mode se chante sur le *la*, tierce de la finale.

ARTICLE VII.

Septième mode. — Mixolydien.

ÉTENDUE DU SEPTIÈME MODE.

FORMULE DU SEPTIÈME MODE.

Septem sunt spi-ri-tus an - te thronum De - i.

Règle. — Le septième mode prend *sol* pour finale. Il monte jusqu'au *sol,* son octave, et même jusqu'au *la* (1); il ne commence et finit ses phrases que par *sol, si, ut, ré;* rarement par *fa* et *la.*

(1) On doit éviter de donner à ce mode le *si* ♭, sans quoi, dit Oddon de Cluny, on ne le distinguerait pas du premier. Car alors, il aurait, comme celui-ci, la tierce mineure. Ainsi, c'est une faute de terminer par un *si* ♭ le *Veni creator* et le *Lauda Sion.* Comme le font certaines éditions romaines et autres :

Cre - a - sti pe - cto - ra.

Il vaut mieux dans ce cas, pour éviter le triton *indirect* mettre une *subduction* ou *dièze sur le fa,* suivant le conseil de Gui d'Arezzo, la transmutation de mode est ainsi moins choquante.

CARACTÈRE MORAL DE CE MODE. — Selon le cardinal Bona, ce mode est propre aux grands sujets, aux grands mouvements, aux exclamations énergiques; il peint les événements étonnants, éclatants; il est majestueux et impératif; il convient pour exciter à la joie; il réveille l'attention; il s'exprime avec grandeur. Sa marche procède par les grands intervalles de quinte, de quarte; il porte l'âme aux choses célestes; il aime les sujets triomphants et courageux. En voici des modèles tirés de l'Antiphonaire Grégorien.

EXERCICES ET MODÉLES SUR LE SEPTIÉME MODE.

Il est inutile de nous arrêter à faire remarquer les beautés musicales de cet Introït; il suffit qu'on le chante avec goût pour les sentir et les apprécier. Que ce début sur *Puer natus est,* est simple, beau, grandiose, propre à réveiller

24

l'attention, avec quelle majesté la voix s'élève sur *Cujus imperium*, sur *magni consilii angelus!* puis avec quel bonheur elle entonne le cantique de reconnaissance : *Cantate Domino canticum novum!* avec quel sentiment tout le peuple doit ajouter : *quia mirabilia fecit.* La doxologie vient ensuite couronner la beauté de ce morceau. « Gloire donc au Père, au Fils, à l'Esprit-Saint, etc.»

La musique moderne a-t-elle rien de comparable à ces beautés simples, sublimes? — Ici, rien de forcé, le sens du texte n'est point offusqué par les notes; il peut être compris de tous les auditeurs. Quelle différence avec notre musique moderne, souvent si prétentieuse, si alambiquée dans ses formes, dans ses modulations !

Mais passons à un autre morceau, dont les beautés ont été appréciées par un des meilleurs juges du siècle dernier : l'abbé L. Poisson. C'est l'Antiphone du *Benedictus*, au grand jour de l'Ascension.

A-scen - - do ad Patrem me — um   et Pa - trem ve-strum
De - um me - um et De - um ve- strum,   al-le - lu - ia.

« Quelle noble simplicité! s'écrie l'auteur : les expressions, le partage si juste des différentes parties de la phrase, la douceur et la majesté de la modulation, tout plaît dans cette magnifique Antienne. »

L'Introït du même jour est encore un magnifique modèle de ce mode. On le trouvera dans notre Graduel, restauré d'après les manuscrits.

PSALMODIE DU SEPTIÈME MODE.

La psalmodie de ce mode se chante sur la quinte *ré*. Le *Directorium chori Romani* lui donne cinq terminaisons différentes.

ARTICLE VIII.

Huitième mode. — Hypomixolydien.

ÉTENDUE ET COMPOSITION. — Ce mode a pour finale, *sol*. Il descend à la quarte inférieure de sa finale et monte à la quinte supérieure. Il s'étend, selon saint Oddon, de deux notes, l'une en haut et l'autre en bas de son échelle.

Saint Oddon observe encore que ces deux notes d'extension ne peuvent s'employer dans le même morceau. Si l'on se sert de l'une, il faut retrancher l'autre : *Non recipitur utraque in eodem cantu* (1).

On ne doit point donner le *si* ♮ à ce mode sans nécessité absolue, autrement il serait en tout semblable au second mode, commençant au *la* supérieur (2).

Ses phrases mélodiques ne doivent commencer et finir que par *ut, ré, fa, sol, la*, rarement par *mi*.

FORMULE DU HUITIÈME MODE.

O - cto   sunt be - a - - ti - tu - - di - nes.

CARACTÈRE DE CE MODE. — Selon Dom Jumilhac, ce mode est rempli d'aménité, de gaieté modeste, de tranquillité, de douceur : il est appelé par les anciens, céleste, mystique. Selon l'illustre cardinal Bona, il est doux, paisible, propre à la narration, au récit; ses allures sont calmes, planes, d'une douce gravité. Il convient aux Traits; il se prête facilement à tous les sujets : ce qui l'a fait appeler aussi, universel. Nous allons donner pour modèle l'Introït du premier dimanche de l'Avent, que les historiens et les manuscrits antiques nous donnent comme le premier morceau sorti de la plume de saint Grégoire : *Sic est orsus canere : Ad te levavi animam meam* (3).

(1) Gerb , Script., I, 263.
(2) Ci-dessus, p. 143.
(3) Voyez l'*Antiphonaire* de saint Grégoire, p. 2.

On voit dans ce morceau que la mélodie est parfaitement d'accord avec le sens du texte. Dès le début, la voix partie de notes graves, prend son essor sur *levavi,* puis continue à s'élever sur *animam,* pour arriver sur *Deus meus,* au plus haut degré où elle puisse atteindre. Quelle expression de confiance et de noble fierté dans ces paroles : *Neque irrideant me inimici mei ?*

Le chant de cet Introït était vraiment digne de commencer l'*Antiphonaire Grégorien,* et la tradition, appuyée sur des monuments antiques, l'attribue à saint Grégoire lui-même.

Le huitième mode se prête très-bien aussi à l'expression

d'une sainte et douce joie, comme on peut le voir dans les deux morceaux suivants :

Ve - spe - re   au-tem sab - ba-ti, quæ lu—ces - cit   in pri - ma

sabba - ti, ve-nit Ma-ri - a   Magda - le - ne,   et al - - te - ra Ma-

ri - a   vi - de-re   se-pul-chrum, al - le - lu - - ia.

Lumen ad   re - ve-la - ti - o-nem gen - ti - um   et   glo-ri - am

ple-bis tu-æ   I - sra-el.

Ces exemples, bien compris, suffiront pour faire apprécier les divers caractères de ce mode, et en faire sentir les
beautés.

PSALMODIE DU HUITIÈME MODE.

PSALMODIE
ORDINAIRE.

Di-xit Do-mi-nus Do-mi-no me-o :   Se-de a dextris

me - is.   Se-de a dextris me - is.

SIMPLE.

Di-xit Do-mi-nus Do-mi-no   me - o.

Les deux terminaisons comme ci-dessus.

SOLENNELLE.

Be - ne - di - ctus Do-mi-nus   De - us I - - sra-el.

Les deux terminaisons comme ci-dessus.

CHANT DE L'*IN EXITU ISRAEL* (PREMIER MODE.)

A ROME. (*Direct. chori Romani*, p. 45., an. 1737.)

In e - xi - tu I-sra-el de Æ-gy-pto, domus Ja-cob de popu - lo bar - ba-ro.

A SAINT-GALL.

In e - xi - tu I-sra - el de Æ-gypto, do - mus Ja-cob de popu - lo barba - ro.

A PARIS. (L. Poisson, *Traité*, p. 189.)

In e - xi-tu I-sra - el de Æ-gy-pto, do - - mus Ja-cob de po-pu-lo barba-ro.

MODIFICATION AU SECOND VERSET ET SUIVANTS.

Facta est Judæ - a sancti - fi - ca-ti - o e - jus, I-sra-el po-te-stas e - jus.

CHAPITRE III.

DU CHANT DES PROSES ET DES HYMNES.

Il nous a paru nécessaire de parler spécialement du chant des Proses et des Hymnes, parce qu'il s'est introduit sur ces chants certains préjugés contraires à la doctrine de nos premiers maîtres. On a dit et même souvent imprimé, que le chant des Proses et des Hymnes devait être uni, c'est-à-dire, qu'on ne devait pas y faire sentir la mesure du vers ni la quantité poétique. Que des chantres ignorants aient adopté cette doctrine, nous ne nous en étonnons pas ; mais qu'elle ait été prônée par des hommes de goût et de talent, c'est ce que nous ne pouvons nous expliquer, si ce n'est en voyant là une de ces exagérations auxquelles nous sommes si souvent exposés en notre pays de France. Ainsi quelqu'un aura dit : Le chant mesuré n'est pas assez grave ; il en aura aussitôt conclu qu'il ne faut rien de rhythmé ni de mesuré dans les chants d'Église ; et l'on n'a pas fait attention qu'en ôtant le mètre poétique, on rendait le chant lourd, monotone et insipide. Il est à remarquer ici que nos meilleurs théoriciens du siècle dernier, tels que Dom Jumilhac, L. Poisson, le savant abbé Lebeuf, tiennent pour l'observation du rhythme dans le chant des Hymnes. Mais on dira peut-être que dans les anciens manuscrits écrits en *neumes* sans ligne ou avec ligne, on ne trouve point que les notes aient différentes valeurs. Que

s'en suivrait-il? Est-ce que Hucbald de Saint-Amand ne nous
dit pas que ces choses se pratiquaient, quoi qu'on ne les
écrivît pas exactement? Est-ce que Gui d'Arezzo, saint Augustin (1), saint Ambroise et la nature même des choses ne
nous avertissent pas qu'on ne doit pas chanter de la poésie
comme de la prose? Et puis, est-il bien sûr que les signes
neumatiques n'indiquaient aucune valeur temporaire? Nous
croyons avoir démontré le contraire en plus d'un endroit (2).

J'ai trouvé à Padoue, à Vérone, à Monza, à Mantoue, des
manuscrits des x⁰, xi⁰ et xii⁰ siècles, où les brèves sont marquées par des points, et les longues par des virgules. Enfin,
c'est encore un préjugé, une erreur, de croire qu'un chant
mesuré par le mouvement binaire ou par le mouvement
ternaire, ait moins de gravité qu'un chant qui ne l'est pas.
Il suffit de donner à ces mesures différentes le caractère
grave et religieux qui leur convient, pour qu'elles conservent à la mélodie toute la gravité désirable. —On en abu-
sera; qu'importe? n'abuse-t-on pas de toute chose?—On a,
ce nous semble étrangement abusé, pour fatiguer les fidèles,
du principe des notes égales.

ARTICLE I. — DES PROSES.

La liturgie romaine, après la réforme de Pie V, n'a conservé que cinq Proses qui sont : 1° *Victimæ paschali laudes;*

---

(1) Dans le chant des vers, dit saint Augustin (lib. II, cap. iii, *De musica*),
il faut que les sons soient mesurés, sans quoi la musique n'a plus d'agrément; au contraire, on ne s'entend plus qu'avec peine. *In sono* versum dimensio quædam numerorum delectat, QUO TURBATO delectatio exhiberi auribus non potest, imo nec sine offensione audiri.

(2) Voyez l'Introduction de cet ouvrage et les deux derniers chapitres de
la troisième partie.

2° *Veni sancte Spiritus* ; 3° *Lauda Sion* ; 4° *Stabat mater* ;
5° *Dies iræ*.

Le bienheureux Notker, moine de Saint-Gall, au IX° siècle, nous dit avoir appris de son maître *Ison*, que dans les
Proses ou Séquences chaque syllabe ne devait recevoir
qu'une note. Ison était un élève du célèbre chantre Romanus, envoyé à Charlemagne par le pape Adrien I°r; et le
bienheureux Notker, dont il est ici question, est l'auteur
d'une multitude de Séquences qui ont été chantées dans
toutes les églises.

Les Proses que nous chantons encore aujourd'hui, suivent
assez bien cette règle; mais là où il n'y avait autrefois que
des petites notes d'ornement, on a placé des notes longues.
Ainsi l'on chante :

Tu-ba mi-rum.

Nous sommes persuadés qu'on chantait autrefois :

Tu-ba mi - - rum.   Tu-ba mi - - rum.

De cette manière, le rhythme se conserve. — Dans cet
autre exemple :

Co - get om - - - nes   an-te thro-num.

La marche pesante de la mélodie actuelle remplace sans nul doute cette mélodie primitive :

Co - get om-nes an-te thro-num.

DES PROSES, *Lauda Sion, Stabat mater, Dies iræ.* — Dans ces trois Proses, qui marchent par spondées, sauf les deux premières dont les strophes se terminent par un dactyle, il faut avoir soin de faire sentir le rhythme de trois notes communes suivies d'une longue. Ces mélodies, sans cela, perdraient toute leur beauté.

I. Lauda Si - on Salva - to-rem lauda du-cem et pa-sto - rem

in hym-nis et can - ti - cis. Etc., etc.

II. Di-es i - ræ, di - es il - la, Sol - vet sæ - - clum in fa-vil-

la Te-ste Da-vid cum fa - vil-la.

III. Stabat ma-ter do - lo - ro - sa, Juxta cru-cem la-cry-mo-sa,

Dum pende-bat fi li us.

Les chants des Séquences étaient autrefois exécutés par
toute l'assemblée des fidèles ; voilà pourquoi on tenait à ce
qu'ils fussent simples et faciles. Ces chants contenaient ordinairement le sujet de la fête. Les peuples y trouvaient
l'histoire du mystère ou le panégyrique du saint que l'on
célébrait, et devenaient ainsi un aliment à leur piété,
une exhortation à la vertu et aux bonnes œuvres.

4° Quant à la Prose *Victimæ Paschali laudes*, nous en
avons parlé plus haut.

5° Nous avons aussi donné le chant de la Prose *Veni sancte spiritus*. Son rhythme ternaire, pris dans un mouvement grave et religieux, lui donne un caractère doux et
plein d'onction, qui convient parfaitement au sujet de la
fête ; exécutée à notes égales, elle n'a plus ni vie, ni couleur : ce n'est plus une mélodie.

ARTICLE II. — DU CHANT DES HYMNES.

1° En général, le chant des Hymnes est plus orné que
celui des Proses ; mais malheureusement, encore ici, les
petites notes d'ornementation ont été changées en grosses
notes carrées, surtout dans les pays du Nord. C'est ce qui en
a détruit la beauté et le rhythme.

2° Les mélodies des Hymnes ne sont pas uniformément
reçues partout, ni appliquées aux mêmes textes. Il règne, à
cet égard, dans les manuscrits une grande confusion.
Comme ces chants sont destinés à être chantés par le peuple, nous nous sommes arrêtés aux versions les plus simples.

3° Comme la coupe de chaque strophe ne s'accorde pas
toujours avec celle de la phrase mélodique, nous avons
noté l'hymne entière. Par là, nous remédions encore aux
différences de quantité et aux *hiatus*.

Voici une Hymne restaurée d'après ces principes.

Chantée dans le mouvement convenable, et comme elle est ici écrite, c'est-à-dire en donnant deux temps égaux aux notes *rondes*, et un temps aux notes *blanches*; cette mélodie conserve sa gravité et sa douceur, malgré la mesure ternaire qu'on y devine sans peine, et prend de la vie et de la couleur par le rhythme qui lui est conservé. On remarquera que le rhythme de chaque vers est bien proportionné par le nombre de temps égaux qu'il renferme.

Voilà ce qui autrefois rendait les chants liturgiques si faciles à retenir qu'on les savait de mémoire, et qu'une notation très-imparfaite suffisait pour en rappeler le souvenir. Nous sommes persuadés qu'à notre époque, où le goût de la musique est si répandu, si les fidèles avaient entre les mains des livres notés de cette manière, on les verrait bientôt prendre une part active aux chants de l'Eglise ; et certes, nos cantiques séculaires, ainsi chantés par l'assemblée des fidèles, produiraient un tout autre effet que les savantes compositions de la musique moderne. Nous avons la douce espérance que le jour où ce vœu sera réalisé n'est pas très-éloigné. Le retour de tant de Diocèses à la liturgie romaine, le désir de voir l'unité établie dans les chants liturgiques, manifesté par tant d'évêques, l'accueil favorable que le souverain Pontife fait aux travaux dirigés vers ce but, les encouragements qu'il donne à ceux qui s'en occupent, produiront, tôt ou tard, ces fruits tant désirés.

Nous bénirons le ciel, si nous avons pu contribuer, pour notre part, à hâter cet heureux moment.

PIÈCES JUSTIFICATIVES.

ESTHÉTIQUE, THÉORIE ET PRATIQUE

DU

CHANT GRÉGORIEN.

PIÈCES JUSTIFICATIVES.

I.

OPINION DE L'ABBÉ BAINI

SUR LE CHANT GRÉGORIEN.

«Que les musiciens s'opposent à mon assertion et la combattent, libre à eux de le faire. Je ne crains pas cependant d'affirmer que les anciennes mélodies du chant Grégorien sont inimitables. On peut les copier, les adapter, le Ciel sait comment, à d'autres paroles, mais en faire de nouvelles qui soient comparables aux premières, on n'y parviendra jamais. Je ne dirai pas que ces mélodies vierges datent en grande partie des premiers temps du christianisme, et que quelques-unes viennent de la synagogue, étant nées, qu'on me passe l'expression, lorsque l'art était vivant encore et plein de vigueur. Je ne dirai pas que plusieurs de ces mélodies

25

doivent leur origine à saint Damase, à saint Gélase, et surtout à saint Grégoire le Grand, tous trois illustres pontifes qui furent éclairés d'en haut dans leur travail. Je ne dirai pas que d'autres nous sont venues d'hommes non moins éminents par leur sainteté que par leur savoir, de moines qui brillèrent dans les VIIIᵉ, IXᵉ, Xᵉ, XIᵉ et XIIᵉ siècles. Et comment s'y prenaient-ils, lorsqu'ils se mettaient à composer leurs chants? On ne l'ignore pas. Ils se préparaient et se fortifiaient par la prière et l'abstinence. Je ne dirai pas, ce que nous attestent de nombreux monuments, qu'en abordant ce genre de composition ces grands hommes se pénétraient de la nature et du caractère des paroles, en les appropriant aux circonstances dans lesquelles ces compositions devaient être chantées. — Je me contenterai de dire ceci : que, de toutes ces précautions réunies, résultait, dans le chant Grégorien d'autrefois, je ne sais quoi d'admirable et d'inimitable, une finesse d'expression ineffable, un pathétique touchant, une douceur ravissante, toujours fraîche, toujours neuve, toujours pure, toujours aimable ; tandis que les mélodies modernes sont lourdes, insignifiantes, discordantes, froides, fastidieuses. (Baïni, *Mém. II.* p. 81 et suiv.)

II.

BREF DE SA SAINTETÉ PIE IX AU P. LAMBILLOTTE.

PIUS. PP. IX.

Dilecte fili, religiose vir, salutem et apostolicam benedictionem. Redditæ nobis fuerunt Litteræ tuæ Kalendis Septembris proximi datæ, quibus munus offerre nobis voluisti Antiphonarii, ut scribis, sancti Gregorii Magni, quod ex authentico manuscripto in bibliotheca monasterii sancti Galli asservato typis in lucem publicam edidisti. De quo munere debitas tibi, dilecte fili, religiose vir, nos persolvimus gratias, unaque studium summis laudibus prosequimur quod hac in re impendisti, quodque et in posterum velle te impendere jucundissime ex tuis ipsis litteris intelleximus. Adsit laboribus studiisque tuis benignissimus Dominus, ut revera proficiant ad majestatem et gravitatem cantus ecclesiastici ubique restituendam, et pignus grati in te animi nostri et omnis auspicem gratiæ cœlestis habeto benedictionem apostolicam, quam tibi ipsi, dilecte fili, religiose vir, intimo paterni cordis affectu amantes impertimur.

Datum Romæ apud S. Petrum, die 1ᵉ Maii anni 1852,
Pontificatus nostri anno VI.

PIUS IX.

————

PIE IX, PAPE.

A vous, notre cher fils, religieux de la Compagnie de Jésus, salut et bénédiction apostolique.

On nous a remis votre lettre datée des Calendes de Septembre dernier, par laquelle vous nous faites hommage d'un Antiphonaire de saint Grégoire le Grand, que vous avez fait imprimer et publier d'après un manuscrit authentique, conservé dans la bibliothèque du monastère de Saint-Gall. Nous vous témoignons, cher Fils et Religieux, notre gratitude bien méritée pour ce présent, et décernons en même temps les plus grands éloges au zèle que vous avez montré dans cette circonstance, et à celui que vous avez résolu de montrer à l'avenir (comme nous l'avons appris avec plaisir par votre lettre). Que dans sa bonté souveraine, le Seigneur soit en aide à vos travaux et à vos études, afin qu'ils contribuent puissamment à rétablir en tous lieux la majesté et la gravité du chant ecclésiastique. Pour gage de notre reconnaissance à votre égard et présage de toute grâce céleste, recevez la bénédiction apostolique

que nous vous accordons avec amour, cher Fils et Religieux, dans la plus intime affection d'un cœur paternel.

Donné à Rome, près la basilique de S. Pierre, le 1er jour de Mai de l'an 1852, de notre Pontificat, le sixième.

PIE IX.

— — — — — — — — —

III.

STATUTS DES CHARTREUX SUR LE CHANT.

Carthusiani. Part. 2., c. i, n° 7, 4. — Insuper statutum firmiterque sancitum, ut divinum Ecclesiæ officium per omnes domos *uno rito*, et cum eisdem cærimoniis celebretur; sicut in *Ordinario, Breviariis* et *Missalibus* continentur. Neque R. Patri, neque cæteris quibuslibet, de his omnibus quæ ad divinum officium pertinent, vel cæteris quibuslibet consuetudinibus in statutis expressis, sine capituli generalis consilio demere aliquid, vel additione seu alteratione aliqua, occasione qualibet, liceat immutare. (Nova collectio Statutorum ord. Carthusiensis. Correriæ. 1681, p. 45.)

Ces statuts sont confirmés par cet extrait d'un Graduel du même ordre (édition de Lyon et de Castres).

« Jam vero, gratia Dei, remotis obstaculis illam editionem pro-
» ferimus in lucem, labore et studio unius ex professis Carthusiæ in
» arte hujusmodi operum peritissimi, qui non quidem novas in-
» vexit mutationes quod prohibueramus, sed adhibito exemplari
» vetustissimo, paucula correxit, verba et distinctiones distinguens
» et claudens lineis, ut una simul, et congrua respiratione cuncta
» proferamus, cum maxima cantus harmonia et parili consonantia
» vocum ; hoc enim a nobis postulat unitas, ut sicut unus est Deus

» in quem tota fertur religio una sit et in nobis Ecclesiasticii can-
» tus uniformitas et prolatio, et qui unum Deum religionis autho-
» rem respicimus, in unum quoque laudum ejus uniformem can-
» tum coalescamus : et chori studiosi cultores effecti, unanimes et
» uno ore, dictante apostolo, honorificemus Deum et Patrem Do-
» mini nostri Jesu Christi. »

La pièce suivante est extraite de l'ouvrage intitulé :
Sacræ antiquitatis monumenta diplomatica monastica;
præcipue Præmonstratensis ordinis (1731, t. I, p. 473).

Chronica ex monasterio *Horti Floridi* in provincia Gro-
ninguana, in Hollandia (*contenant une ordonnance du général de l'Ordre, adressée à toutes les maisons pour l'uniformité dans le chant liturgique, et datée de l'an 1214*).

Anno autem sequenti quantum pro ordine, personis, et rebus
laboraverit (1) facilius mente quam littera potest ponderari. Pro
ordine, inquam, quia perpendit quod diversæ essent consuetudines
in ecclesiis unius et ejusdem ordinis contra institutionem primæ-
vam, et ventilabatur eadem varietate nolens, et cœpit mendicare
libros et transcribere. Aderat pro hoc mutabilitatis medicina carus
amicus, et hujuscemodi sollicitudinis medicus scolasticus frater
Frethericus, qui junctus fuit ei corde in primo introitu in Or-
tum (2), cum ab aliis, ut suprà dictum est, pateretur repulsam.
Ipse ore et manu, verbis et stilo instillabat auribus ejus, ut libros
ordinis, suis laboribus, de ipso gremio matris ecclesiæ transferret,
et novam plantam novo potu rigaret.

. . . .

Igitur profectus est assumpto secum fratre *Thitardo* in multa
simplicitate, et invenerunt gratiam coram optimæ recordatio-
nis domino Gervasio Abbate, et in tempore competenti votis
suis satisfecerunt et redierunt. Denique reportavit litteras con-
firmatorias laboris sui in monasterium, quod de novo *Flori*-

(1) Emo, provisor monasterii.
(2) Hortum floridum.

dus (1) *Ortus* nomen accepit in verum, in hæc verba. « Ger-
» vasius Dei patientia Præmonstratensis dictus abbas, venerabi-
» libus in Christo fratribus ordinis Præmonstratensis abbatibus
» universis has litteras inspecturis, salutem et sinceram in Domino
» caritatem. — Non facile debet convelli, quod cum labore confici-
» tur, nec a filiis immutandum, cui patrum auctoritas suffragatur ;
» quin potius in sua debet semper integritate persistere , quod
» constat esse et multa diligentia comparatum, et provida pa-
» trum sanctione statutum , sed et propria insuper honestate sub-
» nixum ; sane dilectus in Christo *Emo*, Floridi Orti provisor, nuper
» veniens Præmonstratum, multo sategit studio, multa curavit in-
» stantia, ut in ecclesia sua, quæ adhuc nova est, libri ecclesiastici
» haberentur secundum usum omnino et ordinem, quo ipsa ec-
» clesia Præmonstratensis utitur, tam in littera, quam in *cantu*.
» Ordinarium quoque ad exemplum nostri, et institutiones con-
» scripsit, et quas in scriptis non invenit expressas. Quoniam ergo
» omne totum pulchrius elucescit, si partes a seipsis non discre-
» pant et membra eo rectius disponantur, quo suo capiti cohæren-
» tia conformantur, nos ipsum *Emonem*, qui ad hoc sollicitius la-
» boravit ut ecclesia sua suo toti, hoc est ordini conveniret, et suo
» capiti, videlicet ecclesiæ, per identitatem consuetudinum coha-
» reret, attentius in Domino commendamus, præcipientes distric-
» tius in virtute Spiritus sancti et sub pœna excommunicationis,
» quatenus usus legendi pariter et cantandi, quem ad *uniformita-*
» *tem ordinis conservandam* secum tulit a nobis in ecclesia Flo-
» ridi Orti perpetue modis omnibus habeatur, nec Priori, Abbati,
» nec alicui nostri ordinis professo, aliquatenus liceat omnium
» eorum, quæ notavit, aut scripsit, iota vel unum, vel unum api-
» cem immutare, sciturus qui hoc fecerit se ex ea hora senten-
» tiam excommunicationis incurrisse, qua aliquid prædictorum om-
» nium immutare præsumpserit, nisi mutationem illam Præmon-
» stratensi ecclesia factam esse noverit et receptam. Datum Præ-
» monstrati VI. Id. Junii, anno gratiæ MCC quarto decimo. »
(Anno 1214).

(1) Hortus.

Postmodum pro consummatione cœpti illius congratulatus est fratribus qui eodem afficiebantur desiderio, subscribens in hunc modum : « *Credo* fratres observantiam institutionum Præmonstra-» tensis ecclesiæ vere apostolicæ, esse quasi civitatem super mon-» tem sitam. Cujus cives apostolos et eorum successores patres » nostros Dominus commendans dixit : Qui vos recepit, me rece-» pit. Econtra de perversis dixit : Quicumque non receperit vos, » neque audierit sermones meorum, etc. Tolerabilius erit terræ » Sodomorum, etc. » Sed hoc quidem Apostolis.

Nunc autem per successores eorum in lumine, vobis quoque professis ordinem Præmonstratentem audire, et recipere, et servare sub prædicta spe vel pœna præcipitur. Denique ex inspiratione ut spero Spiritus sancti institutiones sacras hujus sanctæ civitatis complexus, precipue Deo disponente, pro viribus, uniformitatem eorum quæ ad cultum Dei pertinent esse volui. Quæ quidem suo loco in capitulo missalis textus commendantur. Porro aliquandiu circumferebar vento variæ consuetudinis, donec dante Deo attraxi spiritum pietatis, et primo ad immolandum hostias jubilationis Deo uniformiter, usum cantus de gremio Præmonstratensis ecclesiæ, non sine labore, sed cum solatio Fratris Thitardi transtuli. Sane hunc laborem satis dulcem persuasit mihi caritas fratrum, quos non minus quam me dilexi; quos eadem Spiritus sancti inspiratio ad ipsum mecum petere et expectare fortiter perdocuit. Persuasit etiam obedientiæ donum, genitrix virtutum; monuit concordiæ uniformitas. Sed credo fratres non deerunt, qui dicent curiosum esse pro his quasi minimis acquirendis, sicut Dominus arguit Scribas et Phariseos, qui decimabant mentam et anethum.... Sed subjunctum est : Hæc oportuit fieri, et illa non omittere. Plane Deo disponente, pro viribus donum sibi more converso fieri desidero. Romani nempe, ut legitur, postquam civitas erat munita muris, volebant eam munire legibus. Religiosus vero prius spiritualibus ditare se studeat quam temporalibus. Puto adhuc esse, qui quasi dedignando dicent me uti posse consuetudine vicinarum ecclesiarum. Sed legant mecum et intelligant : nolite cantare, nisi quod constat esse cantandum. Quid explicatius his verbis vel simplicius? His jam dimissis, filii dulcissimi, quorum prolatum sonum est, vobis inquam laborem meum pro uniformitate ordinis durum satis, sed dulcem commendo; vos, inquam, cognoscite quanta sit hilaritas conscientiæ, etiam in hac vita, sine hæretica contradictione uniformiter Deo psallere secundum instituta ecclesiæ Præmonstratensis, quæ mater est omnium ecclesiarum suæ professionis. Porro pro imperfecto meo, quod a nobis facile deprehenditur, super audacia tanti cœpti veniam peto; sed ignorare nolo vos, duo esse imperfectionis materiam, videlicet animum ad ulteriora pronum, qui nihil credit actum, dum quid superest agendum, et usum pristinum, qui etiam virtutem cognitam cogit negligere. Modum tamen in notandis libris servavit, excepta *cline cornuta*, pro qua ipsi utuntur *flexa rotunda, et torculum* frequenter habent, et *podatum præpunctatum;* et puncto percantato fortiori voce, quasi cum quadam subdistinctione resumunt podatum. Hæc ideo de notis vel figuris dixerim, quia certus usus earum dulcem modum cantandi reddit, qui haberi non potest de exemplaribus confuse et superbe notatis cum *semitonium* quoque *cline circumflexa* cantant. Postremo, fratres dulcissimi, gratias ago Deo in exultatione, qua me, non meis meritis, sed vestris orationibus cumulavit, quod opus sanctum, opus dignum benedictione a multis desideratum pro uniformitate ordinis, per me et fratrem in Christo fieri in pace concessit.

STATUT

DES PRÉMONTRÉS SUR L'UNIFORMITÉ DANS LE CHANT.

Præmonstrat. Const. 1. P. SS. 44. — In cantu ubique serventur *eædem notæ,* in ordine consuetæ et ut omnis vitetur dissonantia, æquali spatio, sive eadem mensura, quantum fieri potest, sive præcipitantia absolventur.

IV.

EXTRAIT D'UN MANUSCRIT D'EINSIEDELN,

CONSTATANT

L'INTRODUCTION DE LA NOTATION GUIDONIENNE DANS LE MÊME MONASTÈRE,
AU COMMENCEMENT DU XIVᵉ SIÈCLE.

Rudolfus de Radeggy Scholasticus in loco Heremitarum, (Einsiedeln) in carmine de Gestis abbatis Johannis de Schwander, initio seculi XIV, sequentia scribit de reformatione cantus ab illo Abbate suscepta :

> Volvit et hic animo cantus qui dicitur usus
> Esse gravem prorsus difficilemque modum :
> Quod puer addiscens in eodem flore juventæ,
> Dogmata negligeret uberiora sibi.
> Ast alter cantus ubi musica dirigit omnes
> Voces PER NORMAS sat leviore modo :
> Hic est commodior facili quia discitur arte,
> Et pueros alia dogmata ferre sinit.
> Ast hic difficilem vitat, facilem sitit atque
> Ejus doctores querit et optat *omnes*.
> Doctor adest cantas ejusdem qui docet artem :
> Tunc propria struxit re pater iste libros
> Qui talem cantum retinent; constare videntur
> Hi magnas res; hæc comprobat ista dies.
> Sic hunc per patrem libros retinemus et artem
> Quo pater iste commoda bina tulit.

(*Ex manuscripto Einsiedeln sæc. XV. Libri supra notati hodiedum superstites sunt.*)

TRADUCTION.

Rodolphe de Radeggy Scholastique, au monastère des Ermites, (Einsiedeln) dans un poëme sur la vie de l'abbé Jean de Schwander, au commencement du XIVᵉ siècle, dit ce qui suit, au sujet de la réforme du chant, entreprise par cet abbé.

Il (Jean de Schwander) s'aperçut aussi que le chant appelé USUEL présentait de fort grandes difficultés, et que l'enfant, l'apprenant dans la fleur de la jeunesse, était obligé, pour se livrer à cette étude, de négliger des enseignements plus utiles. Or, il existe une autre espèce de chant dont la méthode musicale consiste à déterminer la notation des sons au moyen de TRACÉS LINÉAIRES d'une manière assez simple. Cette méthode, plus facile que la première, ne demande point une bien sérieuse application, et permet aux enfants de se livrer à d'autres études. Dès qu'il en eut connaissance, Jean de Schwander laissa l'autre de côté pour s'adonner à celle-ci, rechercha avec ardeur tous ceux qui en faisaient profession, et trouva enfin un maître versé dans l'art de cette sorte de chant. C'est alors que ce religieux lui-même rédigea, à ses propres dépens, des manuscrits où cette méthode et la nouvelle notation étaient consignées. Ces livres paraissent faire foi de grands travaux et sont encore en estime de nos jours. Grâce au zèle de ce religieux, nous avons donc pu conserver, par ses manuscrits, la notation de ce chant, de même qu'une méthode qui présente les deux précieux avantages signalés.

(*Du manuscrit d'Einsiedeln, au quinzième siècle. Les livres mentionnés plus haut existent encore aujourd'hui.*)

V.

DIRECTORIUM CHORI SANCTI GALLI (PRÆFATIO).

Cum nihil æque Ecclesiæ Catholicæ dignitatem commendet ac eorum omnium, quæ ad debitum Dei cultum ritumque spectant OMNIMODA CONFORMITAS, in iis maxime quæ in publico exercentur ac in oculos præsentium cadunt, ea propter illustrissimi principes, ac reverendissimi olim Domini Abbates, nostræ Helveto-Benedictinæ congregationis patres et fundatores, cum incredibili zelo, indefessoque et pene desperato labore, ab interitu vindicatam, et postliminio revocatam, restitutamque Benedictinam disciplinam, in id omne studium suum contulere, ut divinum officium AD CON-

FORMITATEM et concordiam revocarent : eum in finem *Directorium* seu modum, quo omnes uterentur, cuive ceu regulæ se conformarent, fieri curaverunt, quod deinde sic factum authoritate sua observare sanxerunt. Sed quia hæc in archivis, aut scriniis privatis diligenter conservata, vel non nota, vel varii inde descripti libelli qui in eum usum servire deberent, non parum inter se discordes ab authentico diversi erant, cacophoniam oriri et *indecoro* DISSONOQUE CANTU rem divinam, cum populi offendiculo perturbari et dehonestari, unde devotionem ac æstimationem diminui necesse fuit, omnino certum est. Quo circa si dictum Directorium, quod multorum diu jam votis expectabatur, publicum fieret, operæ pretium fore videbatur, ut quod scire convenit omnes, omnibus palam esset. Si igitur opus probas, et auctor non displiceat, æqui bonique laborem meum facito et pro libitu libello isto fruere. Solum hoc mercedis et consolationis loco requiro, ut decorem Domus Dei, cultumque divinum cum devotione crevisse sentiam.

P. VALENTINUS MOLITOR.
Monachus S. Galli.

VI.

Les chapitres suivants, sur le chant ecclésiastique, sont extraits du Traité de Jérôme de Moravie. (Bibliothèque impériale de Paris. N° 1817.) (1).

CAPUT 22. — *De tonis Ecclesiasticis in speciali et de eorumdem differentiis Antiphonarum inchoacionibus, et Psalmorum intonacionibus.*

CAPUT 23. — *De dictorum cantuum ♮ durali scilicet et ♭ molli, in mutuis commutationibus.*

---

(1) Nous reproduisons ces textes avec leur orthographe et leur syntaxe, sans avoir la prétention de les épurer : chose fort difficile et sans grande utilité : ils sont intelligibles cependant à un lecteur attentif.

CAPUT 24. — *De modo cantandi et formandi notas et pausas Eccle-*
siastici cantus.

Jam vero per multa exempla quomodo scilicet tropi, id est toni,
variantur demonstravimus; nunc quoque de ipsorum qualitate
subvertendum videtur; quia diversi diversis delectantur modis.
Sicut enim non omnium ora eosdem cibos, sed ille quidem acrio-
ribus, iste vero levioribus escis juvatur; ita profecto vero omnium
aures unius et ejusdem modi sono delectantur; sed alios morosa et curialis soni vagacio delectat, alios rauca gravitas captat;
alios severa et quasi indignans armonice prosultacio juvat; alios
adulationibus sonus attrahit; alii eciam modesta vel molesta hac
subitanea notarum ad finalem regressione moventur. Alii lacrymosa
voce mulcentur. Alii inimicos saltus in cantu libenter audiunt;
alius vero decentem et quasi matronalem canorem diligit. Qua propter componendis cantibus hic primum musicus facere debet, ut
talem cantum faciat in quo quidem convicit delectari hos quibus
cantum suum placere desiderat. . . . .

. . . .
. . . . ad hos autem tonorum gradus maxime valent. Nam duo sunt principales tonorum gradus sibi invicem contrarie oppositi, pulcher scilicet et turpis, qui eciam sicut et pul-
chrum et turpe gradus comparacionis recipiunt. . . . . .

(*Pulcher,-chrior…rrimus. Turpis, ior, issimus.*) . .

Nunc de eorumdem graduum proprietatibus est dicendum. Est
igitur pulcher tonorum gradus, uniuscujusque toni sive mixti sive
communis, qui solum ex his contexitur modis, scilicet ex unisono
non plusquam ad notas quatuor, vel ex semitonio, tono, semiditono et ditono indifferenter contexitur, ex diatessaron scilicet contexitur raro remissive, rarius intensive. Sed indifferenter post
unamquamque pausam resumitur. Similiter et ex diapente raro intensive rarius remissive, sed aliquando precipue in tonis tonorum
imparium post unamquamque pausam sumitur. Sed indifferenter
in quibuscumque modis predictis contexitur, ut in Sequentiis versus post versum resumitur. Hic tamen gradus assequenti deficit,
non enim in sua finali incipit, vel si in finali incipit clamose ut in
diapente vel in diatessaron salit et iterum si uno et eodem cantu di-

ctos modos frequenter ingeminat. Sic verbi gracia quantum ad
incepcionem in evangelio libri generacionis, quantum vero ad alia,
in *Alleluia, Virga Jesse floruit ;* item si in principio sui cantus mediocriter ascendit et descendit reliquum vero totum clamose
determinat sicut in *Alleluia*, in die resurrectionis; et quod de-
terius est et magis defectuosus est si terminos tonorum suorum implet. Hoc gradu alius pulchrior est, qui quidem ex iisdem modis sicut et primus contexitur; sed vero eodem modo
utitur iisdem. Nam unisonum non plus quam ad tres notas recipit, ex semitonio vero, tono, semiditono et ditono indifferenter sicut et primus contexitur; ex diatessaron indifferenter
post unam quamque pausam resumitur, et ex diapente, modo
quo de gradu primo jam diximus. Hic iterum gradus a tercio
deficit, si quidem gradus imitatur defectus. Si enim in sua finali incipit, cujus cumque sit toni tunc imparis. Si in principio, id
est quantum ad suum principium, non procedit a tercia puta a
semiditono vel ditono quod imparibus est proprium, tunc imparium metas complectitur, unde eciam tales note dicuntur autentice, et similiter, si in sua finali incipit, cujuscumque sit toni tamen
paris. Si in principio non procedit a secunda puta a semitonio et
tono, quod paribus proprium est, unde eciam tales note plagales
dicuntur. Hæc dictum quod sint plagales note in paribus, verbi
gracia : Sicut *Alleluia, Pie pater ;* et antiphona : *Columen Ecclesiæ :*
quæ eciam tonorum proprium propter notas plagales discantori-
bus intercinantur erronee; et e converso si scilicet autentice note
tonis jungantur plagalibus, et iterum si terminos tonorum suorum
eciam quantum ad ipsas notas licenciales non implent. Secundus
gradus deficit a tercio, qua propter tercius gradus qui nulli jam
dictorum defectuum subjacens est pulcherrimus. Hic enim gradus
sicut et duo primi ex prefatis quidem modis contexitur sed non
iisdem modis utitur iisdem. Nam unisonus raro et non plus
quam ad duas notas recipit ex semitonio, tono, semiditono et ditono. Toni impares in medio et in fine, toni vero pares in tono
conficiuntur ex diatessaron, qui non alias quam indifferenter post
unamquamque pausam resumitur, ex diapente vero in quo rarissime non in imparibus solum tonis post pausam resumitur et in

iisdem semel tantum remittitur infra et omnium tonorum suorum terminorum et quantum notas licenciales complectitur.
Sicut : Lamberti Petri martiris illud : *dum Samsonis*, et hoc exemplum quantum ad pares; et alleluia ejusdem scilicet : *Felix ex
fluctu tripliciter*, et hoc quantum ad impares. Ex hiis tribus autem
gradibus duo alii sunt : unus qui ex aliquibus, alter qui conficitur
ex omnibus qui eciam mixti dicuntur; hic igitur est quinto notandum quod si musicus pulcherrimam istoriam de Sancto vel de
Sanctis facere cupit; hanc in faciendo ordinem debet habere ut
scilicet Antiphonam vel Antiphonas in primis vesperis super psalmos statuat in duobus mixtis gradibus et similiter omnes Antiphonas in Laudibus, in Matutinis. Antiphonas vero scilicet ad Ma-
gnificat in primis Vesperis et in secundis et etiam ad Benedictus, in
missa, Sequentiam faciat de gradu pulcherrimo sive de tercio; primum autem nocturnum cum Antiphonis responsoriis et versibus de
primo gradu, secundum de secundo, tercium vero de tercio gradu
constituat. Item turpis gradus est cum cantibus tonorum excedens
limina ex omnibus modis, ex quibus et omnis cantilena indifferenter, contexitur, velut hic cantus : Ter terni sunt etc. (1).

Secundus gradus est cum cantus tonorum non implens vel
transgrediens limina, ex asperioribus modis puta ex unisono usque etiam ad XX notas pluries ingeminato. Similiter et ex ditono, ex diatessaron et ex diapente, et semitonio cum diapente et ex
tono cum diapente ex duplici diatessaron et ex diapason conficitur. Sed turpissimus et tercius gradus est, qui predictorum graduum
defectibus omnibus minuitur, constans ex tritono etiam tetracor-
dis synemenis sumpto similiter et ex minori diapente, semitonio
cum diapente, tono cum diapente et ex duplici diatessaron. Ex iis
autem et alii duo gradus consurgunt qui et mixti dicuntur. Unus
scilicet qui ex aliquibus, alter vero qui conficitur ex omnibus ad
quos etiam cantus poetarum reducitur ut diximus. In cantu vero
ecclesiastico sunt vitandi, nisi feriali vel etiam flebili, puta pas-

_____

(1) Modi quibus omnis cantilena complexitur scilicet : Unisonus, Semitonium, Tonus, Semiditonus, Ditonus, Diatessaron, Diapente, Semitonium cum
Diapente; ad hæc totus Diapason. . . . . . (*Chap. 14 du même auteur.*)

sionis diverse cum prefatis tamen gradibus temperati sumantur.
Plures iis, regulas cum ad istas reduci possint, causa brevitatis
dimittimus.

CAPUT 25. — *De modo faciendi novos ecclesiasticos et omnes alios*
firmos sive planos cantus.

Quoniam autem sic cantus, ut jam diximus, firmus sive planus,
precipue ecclesiasticus cantus potest considerari dupliciter, primo
scilicet in quantum per se, id est, sine discantu, ab uno, duobus,
aut a pluribus vel eciam a toto choro canitur; secundo in quantum
discantui subjicitur; idcirco de primo, id est, de modo cantandi et
formandi notas et pausas ecclesiastici cantus principaliter hic intendimus. Cum autem modus cantandi omnem cantum ad musicam mensurabilem pertineat, primo quid ipsa sit, est dicendum.
Musica igitur mensurabilis est que mensuram notarum omnium
probabili racione cognoscit; vel sic : musica mensurabilis est pericia
modulationis, sono cantuque consistens, armonico tempore men-
surata; tempus autem prout hic sumitur est distinctus sonus reso-
lubilis in tres instancias. Instans vero hic sumptus est illud mini-
mum et indivisibile, quod in sono auditus clare et distincte potest
percipere : quod etiam, apud veteres, dicebatur esse tempus; sed
modernorum, ut videtur, melior est opinio, qui scilicet in tempore
armonico motui subjecto successionem ponunt. Nam omnes trans-
ferentes secundum aliquam similitudinem transferunt. Tempus
igitur armonicum tempori naturali debet aliqualiter assimilari, sed
loquendo naturaliter successio non invenitur, nisi in illis quae sunt
aliqualiter motui subjecta : prius enim et posterius causant temporis successionem. Ex hoc enim quod numeramus prius et posterius
in motu apprehendimus tempus quod nihil aliud est quam nume-
rus prioris et posterioris in motu. Cum igitur tempus armonicum
motui progressivo sit subjectum, omnem omnino in ipso ponere
successionem (oportet) trium scilicet instanciarum quam veteres
tollunt, ponentes quid indivisibile tempus, unam scilicet solam instanciam. Potest tamen, licet improprie, instancia dici tempus, sicut et vulgariter dicitur nunc temporis esse quoddam tempus bre-

vissimum ; et secundum hoc, quantum ad aliquid, antiquorum sal-
vatur opinio. Unde a modernis quidem utitur, sed res ipsa non affi-
citur. Sed interdum recipitur ut postea ostendetur. Hoc igitur tempus armonicum est mensura omnium notarum qua scilicet unaque-
que mensuratur nota. Notarum autem alie longe , alie breves.
Longe, alie longiores, alie longissime. Breves vero : alie breviores,
alie brevissime. Figura note longe est quadrata et ex dextra parte
caudata ut hec (■). Figura brevis note est quidem quadrata, sed
non caudata ut hæc (■). Figura semibrevis note nec est quadrata
nec caudata ; habet enim expansos angulos, que et tesseronata
apud quosdam dicitur, ut hæc (♦). Nota longa in cantu ecclesiastico sumpta habet et habere debet duo tempora modernorum, resolvendo vero VI tempora antiquorum; longior tria tempora modernorum, sed IX tempora antiquorum; longissima vero quatuor
tempora modernorum, sed XII tempora antiquorum. Item nota
brevis sumpta in cantu ecclesiastico habet et habere debet unum
tempus modernorum, resolvendo vero tria tempora antiquorum.
Brevior, duas instancias modernorum vel duo tempora antiquorum; brevissima vero unam instanciam modernorum que quidem secundum modernos et antiquos divisibilis est vel unum tempus antiquorum : de quibus omnibus tales dantur regule. *Omnis
cantus ecclesiasticus, notas primo et principaliter equales habet, unius
scilicet temporis modernorum sed trium temporum antiquorum, id est
brevis ; exceptis V.* — PRIMA omnium est a qua unusquisque cantus
incipit, que et principaliter dicitur, que semper est longa. Si tamen in finali cantus existit, alias brevis est ut cetere. SECUNDA est
que eciam secunda syllaba dicitur : quando videlicet aliqua syllaba
plures habet notas quam unam; tunc enim secunda post primam
est longa. Si tamen aliqua ex predictis V notis ipsam non precedit
vel non subsequitur immediate, alias brevis est, ut cetere. TERCIA
nota est quadrata quidem sed utraque parte caudata, et est duplex;
quando enim cauda dextra longior est sinistra sive ascendendo
sive descendendo, plica longa dicitur, ut hic (♩) (♩). Hec autem est
duplex, scilicet *simplex* et *ligata*. De simplicibus jam patuit; ligate
vero sunt cum dictis longioribus caudulis, sive in ascendendo sive
in descendendo, tamen de tercia in terciam ad minus et eciam ultra,

que *longe plice et ligate* dicuntur, ut hic ( ). Quando vero e converso cauda sinistra longior est dextra, *plica brevis* dicitur, et hoc sive ascendendo sive eciam descendendo, ut hic : ( ). Quare brevis est ut cetere. Hec similiter duplex : scilicet simplex ut patuit, et ligata, cum scilicet due note descendentes tamen et non plus quam ad tonum et semitonium in ecclesiastico cantu ligatur, ut hic ( ). Nam prima brevis est ut cetere ; secunda longa, si tamen locum obtinet dictarum quinque notarum, alias est brevis ut cetere. QUARTA nota de quinque notis est penultima ; QUINTA est ultima uniuscujusque pause que est longa non super. Nam solum in pausa imperfecte diccionis, que brevis est, ultima nota est longa. id est duorum temporum, in pausa vero perfecte diccionis, que est longa, duorum scilicet temporum est longior, scilicet trium temporum. In pausa autem oracionis perfecte que longior est, trium scilicet temporum, est longissima, temporum scilicet quatuor : in quibus vero casibus libere raro, rarissime vel nunquam in unoquoque cantu tam in imparis quam eciam toni paris pausari liceat, sequens figura demonstrat.

. (*En marge dans le manuscrit*) : Que habetur in magna scedula, (*scedula deest in mss.*) in parte superiori ipsius scedule scilicet specialiter in figura rotonda octo tonorum que est in quadam parva scedula.

Ita tamen quod pause per pausas et note pausacionum per notas immediate antecedentes perficiantur cum raro vel cum autem rarissime pausari contigerit per tercias antecedentes. Omnes autem note ecclesiastici cantus talibus regulis astringitur. *Primo* quidem quod quandocumque extra syllabas et dicciones, metro scilicet interrupto, sunt quatuor note sive descendentes sive etiam ascendentes solute vel ligate, tunc prima est longa, secunda brevis, tercia, id est penultima pause et quarta, id est ultima, sunt longiores. Si vero iterato geminentur, prima erit brevis, secunda longa, tercia et quarta sicut prius, eo scilicet quod variacio modi fastidium tollit et ornatum inducit. Si vero fuerint quinque note tunc similiter variatur eo quod semper prima est longa, secunda brevis, tercia semibrevis, quarta et quinta sicut prius. Si autem sex note fuerint, tunc prima, secunda, tercia et quarta sunt semibre-

26

ves, sicut quinta et sexta, sicut antea. Si vero plures fuerint in
descensu, tunc prima, secunda penultima et ultima sicut prius,
cetere existunt brevissime. *Secundo* quod note in figura conjuncte
conjungantur in cantu, sed distincte solvantur, que quidem dis-
junccio non pausa sed suspirium dicitur, et dicta nihil aliud est
quam apparencia pausacionis, sive existencia unius scilicet instan-
tis. *Tercio* quod nulla nota brevis cum reverberacione sumatur,
nisi dicte quinque note que singulariter mensurantur. Que tamen
diversimode sumuntur. Nam alique ex eis cum reverberacione
sub specie semitonii, alique sub specie toni, alique vero cum reverberacione omnium aliorum modorum. Est autem reverberacio
brevissime note ante canendam notam celerrima anticipatio, qua
scilicet mediante sequens assumitur. *Quarto* quod nulla nota brevis florizetur, sed solum note singulariter mensurate, aliquando
tamen in tres instancias nota brevis resolvitur. Est autem flos ar-
monicus decora vocis sive soni et celerrima procellarisque vibracio.
Florum autem alii longi, alii aperti, alii vero existunt dubiti ; longi
roes fisunt, quorum vibracio est morosa, metasque semitonii non
excedit. Aperti autem sunt quorum vibracio est morosa metasque
toni non excedit. Subiti vero sunt quorum quidem vibracio in principio est morosa, in medio autem et in fine est celerrima metasque
semitonii non excedit. Horum autem florum qualitas simul et di-
versitas in organis ostenditur hoc modo : quando enim aliquem
cantum tegimus in organis, si aliquam notam ejusdem cantus flo-
rizare volumus, puta G in gravibus, tunc ipsa aperta immobiliter-
que detenta, non sui inferiore immediate, puta F grave, sed pocius
superiore A scilicet vibramus acutum : ex quo pulcherrima armo-
nia decoraque consurgit, quam quidem *florem armonicum* appel-
lamus. Quando igitur clavis immobilis cum vibranda semitonium
constituunt, et ipsa vibracio est morosa, tunc est flos, qui dicitur
longus. Quando autem includunt tonum et vibracio nec est morosa nec subita sed media inter ista, est flos apertus. Quando vero
constituunt quidem semitonium sed vibracio in agressu sit morosa,
in progressu autem et egressu sit celerrima, tunc est flos qui su-
bitus appellatur. *Quinto* igitur est notandum quod dicti flores non
debent fieri in aliis notis, praeterquam in V singulariter mensuratis,

sed differenter. Nam longi flores fieri debent in prima, penultima
et ultima nota, in ascensu semitonii intendente. Si vero aliquem
aliorum modorum in descensu constituunt, flores apertos quos et
nota secunda syllabe debet habere, sed flores subitos non alia
quam plica longa. Inter quam et immediate sequentem note brevissime ponuntur, ob armonie decorem. *Sexto* quod ipsos flores
reverberacio producere debet sub specie toni vel semitonii sive cujuscumque modi in omnibus quidem V notis, excepta ultima que
sub specie semitonii reverberacione assumit, sed in nota procel-
lari finitur; que quidem nihil aliud est quam vocis sive toni sub
specie semitonii lenta vibracio, quare manat de longorum genere
florum. Procellaris autem dicitur et quod sicut procella fluminis
aura levi agitata movetur sine aquæ interrupcione, sic nota procellaris in cantu fieri debet cum apparencia quidem motus absque
toni vel vocis interruptione. Hunc cantandi modum non quidem
in omnibus, sed in aliquibus quidam Gallicorum observant, in quo
quidem cum plures delectentur naciones eo quo solidus fit, de eodem quedam substancialiora non piget exprimere. Non videtur
autem alias bene nec sufficienter fore dictum, nisi de modis omnibus ex quibus omnis cantilena contexitur, singulariter speciali-
terque diceretur.

De unisono igitur primo et specialiter est dicendum : unisonus
si plures quam duas habeat notas, omnes sicut semibreves excepta penultima et ultima que cum reverberacione sumitur ab
ipsis. Quod eciam cum due note sunt unisone servatur unius
syllabe vel plurium dictionum. Item cum per semitonium vel
tonum due note distant sive ligate sive sunt solute, mediante
tercia secunde conjuncta junguntur, que eciam nota dicitur me-
diata : semibrevis est ut frequenter prime que unisona aliquando :
tunc est brevis scilicet cum resolvitur inter instancias, ex quo quidam descensus sensui apparet inter dictas duas notas celerius.
Aliquando eciam de prima nota solutarum descendentium tamen
faciunt plicam longam sursum, mediatis interjunctis ut primo; in
ascensu vero reverberacionem faciunt supra secundam. Item cum
per semiditonum vel ditonum distant ligate vel solute due note, secunda mediante semibrevi vel eciam brevi, cum in tres resolvitur

instancias, conjunguntur in cantu. Aliquando tamen in descensu de prima fit plica longa deorsum usque ad mediam, a qua reverberacio sumitur ad terciam, ut prius, et e converso in ascensu vel quod communius est fit reverberacio supra terciam. Item cum distant per diatessaron in descensu, de prima fit plica longa deorsum usque ad secundam, a tertia vero reverberacio fit ad quartam; in ascensu vero fit reverberacio supra quartam. De diapente apud quosdam idem sit quod et diatessaron, tam scilicet in ascensu quam in descensu, sed communius in descensu fit reverberacio toni supra quintam; nulla vero fit in ascensu quod de omnibus fit modis, scilicet diapason et aliis qui secuntur. Floribus omnibus et indifferenter utuntur scilicet pridem gallici pausis omnibus equalibus vel longis vel brevibus. Notas ligatas pausis dintingunt; similiter preposiciones et conjunctiones a diccionibus. Una sola nota diccioni monosillabe, vel alteri sillabe inter duas pausas vel inter notas moderatas seu variatas correspondentes, semper est longa. Due sive sint ligate sive non similiter. Et eciam tres directe descendentes vel etiam circumflexe. Ascendentes vero prima semi-brevis, cetere sunt longe : item si tres fuerunt descendentes et tercie quarta fuerit unisona, tercia est semibrevis et eciam prima secundum aliquos. Secunda vero et quarta ambæ sunt longe. Item cum quatuor note, etc.; cum quatuor note directe ascendunt semper prima, tercia et quarta sunt longe; secunda brevis vel eciam semibrevis, quod eciam de quatuor et quatuor notis faciunt, cum octo note dicto modo in cantu existunt. Quando vero sunt septem prima, tercia, quarta, sexta et septima sunt longe recte ut prius. Quando sex, prime due sunt longe cum pausa, vel secunda brevis vel semi-brevis sine pausa, cetere ut prius. Quando quinque prima longa alio modo quo diximus. Gaudent insuper cum modum organicum notis ecclesiasticis admiscent, quod eciam non abjicit primus modus. Nec non et de admixtione modorum duorum generum relictorum. Nam diesim enarmonicam et triemitonium chromaticum genus diatonico associant. Semitonium loco toni et e converso commutant, in quo quidem et a cunctis nacionibus in cantu discordant. Notas procellares communiter pridem gallici abjiciunt, unde et omnes naciones eisdem utentes voces tremulas dicuntur habere. Item quibus quidem dictis finaliter dictorum modus cantandi et formandi notas et pausas cantus ecclesiastici, concluditur. Hic autem uterque modus cantandi scilicet et formandi notas et pausas ecclesiastici cantus magis et minus pro tempore observetur. Si quis enim indifferenter utitur ipso non discernens vocum imbecillitates et ipsos dies feriales, non uti, sed pocius abuti dictis modis diceretur. Solum enim in dominicis diebus modus quidem omnino idem quantum scilicet ad V notas speciales formaliter, commutatis tamen longis notis in semi-breves, et semi-brevibus in brevissimas nec non et communitatis temporibus modernorum in tempora antiquorum est tenendus. Ut igitur tam ordinate simul et debite a duobus vel eciam a pluribus cantetur cantus ecclesiasticus, quinque sint cantantibus necessaria. Primum est ut cantus cantantibus diligenter simul ab omnibus prevideatur, ut in ipsa qualitate sive quantitate armonici temporis vel secundum antiquos vel eciam secundum modernos unanimiter conveniant. Secundum est ut quantumcumqne sint omnes equaliter boni cantatores, unum tamen precentorem et directorem sui constituant ad quem diligentissime attendant, et non aliud quam ipse sive in notis sive eciam in pausis dicant. Hoc enim est pulcherrimum. Tercium est ut voces dissimiles in tali cantu non misceant, cum non naturaliter sed vulgariter loquendo quedam voces sint pectoris, quedam gutturis, quedam vero sint ipsius capitis : voces dicimus pectoris que formant voces in pectore ; gutturis que in gutture ; capitis autem que formant voces in capite. Voces pectoris valent in gravibus ; gutturis in acutis ; capitis autem in supra acutis. Nam communiter voces grosse et basse sunt pectoris. Voces subtiles et altissime sunt capitis. Voces vero inter has medie sunt ipsius gutturis. Nulla igitur ex iis alteri uniatur in cantu ; sed vox pectoris pectorali, vox gutturis gutturali, capitis autem capitali. Quoniam autem omnes voces vigorem consecuntur ex pectore, id circo quarto necessarium est ut nunquam adeo cantus alte incipiatur, precipue ab habentibus voces capitis, quando ad minus unam notam ceteris bassiorem pro fundamento sue vocis statuant in pectore, et nec nimis basse, quod est ululare, nec nimis alte quod est clamare ; sed mediocriter, quod est causare, ita scili-

cet ut non cantus voci sed vox cantui ducetur, semper incipiant.
Alias pulchre note formari non possunt. Si quis autem plures pulchras notas scire desiderat hoc pro regula teneat, ut nullius eciam
rudissimi cantum despiciat. Sed ad cantum omnem diligenter at-
tendat, quia cum molaris rota discretum aliquando reddat strido-
rem ipsam quid agat nesciens, impossibile est quod aliud racionale
cupiens omnes suos actus in debitum finem dirigere, quin aliquando saltem a casu et a fortuna debitam et pulchram notam
faciat. Cumque sibi placentem notam audierit, ut ipsam in habitu
habeat, diligenter retinëat; precipuum autem impedimentum faciendi pulchras notas est cordis tristicia, eo quod nulla nota valet
nec valere potest, que vero procedit ex cordis hilaritate; propter
quod melancolici pulchras quidem voces habere possunt, plice
vero cantare non possunt.

VII.

Accaduta la translazione della Sede de' Papi in Francia dopo la
morte di Benedetto XI nell' anno 1305 restò in Roma la scuola de'
cantori in un col Primicerio nell' esercizio delle consuete funzioni.
Ciò provasi evidentemente dalla Bolla *Speciosus forma* d'Inno-
cenzo VI spedita da Avignone il 2 febraro 1355 a Roma per la co-
ronazione de Re de' Romani nella chiesa di san Pietro di Carlo IV
e di Anna sua moglie, nella quale bolla notando i cambiamenti da
farsi al Ceremoniale, e indicando le persone assistenti alla fun-
zione, nomina fra queste il Primicerio colla scuola de' cantori.
I Papi francesi poi crearono colà un corpo di cantori per le loro
funzioni, presso che sulle forme istesse romane, come rilevasi da
Stefano Baluzio (*Vitæ paparum Avenionen. Stefani Baluzii*, t. I,
pp. 234, 237, 378, 416.) La scuola di Roma per altro a cagione
dell'assenza del Pontefice perdè non poco del suo antico splendore
nello spazio di circa settant' anni, che durò in Avignone la Sede;
nè poteva altrimenti accadere essendo detta scuola istituita pro-

priamente pel servizio del Papa. Ma restituitasi la santa Sede in Roma nel 1377 sotto Gregorio XI, fu unito il corpo de' cantori francesi col loro superiore alla scuola romana col Primicerio. Una nuova modificazione si vide in essa circa vent'anni dopo sotto un illustre personaggio ecclesiastico a cui fu dato il nome di Maestro della Cappella del Papa. Allora fu dimenticato il nome di Primicerio, è si formò un collegio alquanto diverso dall'antico. Venne a cessare l'*orphanotrophium* dopo 780 anni incirca dalla sua istituzione, e agli antichi metodi della Curia Romana furono in parte sostituiti degli altri con nuovo stile già in Francia adottato.

(Alfieri, *Canto Gregoriano*, p. 111.)

CONSTITUTIONES CAPELLÆ PONTIFICIÆ.

(Communicavit mecum qui hodie Capellæ pontificiæ præest Josephus Santarelli.)

Pauli III. Pontificis maximi anno undecimo 1535. Cantorum pontificii systematis in majori sacrario Constitutiones.

Roma capta, et in direptionem impiis data, tempore Clementis VII Prædecessoris nostri, etiam scripta, quæ nulli usui in rapinam, fuere igne absumta; tunc inter hæc et Musicorum majoris sacrarii leges periere. Quæ igitur vel memoria retentæ sunt, vel etiam innovandæ sunt visæ, Pauli III. Pontificis maximi jussu, curaque R. D. Ludovici Assisiensis Episcopi, dictæ capellæ cantorum Magistri instauratæ, stabilitæ in perpetuam memoriam, editæ hujusmodi sunt, videlicet.

CAPUT I.

In Capella SS. D. N. Papæ est antiqua consuetudo, quod et quando R. D. Magister dictæ Capellæ fuerit requisitus, ut in servitiis dictæ Capellæ aliquem Cantorem admittat, præfatus Magister teneatur facere diligentiam et investigare, an dictus cantor instans sit bonus vir, honestæ famæ, honestæ vitæ, et bene morigeratus : et si in ejus vita et moribus aliquem defectum notabilis infamiæ inveniret, non debet eumdem proponere collegio cantorum dictæ Capellæ.

CAPUT II.

MODUS PROPONENDI NOVOS CANTORES.

Ab antiquo etiam consuetum est, quod quando novus cantor est recipiendus in dicta Capella, R. D. Magister ipsius Capellæ tenetur collegialiter congregari facere omnes cantores in dicta Capella ; quibus sic congregatis debet proponere dictum cantorem instantem, et monere eosdem cantores, ut eum examinare debeant, et si sufficiens repertus fuerit, ut in servitium Dei et summi Pontificis velint illum recipere. Sequitur modus examinis.

CAPUT III.

MODUS EXAMINIS.

Postquam R. D. dictæ Capellæ Magister proposuerit collegio cantorum præfatum cantorem instantem per dictum collegium examinandum, primo considerandum est, si cantor examinandus habeat bonam et perfectam vocem ; secundo, si cantet bene cantum figuratum ; tertio, si cantet sufficienter contrapunctum ; quarto, si cantet bene cantum planum ; quinto, si sciat bene legere.

CAPUT IV.

SCRUTINIUM SUPER ADMISSIONEM NOVI CANTORIS.

Facto examine præfati cantoris per dictum collegium, R. D. Magister prædictæ Capellæ in loco per eum deputando vocabit antiquiorem cantorem secrete, et delato sibi juramento interrogabit eumdem, quid sibi videtur de cantore examinato, an sit sufficiens pro servitio dictæ capellæ ; et dictus cantor secrete dabit votum

suum per fabam : et successive dictus Magister Capellæ teneatur
per ordinem reliquos cantores singulatim secrete examinare de
sufficientia præfati cantoris examinati, et habitis votis præfatorum
cantorum saltem a duabus tertiis partibus, et uno voto eorumdem
approbantibus cantorem examinantum prædictum esse sufficien-
tem pro servitio Capellæ, publicabit præfatis cantoribus eumdem
cantorem esse approbatum pro sufficienti, et cantores debent
eum admittere ad dictum collegium. Si vera a duabus tertiis partibus et uno voto approbatus non fuerit, præfatus Magister Capellæ non debet ulterius dicto collegio eumdem cantorem proponere ; nisi in casu rationabili, et ad tempus.

CAPUT V.

MODUS DANDI COTTAM ET JURAMENTUM NOVO CANTORI.

Novo cantori approbato sufficienter, Magister dictæ Capellæ
eidem novo cantori approbato cottam tradere tenetur in signum
veræ receptionis et admissionis ad vitam, hoc videlicet modo. Se-
dente præfato Magistro Capellæ, cæteris cantoribus coram per ordinem stantibus, quem idem Magister induet cotta, et idem cantori sic cotta induto præstari facit juramentum ad sancta Dei
Evangelia, tactis Scripturis sacro-sanctis, quod erit fidelis S. D.
N. Papæ, etc. prout in principio adnotatum est.

(*Scriptores veteres de Cantu et musica potissimum ecclesiastica*.
Tom. III. p. 382.)

IX.

Ce fut conformément aux décrets du Concile de Trente, *sur la
réforme*, que Pie V ordonna une nouvelle édition du Missel. Ensuite Grégoire XIII chargea Palestrina et son élève Giov. Guidetti

de la révision générale de l'Antiphonier et du Graduel. Guidetti
termina avec succès la plus grande partie des chants de l'office divin. C'est son *Directorium chori* qui est encore le manuel légitime
dont on se sert à Rome et que nous avons suivi dans cette partie
de notre méthode. Palestrina, le grand Palestrina fut moins heureux dans son entreprise. Il venait de terminer une partie du Graduel dite *de tempore*, lorsque la plume lui échappa de la main,
et qu'il renonça à tout jamais à la poursuite d'un travail qui, *sit
venia verbis*, lui parut au-dessus de sa force. Tant il est vrai qu'il
faut quelque chose de plus que du génie musical, pour s'occuper
avec succès du chant Grégorien. Car « ex depositione peritorum,
» et ex decreto S. Congr. rit. constat istum librum ità refertum
» erroribus et varietatibus, ut sic non possit servire ad usum de-
» stinatum. » (*Loc. cit.*, p. 119.

Ce ne fut que sous le Pontificat de Clément VIII (1602 et 1604),
et plus tard sous celui d'Urbain VIII, en 1631 et 1634, que ces
deux volumes de chant furent de nouveau corrigés et livrés à
l'impression. Mais malheureusement, ceux qui avaient été chargés
de cette tâche, n'avaient pas su répondre à ce qu'on était en droit
d'attendre de leur travail. C'est qu'ils avaient négligé de consulter les anciens livres, qui auraient dû leur servir de guide dans
une entreprise si importante : « Codices in consilium non adhi-
» buisse non miror, eos qui nostra ætate Antiphonaria emenda-
» runt. Qui poterant enim cum eos minime intelligerent? sed
» operam non dedisse ut intelligerent, id vero potius miran-
» dum. » (*Doni disserta. de mus. Sac.*) Cependant un heureux
hasard fit qu'ils ne touchèrent pas aux Antiennes, à la mélodie
des Psaumes, aux Hymnes, aux Répons brefs, aux Versets, aux
Invitatoires, au Psaume *Venite*, aux Séquences ni à la majeure
partie des Introïts. Tous ces chants ont été conservés comme
ils étaient dans les temps les plus reculés. Au contraire les
Répons, les Graduels et les Traits avec les Versets respectifs, les
Offertoires et les Communions ont été pitoyablement faussées.
(*Baini*, ibid.)

Est venu l'édition de 1614 par ordre de Paul V. Elle est la plus
estimée jusqu'à présent. En voici les titres : « Graduale de tempore

» juxta ritum Sacro-sanctæ Romanæ Ecclesiæ, cum cantu Pau-
» li V jussu reformato, cum privilegio Romæ ex typographia Me-
» dicæa an. 1614. Item Graduale de sanctis juxta ritum, etc. 1615.
» — Item Antiphonarium Rom. de tempore et sanctis ad normam
» Breviarii ex decreto Sac. Conc. Trid. restituti; S. Pii V Pont.
» Max. jussu editi, Clementis VIII et Urbani VIII auctoritate reco-
» gniti, etc. Venitiis, ex typographia Balleoniana. »

Tel est en substance l'historique des livres de chant romain des
xvi⁰ et xvii⁰ siècle. Maintenant, lorsque nous comparons ceux-ci à
ce qu'on a imprimé en-deçà des Alpes, il arrive souvent qu'on s'y
reconnaît à peine. Et puis, on se demande les causes qui nous ont
tant éloignés des sources primitives! Mais l'incurie des uns, et l'i-
gnorance, ou ce qui pis est, la demi-science des autres, ne sont-
elles pas des causes plus que suffisantes pour produire ces déplo-
rables effets? D'ailleurs, il n'était pas possible que cela se fît autrement. Depuis bien des années, l'étude du chant ecclésiastique
a été réduite à un état de nullité complète. Çà et là on ne rencontre que quelque maigre méthode façonnée à la moderne, pour
une matière où le plus grand mérite consiste dans la conservation
des principes anciens. En outre, la musique figurée et souvent
théatrale a envahi les temples et fasciné les laïques comme le
clergé. Par conséquent, des chantres peu ou mal instruits, ou
complétement ignorants, mutilent le chant, y ajoutent et boule-
versent les premières notions du genre diatonique. En un mot,
l'arbitraire et le laisser-aller supplantent les vrais principes et les
traditions séculaires. Et pourtant l'Eglise Romaine, notre mère à
tous, a toujours eu tant à cœur de conserver le chant sacré dans
toute sa pureté ! En voici une preuve, entre mille autres : Léon X,
le souverain Pontife, ayant un jour, en chantant, légèrement modifié la cadence à la fin de l'oraison des Matines, dans l'office des
morts, son maître des cérémonies imputa, comme une faute
grave, à son collègue Bernardin, d'avoir enseigné une telle erreur
à son maître le Pape. En conséquence de quoi, il nous légua — *ad*
perpetuam rei memoriam — ces quelques lignes tracées dans son
journal ms. : « Die Mercurii an. 1514. In officio Tenebrarum...
» Papa in fine dixit orationem : sed culpa Bernardini erravit in

» ultima syllaba ultimi verbi, quia illam syllabam debuit depri-
» mere pronuntiando, et non fecit, sic male docente ipso Bernar-
» dino, alia vice instruatur melius. » (Baini, *Mém.*)

Une autre fois, le cardinal Giacomo Gaëtano se permit une comparaison quelque peu étrange à l'égard du pape Clément V, qui,
dans la canonisation de saint Pierre Célestin, avait ajouté au chant
du *Te Deum* une mélodie moins sévère que celles usitées dans le
plain-chant.

        « Dixit, et inde Pater jubilans in cantica surgit
        » Teque *Deum laudamus*, ait, vocisque sonoræ
        » Haud decor emulcet pavonis imagine : cuncti
        » Id peragunt, lætique canunt. . . . . »

X.

EXTRAIT DU BEAU MANUSCRIT : FLORES MUSICÆ,

DE LA BIBLIOTHÈQUE DE L'UNIVERSITÉ, A GAND.

DE DISTINCTIONIBUS ET RESPIRATIONIBUS,

PAR MAITRE ANTOINE DE SAINT-MARTIN.

Distinctio secundum Guidonem est congruus respirandi locus, et
licet simul conveniant *distinctio et respiratio*, aliquando tamen
discrepant, in hoc videlicet, ubi nostra vox pro defectu anhelitus,
et propter neumatis prolixitatem continuare non potest, fit ibi respiratio, ubi non est verborum et cantus una distinctio. Sed semper cavendum est in tali respiratione a verbi decisione; distinctio
vero est congrua respiratio sive repausatio scilicet ubi nostra vox
inter cantus modulationem convenienter respirare videtur, ita et
in VOCIBUS respiratio fiat, ubi est in sensu litterarum congrua re-

pausatio, ut et dictionum et cantus una possit esse distinctio.
Sed curandum est ut *plena respiratio si fieri potest, in cantu* non
fiat, nisi ubi distinctiones terminant. Igitur, ut ubi initia, ubi fines
distinctionum, in *uno quoque modo* poni possunt, perutile est me-
moriter scire.   (*Page* 150.)

XI.

Le figure, o vogliam dire le note del canto ecclesiastico, o gregoriano erano per gli antichi tempi quarantuna figura tutte diffe-
renti, e tutte, oltre il numero delle note che ciascuna conteneva,
altre essendo semplici di una, altre *nessi* di due, tre, quatro, cinque,
sei, e sette note, avevano anche la loro propria maniera di essere
eseguite.

Leggesi in varii scrittori antichi che usava commumamente il
piano, il forte ; il crescere e callare la voce, i trilli, i gruggi, i mor-
denti ; ora si accelerava il canto ; ora andava piu rimesso, si smor-
zava pian. piano la voce, fino al pianissimo, si spandeva fino al mas-
simo forte, si portava la voce ecc... Quindi il diletto immenso, che
recavano agli uditori i bravi cantori, di cui vi hanno testimonianze
infinite nei SS. Padri. Quindi le acri riprensioni de medisimi SS. Padri contro que' cantori, che superbi delle loro squisite maniere
alla propria gloria cantavano e non alla gloria del loro Dio. Quindi le brame di Pipino per avere dal sommo Pontifice S. Paolo I il
cantore Simeone gia nostro predecessore nella capella apostolica,
onde s'istruissero nelle maniere Romane i cantori di Rheims.
Quindi la necessità che riconobbe Carlo magno di ottenere da
Adriano I Teodoro et Benedetto similmente nostri predecessori
per le chiese di Metz, e di Soisson, e la facoltà ch'ebbe da Leone III
di inviare a Roma due cantori francesi, perchè uniti ai nostri cantori potessero piu sodamente assuefarsi alla dolce esecuzione del
canto. Quindi il ripiego preso dai nostri cantori predecessori non

solo in Rheims, in Metz ed in Soisson, ma eziandio in Roma di notare nei libri di canto che S. Paolo I, Adriano I, e Leone III inviarono à Pipino, ed a Carlo Magno alcune piccole lettere sopra le note, come : t, u, e, s, p, d, e, a, o, r, ecc. Onde ramentare a què cantori *Tremulas, Vinnulas, Collisibiles, Secabiles* e così *Podatum, Pinnosum, Diatinum, Exon, Ancum, Oricum* (1), etc., tutti ornamenti, che i Francesi *non poterant perfecte exprimere, naturali voce barbarica frangentes in gutture voces potius quam exprimentes* (2). Onde fosse noto che se i cantori d'oltremonti non gli eseguivano al par de Romani, non avveniva per mancanza di maliziosamente dimezzata istruzione, come pur troppo si era fatto credere a Pippino, e a Carlo Magno per diffetto degli esecutori. E queste lettere minuscule sopra, e fra le note, sono anche al di d'oggi visibilissime in due codici della biblioteca angelica, e conoscesi essere state scritte di carattere, penna, inchiostro, e mano diversissima da quella del codice. (Baini, *Memor. della vita e delle opere di G. P. da Palestrina*, t. II, p. 82.)

(1) L'interprétation donnée ici aux lettres romaniennes, par l'abbé Baini, est tout arbitraire et n'est fondée sur aucun monument. Elle a au contraire contre elle des monuments positifs, tels que la lettre de saint Notker, les paroles d'Aribon, et l'accord de la signification de ces lettres dans les manuscrits.

(2) Che anzi nella stessa Italia si trovano molte volte censurati dagli antichi scrittori ecclesiastici que' cativi cantori, i quali o cantavano con un perpetuo grado d'intonazione senza la pastosità del crescere e smorzare la voce, e mai non asservando le *Vinnulæ*, che noi diremmo il *dolce*, il *soave*; rusticamente eseguivano i loro canti *hi non canunt, sed rustice modos proferunt*; sprivandoli degli oportuni e necessarii *Adornamenti*; o facevano pompa di un trillare, che chiamavasi come oggi, così allora *hinnitus equinus*, un nitrito di cavalli, e non *trillo*.

FIN.

TABLE DES MATIÈRES.

—o⚬⚰⚬o—

DEUXIÈME PARTIE.

APPLICATION DE LA DOCTRINE DES ANCIENS A LA RESTAURATION ACTUELLE.

TROISIÈME PARTIE.

PRATIQUE DU CHANT GRÉGORIEN RESTAURÉ, OU MÉTHODE POUR LE BIEN EXÉCUTER.

PIÈCES JUSTIFICATIVES.

FIN DE LA TABLE.

Imprimé en France
FROC031534101120
25696FR00019B/403